ブロックバスター戦略

BLOCKBUSTERS

ハーバードで教えているメガヒットの法則

アニータ・エルバース 著
鳩山玲人 監訳・解説
庭田よう子 訳

東洋経済新報社

マイケルへ捧ぐ

Original Title:
BLOCKBUSTERS
by Anita Elberse

日本語版刊行に寄せて

サンリオ常務取締役
鳩山　玲人

ハーバード・ビジネススクール在学中に出会った教授の中で、とくに思い出深い教授が本書の著者、アニータ・エルバースさんです。

「ハーバードのＭＢＡの授業」と聞くと、マネジメントやファイナンスのなんだか難しく、お堅いイメージをもつかもしれませんが、アニータはエンターテインメントを題材に扱う「Strategic Marketing in Creative Industries」（クリエイティブ産業の戦略的マーケティング）という異色の授業を開いていました。映画、テレビ、音楽、出版、演劇、スポーツからナイトクラブまでのあらゆるエンターテインメントをビジネスロジックで解釈する授業です。ハーバードの中でも人気授業のひとつで、人があふれていました。

また、アニータはいつも明るく楽しそうで、声は大きく、笑顔が絶えない女性で、そうした人柄も生徒たちに愛されていました。わたしは、もともと留学前に在籍していた三菱商事ではコンテンツ事業部に所属し、エイベックスとは音楽事業、ローソンとはエンターテインメント商材の流通、サンリオとはキャラクター事業で関わっていたので、こうしたエンターテインメントの要素をビジネスロジックとデータで解説していく彼女の授業に熱中しました。

ハーバードの授業は、その講義に合わせた世界のトップ経営者がゲストに来ることが特徴のひとつなのですが、アニータのゲストは異色で、ハーバードになじみのない、エンターテインメント業界からのタレント、スポーツチームの選手や監督、音楽のプロデューサーなどが授業に参加していました。わたしがハーバード卒業後に参画したサンリオでやってきた事業戦略は、少なからず、彼女の影響を受けています。若手の女性教授として際立っており、「面白い!」ということもあって、卒業後も交流を続けてきました。

そんなアニータが、ハーバード・ビジネススクールで研究してきたエンターテインメントビジネス理論の集大成としてつくり上げたものが本書『ブロックバスター戦略』です。

ビジネススクール、しかもハーバードで、エンターテインメント業界をテーマにすることに少し違和感を感じるかもしれません。エンターテインメントにかかわる人間も様変わりしてきています。かつては、エンターテインメント業界でキャリアを積んできたクリエイティブな人間の集まりであることも多かったのですが、近年はディズニー、ワーナー・ブラザーズなどの米国のエンターテインメント企業の取締役にはハーバード卒や博士号を取った高キャリア組が多いのです。エンターテインメントビジネスでもセンスや業界経験だけでなく、ファイナンスやマネジメントといった経営手法が重要視される時代になっていることがうかがえます。

「ブロックバスター」という言葉は、第2次世界大戦時に空爆によって町の区画(英語ではブロックと呼ぶ)をまるごと破壊するほどの強力な爆弾の異名が由来です。圧倒的な影響力を表す比喩として使われ始めて、人気映画の観賞券を買い求める人たちの行列が映画館の区画を取り囲んで、長い列ができる様にちなんで、大型ヒット映画を表す俗語として使用されるようになったようです。また、米国の有名レンタルビデオのチェーン名として知られていたり、医薬品業界における大量に売れる医薬品を示す用語として使用されています。日本語では映画のメガヒット、横綱級ヒットという意味合いになります。

ブロックバスター戦略を日本語に直すとすると、「メガヒット戦略」とも言い換えられます。

2014年を振り返ると、音楽では「AKB48」や「嵐」、おもちゃでは「妖怪ウォッチ」、映画では『アナと雪の女王』といったメガヒットが記憶に新しいですが、この本では、そうしたものが、偶然につくられているわけではなく、経営戦略として確立された理論に基づいて実現されてきていることを説明しています。

この「メガヒット戦略」は、もともとは投資額の大きいハリウッド型の映画に使用される手法でしたが、この本では、第1章ではワーナー・ブラザーズやディズニーのいる映画業界、第2章ではレディー・ガガのいる音楽業界、第3章ではレアル・マドリードなどの欧州のサッカークラブを中心にしたスポーツ業界に焦点を当て、ブロックバスター戦略がエンターテインメント企業で実際にどのように活用され、いかに有効に機能しているかを説明しています。

第4章では、この「メガヒット戦略」が、スターやタレントに大きな力を与え、業界のパワーバランスがスターやタレントにダイナミックにシフトしていることを指摘しています。エンターテインメント企業が成功要因を握ることに難しさがあることも説明しています。

また、第5章ではIT革命やデジタル化の流れが及ぼす影響について説明しています。とくに、「ロングテール理論」、ニッチのコンテンツが力をつけ、消費者がより自分の好みに合ったものを選択するようになり、消費が分散していくという理論に全面的に対抗しています。従来にも増して、ブロックバスター戦略が有効になっていくことが語られている部分は洞察力に富み、新鮮さを感じると思います。

さらに、第6章では広告業界が受ける影響、終章ではDJやファッションブランドにも及び、メガヒットを狙うブロックバスター戦略が活用され、成果が導かれていることを説明しています。

各章の冒頭にはその要約を、文中には読者のみなさんの理解を助けるためのコラムをわたしが執筆しています。参考にしてください。

わたし自身もブロックバスター理論の信者です。大型コンテンツ重視の流れに合わせて、サンリオでも映画製作の取り組みを開始します。20世紀FOXと組んだ「ミスターメン リトルミス」の映画化、ハローキティをはじめとしたサンリオキャラクターを活かした映画製作を、社内ベンチャーで新しく設立したサンリオ・メディア&ピクチャーズ エンターテインメントで予定しています。私はそのCEOとして経営を、またプロデューサーとして作品を手がけていこうと思っております。

最後に、この理論はとくにエンターテインメント業界やIT業界で参考になり、活用できます。この本に書いてあることをよく引用してわたし自身も話をすることが多かったのですが、ここに日本語版ができて、ようやく日本のみなさんにも手に取っていただけるようになったことをとてもうれしく思います。

ブロックバスター戦略◇目次

第2章 ブロックバスターを売り出して管理する【音楽業界】 81

第3章 スーパースターに投資する【スポーツ業界】 119

第4章 スーパースターは自らの力をどのように行使するか【映画&スポーツ業界】

序章 ショービジネス成功のカギはブロックバスター

Show Business — a Business of Blockbusters

◆ワーナー・ブラザーズの大成功、NBCの大失敗

1999年、映画・テレビスタジオのワーナー・ブラザーズで社長兼最高執行責任者（COO）に就任したばかりのアラン・ホーンは、思い切った戦略に打って出た。映画製作〝ゴーサイン〟の権限を委ねられたホーンは、年間製作映画およそ25本の中から、いわば企業の屋台骨となる看板映画――広く観客を呼べる映画――を4、5本選び、その映画の製作とマーケティングに多額の予算を集中的に割り当て、力を入れることにしたのだ。

ほかのスタジオのトップも、もちろん莫大な予算を投じて映画製作を行うことはあった。だがホーンによれば、「実際に戦略として追求した」[1]者はかつて誰もいなかった。言い換えれば、多数の低予算映画に注目を集めるより、毎年、少数の映画に大きな賭けをするほうを選んだ者は誰もいなかった。「こちらがかけた費用の多寡にかかわらず、観客が映画を観るときに払う値段は同じだ。製作費が1500万ドルでも1億5000万ドルでも関係ない。だから、多額の金を費やすのは常識にそぐわないかもしれない」と、ホーンは著者に語った。「要は、映画館に足を運んでもらうためなんだ。多額の製作費をかけた映画のほうが、映画館に足を運んでくれそうなファンの気持ちに訴えるはずだ。スターが出ていれば客を呼べるが、それには費用がかさむ。特殊効果も客を呼べるが、やはり費用がかさむ。しかも、観客に宣伝する必要がある。つまり、実際にイベントなどを催して市場に売り込む必要があるが、それにはもちろん、さら

に費用がかさむ。会社としては、一年でかぎられた本数の映画にしかそんな多額の予算を投じることはできない」。

その後数年の間、ワーナー・ブラザーズでホーンの戦略が大当たりする一方、競合する巨大メディア複合企業では、ひとりの幹部が出世階段を駆け上がっていた。ニュース番組『トゥデイ』の現場制作責任者だったジェフ・ザッカーが、NBCテレビグループの社長の座に、のちに最高経営責任者（CEO）にまで上り詰めて、当時全米トップのテレビ放送網だった同グループを取り仕切るようになったのだ。2007年、親会社NBCユニバーサルの指揮を執るようになったとき、ザッカーはうなぎのぼりの番組制作費を削減する方針を打ち出した。多くの点で、ホーンがワーナー・ブラザーズで採用した戦略とは正反対だった。

「わが社は、人気ではなく利鞘《りざや》を求めて管理する」と、ザッカーからNBCエンターテイメントの共同会長に指名されたベン・シルバーマンは言い放った。野心的なテレビプロデューサーだったシルバーマンは実力でのし上がり、トップに立ったばかりだった。彼はテレビ放送網の幹部として、利益を増やしてリスクを減らすという、一見、適切な手段を講じているように思われた。つまり、最も値が張るドラマのコンテンツに賭ける額を減らして、知的所有権を重視し、番組制作を手頃な額で進めることにしたのだ。エピソードごとに何十万ドルもの報酬を要求する一流の俳優やプロデューサーに頼る傾向をあらため、通常の数倍の予算をかけても、新シリーズに対する視聴者の需要を判断できないパイロット版を削減することにした。

2011年を迎える頃、ホーンは前代未聞の連勝を収めていた。彼の指揮のもと、ワーナー・ブラザーズは、全米興行成績が11年連続で10億ドルを超えた史上初の映画スタジオとなった。利益面でも着実に増加の一途をたどってきたことが、あらゆる点からわかる。それは、『ハリー・ポッター』シリーズ、『ダークナイト ライジング』、『ハングオーバー!』とその続編、『ハッピーフィート』、『ミリオンダラー・ベイビー』、『オーシャンズ11』とその続編2本、『シャーロック・ホームズ』などの大ヒット映画に負うところが大きい。アラン・ホーンの株は著しく上がった。2012年、ウォルト・ディズニー・カンパニーが低迷するスタジオに魔法を取り戻そうと新しい幹部を探していたとき、ワーナー・ブラザーズを1年前に辞したばかりのホーンを採用し、ウォルト・ディズニー・スタジオの会長に据えた。「ホーンは、創作面でも財政面でもコンスタントに大成功をもたらし、業界で敬意を集めていた(2)」。ディズニーのボブ・アイガーCEOはそう語った。

では、ザッカーのほうはどうだったのだろうか。ザッカーの戦略は散々たる失敗に終わった。2010年、鳴り物入りで就いた職を肩叩きされる憂き目にあった。しかし、時すでに遅かった。NBCはあらゆる点で大きな後れを取っていた。ザッカーとシルバーマンが最重視した利益率も例外ではなかった。ザッカーの在任中に、NBCは視聴率ナンバーワンから4位にまで滑り落ち、ABC、CBS、FOXに追い抜かれた。ゴールデンタイム「必見」の放送として評判を築いてきたNBCにとって、考えられない転落だった。ライバルだったある幹部はザッカーについて、「マスメディア業界で史上最悪の損害をもたらした幹部の事例」と烙印を押した(3)。かなり辛辣な批評かもしれないが、ザッカーの「利鞘を求めて管理する」戦略が悲惨な結果に終わったことは明白である。

◆——ブロックバスターを狙え——エンタメ業界で成功するための戦略

ワーナー・ブラザーズの取り組みは、まさにNBCが避けようとした戦略であり、従来のビジネスの原則とは相反するものに思われる。映画スタジオやテレビ放送網の幹部はどんな理由で、自社の業績さらには自社の存続さえも、毎年莫大な予算を投じた数本の作品に賭けることにしたのだろうか。そしてほとんど回収が不可能と思われるほどのコストをその作品に費やすことにしたのだろうか。観客は移り気で、失敗の確率もきわめて高い。そんな業界ならなおさら、莫大な投資を控えて、多数の作品に少しずつ賭けてコストを厳密に管理し、「利鞘を求めて管理する」ほうが、長期的には賢明ではないだろうか。

正反対なのだ。ワーナー・ブラザーズやNBC、その他多くのエンターテインメント企業が痛い目に遭いながら気づいたのは、「ブロックバスター戦略」の有効性だ。主要なテレビ放送網や映画スタジオ、出版社、レコード会社、ビデオゲームメーカー、それにエンターテインメント業界のその他プロデューサーは、ヒットを見込めるコンセプトを入手して育成し、市場に売り込むことに巨額の投資をすることで栄える。さらに、そうしたヒット作品の売上げで、その他コンテンツのそこそこの業績を埋め合わせようとする。それが、こうした企業研究から著者が学んだ重要な教訓のひとつである。つまり、商品ラインに均等にリソースを分配し（どんな商品が受けるのかわからない場合には、一見最も効果的なアプローチに思われる）、利益を増やそうとしてコスト削減に努めるよりも、ブロックバスターを狙って大きくつぎ込み、〝その他大勢〟につぎ込む費用を大幅に少なくすることが、ショービジネスの世界で常に成功を収める確実な方法なのである。

ブロックバスター戦略は確かに、リスクと無縁ではない。広告宣伝費を最大限につぎ込んで大々的に売り出した作品でも、市場で大成功を収められることもあれば、収められないこともある。2010年公開の映画『ジョン・カーター』に多額を投資すべきだと判断した人や、テレビ番組『ローンスター』が2012年も多くの視聴者を獲得できると思った人たちに尋ねるといい。現在の脆弱な経済では、鳴り物入りで登場した企業幹部の一挙手一投足が、従来の報道機関だけではなく、ブロガーたちからも観察される。そんな世界では、安全策をとる姿勢が最優先事項になるのかもしれない。しかし、コンテンツ制作者には、大きな賭けに背を向ける余裕はない。背を向けるほうが、長い目で見ると失敗の可能性が高まるからだ。高い業績をあげるエンターテインメント企業は、少数の商品に勝負を賭けて、多額の費用を投資する。往々にして公開のかなり前からプロモーションに莫大な費用をあて（「お近くの映画館で近日公開」など）、可能なかぎり広範囲に流通させることで、選択した商品を成功に導く。ほかの業界の商品の売り出し方とは似ても似つかないかもしれないが、これが効果的な方法なのだ。

コラム 1 ブロックバスターとは？

鳩山玲人

「ブロックバスター」という言葉は、第2次世界大戦時に空爆によって町の区画（英語ではブロックと呼ぶ）をまるごと破壊するほどの威力をもった爆弾の異名が由来である。圧倒的な影響力を表す比喩として使われ始めて、人気映画の観賞券を買い求める人たちの行列が映画館の区画を取り囲んで、長い列ができる様にちなんで、大型ヒット映画を表す俗語として使用されるようになった。また、米国の有名レンタルビデオのチェーン名として知られていたり、医薬品業界における大量に売れる医薬品を示す用語としても使用されている。日本語では**映画のメガヒット**、**横綱級ヒット**という意味合いになる。

◆エンタメ市場の仕組みと有効な戦略を解き明かす

結局のところ、映画やテレビ、音楽や出版、スポーツやその他エンターテインメントでも、業界の企業幹部にとって、最善のリスク対処法は似通っていることがわかった。映画やテレビのブロックバスターから得られた教訓は、エンターテインメント業界の他部門にも適用できる。たとえば、ワーナー・ブラザーズの連勝の原則から、出版社であるグランド・セントラルが、毛のもこもこした生き物について書かれた原稿の出版権購入をなぜ真剣に検討したのか、その理由がわかる。実はこの原稿は、常軌を逸するほどの高値で取引され、出版社がその投資を回収できる見込みは万に一つほどしかないように思われた。また、マーベル・エンターテインメントのスパイダーマンやアベンジャーズ、その他のスーパーヒーローが、なぜハリウッドの幹部にとって最も安全な賭けの対象となり、同社に莫大な富をもたらしたのかについてもわかる。さらにステファニー・ジャーマノッタという人物――レディー・ガガのこと――が、いかにして一躍世間の関心を集め、わずか1、2年で、世界有数の著名人の仲間入りを果たすことができたのかについてもわかる。そして、ニューヨークを拠点にした小さなレコード・レーベルが、いかにしてマルーン5というバンドをヒット連発の売れっ子バンドに育てたのかについても。このような事例から、企業が売上げと利益を最大限に伸ばしたいと考えるなら、エンターテインメント商品の制作とマーケティングに関してどのような最善策をとればいいか、一貫したイメージが浮かび上がる。数年前にさかのぼる事例もあるが、根本的な課題は当時も今も同じである。ショービジネスの世界で働く者なら、こうした教訓を心にとどめるべきだろう。さもなければ、ザッカー指揮下のNBCのように、危険を承知でこの教訓を無視するかだ。

ファンにとっても、このような原則を知っておくことはためになるだろう。この原則によって、将来のエンターテインメント商品が決まるからだ。一方で定評あるエンターテインメント企業のブロックバスター志向を嫌い、企業にもっとニッチな商品や無名の才能に投資してもらいたいと考える消費者を、少々落胆させるかもしれない。だが本書の目的は、「良い」作品や「悪い」作品を生み出す要因について、あれこれ批判することではないし、創作面に疑問を投げかけることでもない。つまり、センスについてあれこれ議論はしないということだ。本書の主眼は、エンターテインメント市場の現在の仕組みと、ビジネスの発展と存続に有効な戦略についで説明することだ。このビジネスは、数多《あまた》の人が楽しめる商品を世に出すことなのだ。

「スター集中戦略」は理に適っているのか

ザッカーとシルバーマンがＮＢＣを去ってから久しいが、同社はいまだに立て直しの最中だ。取り組み方も大幅に変わった。ザッカー辞任後にＮＢＣユニバーサル・テレビジョンの会長に就任したジェフ・ガスピンは、「利鞘を求めて管理する」戦略は役割を終えたことを認め、エージェントやプロデューサー、その他テレビ業界関係者らに、ＮＢＣはブロックバスター狙いの方針に立ち戻ると約束した。「ＮＢＣに勝利をもたらすためにやって来た」とガスピンが語るように、同社の新たな目標は、最高の番組を放送することだった。ＮＢＣはそのために破格の予算を組んだ。２０１０年秋のシーズン、テレビ史上前例のない13もの新シリーズを開始した。その中には一流のプロデューサー、たとえばＪ・Ｊ・アダムズやジェリー・ブラッカイマー、デイヴィッド・Ｅ・ケリーらの手による莫大な予算をかけたものもあった。ＮＢＣは同シーズンだけで製作費に１億５０００万ドルを費やし、視聴者を再び獲得するためにマーケティング費用を大幅に増やした。

翌シーズンはさらに増やした。ＦＯＸテレビの『アメリカン・アイドル』からヒントを得て、オーディション番組『ザ・ヴォイス』で大きな賭けに出た。エピソードごとに200万ドルも費やした結果、この番組はまぎれもない大ヒットとなった。それどころか、2012年のスーパーボウル直後に放送されたこともあり、2012年2月、『ザ・ヴォイス』は『アメリカン・アイドル』を押しのけてアメリカで一番人気のテレビシリーズとなった。ロックフェラーセンターの本部で「電撃的な興奮が走った」とNBCの経営陣は誇らしげに語った(4)。番組のひとつがトップに躍り出たからといって、NBCが過去の栄光を取り戻したわけではないが、同社の新経営陣がその栄光を勝ち取る妙案を手に入れたのは確かのようだ。

ワーナー・ブラザーズやNBCをはじめとするその他多くのエンターテインメント企業において、ブロックバスター戦略には、創造性豊かなトップスターにかける莫大な投資がつきものである。映画スタジオは、ジョニー・デップやジェニファー・ローレンス、ウィル・スミス、クリステン・スチュワート、ロバート・ダウニー・ジュニアなどのスーパースターに気前よく報酬を支払い、そうしたスターのファンを自社作品の観客に変えたいと考える。これはテレビ放送網にも当てはまる。最も人気のあるシリーズの主演俳優はエピソードごとに何十万ドルもの報酬を稼ぐ。たとえば『ザ・ヴォイス』は当初、一流の著名人で固められていた。クリスティーナ・アギレラ、シーロー・グリーン、マルーン5のボーカリスト、アダム・レヴィーン、ブレイク・シェルトンという4人の審査員は、みな音楽業界ですでに名声を獲得しているスターだったので、かなりの報酬を要求できた。

スターに集中的に投資する戦略は、今ではエンターテインメント業界の至るところに広がっている。アラン・ホーンが看板映画戦略に乗り出した1年後、ハリウッドの大手映画スタジオの戦略を手本にしたと公言するスペインのビジネスマンが、サッカー界のトップ選手に対する投資額をひとりで引き上げた。レアル・マドリードの会長フロレンティーノ・ペレスは、ショービジネスの考え方を有名サッカークラブに持ち込んだ。いわゆる〝銀河系軍団〟戦略、つまりペレスが引き抜いたスター選手の力を利用する戦略を追求することにしたのだ。銀河系軍団主義が頂点に達したとき、スポーツ界きっての人気者だったイギリスのデイビッド・ベッカムが、世界中から集められたスター選手ですでにあふれかえっていた同クラブに加入した。これは確かにマーケターの夢ではあるが、非常に値の張る夢だ。スター選手に高額の報酬を払うことは、理に適っているのだろうか。

創造性豊かな人材の市場と制作会社経営陣やサッカークラブ会長、エンターテインメント業界の決断方法をよく観察すれば、スターに高額の報酬を支払う正当な理由があることが（それに、認めざるを得ないことに、それほど正当化できない理由も）自ずと明らかになる。スターに投資することで、マーケティングに大きな強みが生まれ、観客もスポンサーも引きつけられる。しかし、少数のトップスターの争奪戦はきわめて厳しく、エンターテインメント企業にかかるプレッシャーはかなり強まっている。実をいうと企業には、引っ張りだこのパフォーマーの争奪戦に加わる金銭的余裕がほとんどない場合が多い。しかし争奪戦に加わらないわけにもいかない。スターとエンターテインメント企業との間に繰り広げられる、ブロックバスターの売上げと利益配分をめぐる攻防は、現代のエンターテインメント経済において興味をそそる側面のひとつである。また、ショービジネスの未来に多大な影響を及ぼす側面でもある。

どんな攻防戦でもそうだが、最終的に勝利を収めるのは誰か正確に予測するためには、戦略はもちろん、それぞれの強みと弱みを徹底的に理解することが必要になる。その洞察力を養うことも、本書のもうひとつの大きな目的である。だからこそ著者は、ハリウッドの大手スタジオやレアル・マドリードなど、スター重視のビジネスモデルを詳しく調べているのだ。一方で、異なるアプローチで有望な人材をスターに育てる企業にも、大いに注目している。たとえば、アルゼンチンのサッカークラブ、ボカ・ジュニアーズと、レアル・マドリードの最大のライバル、FCバルセロナは、どちらも世界屈指の選手を育成することで名高いチームだ。テレビ界屈指の長寿番組、NBCの『サタデー・ナイト・ライブ』は、エディ・マーフィーからアダム・サンドラー、ジミー・ファロン、ティナ・フェイまで、何十人もの一流コメディアンがキャリアを築く足がかりの役割を果たしてきた。

ここで、ひとつの原則が鮮明に浮かび上がる。エンターテインメント企業は、創造性豊かな人材との関係を継続させるためならどんな苦労も厭わない、という原則だ。

デジタル技術普及でブロックバスター戦略の有効性が上がる

ユーチューブ、ツイッター、フェイスブック時代の到来により、現在のメディア環境はアラン・ホーンやジェフ・ザッカーが戦略を最初に考案した頃とも、レディー・ガガが表舞台にはじめて躍り出た頃とも、当然大きく異なる。

エンターテインメント企業に突きつけられている最大の問題は、デジタル技術の急速な進歩が、ブロックバスターやスーパースター重視の戦略にどんな影響を与えるかということだ。デジタル技術の向上によりコストが削減されるので、広範囲にわたり待ったなしの変化が迫っている。要するに、新技術によって、コンテンツ制作者はエンターテインメント商品を安価に提供することが容易になった。たとえば映画の配給でも、世界中の映画館に現物のフィルムを輸送するより、オンラインで配信するほうがコストは削減される。また、行き届いたレコメンデーション・エンジンのような新技術により、消費者は欲しい商品を探したり購入したりするときの手間が省けるようになった。こうした影響は、商品の完全なデジタル化が可能なエンターテインメント、たとえば映画、テレビ番組、本、音楽などの部門ではとくに歴然としているのだ。

業界関係者の中には、デジタル技術がブロックバスターの終焉を、ひいてはブロックバスター戦略が生み出す効果の終焉をもたらすと指摘する者もいる。オンライン流通チャネルの増加は、やがてエンターテインメント事業の〝従来の〟ルールが通用しなくなる兆しなのではないだろうか。コンテンツの制作や配信が誰でもできるユーチューブのようなサイトに人気が集まっているところを見ると、「イエス」といわざるをえないかもしれない。ところがよく調べてみると、現実はそれほど単純ではないことがわかる。それどころか、インターネットのおかげで、買い手が何百万という数の商品を市場で容易に入手できるので、ブロックバスター戦略の原則が以前にも増して当てはまるかもしれないのだ。本書の後半で述べるように、消費者の行動には基本法則があり、ブロックバスター戦略が時代を越えて人を引きつける力があることが明らかになる。つまり、エンターテインメント業界に興味をもつ人なら誰でも留意すべき法則といえるのだ。この戦略がエンターテインメント企業の成功にとって常に重要性をもつことは、オンライン・チャネルが生み出した膨大な量のデータからはっきりとわかる。

デジタル技術がエンターテインメント商品市場をいかに変えつつあるのか理解すれば、ユーチューブがなぜその絶大な人気を高収益と継続的なビジネスにつなげられないのか容易に見て取れるし、ユーチューブの親会社であるグーグルがなぜオリジナル・チャンネルを推し進めたのかも合点がいくようになる。また、NBCがフールー（Hulu）——プロが制作した高品質のオンライン映像の提供に特化したサイト——の共同設立者になるという決断が、放送会社として近年まれに見る賢明な行動だったことも明らかになる。これには、ザッカーもいく分貢献している（そういうと驚かれるかもしれない。だが本書は、白黒をはっきりつけたり、ヒーローと悪役を区別することが目的ではない。エンターテインメント企業の経営幹部のほとんどは、成否にそれ相応にかかわっており、ザッカーもその例外ではない）。重要な教訓がここでまたひとつ明らかになる。ブロックバスターと大衆文化との結びつきは弱まるどころかさらに強まり、ブロックバスター戦略が盛んに用いられるようになる、という教訓だ。

◆エンタメ企業の多くが消え去るのか

次に、オンライン・チャネルの出現で、やがて既存のコンテンツ制作者や販売店の果たす役割が小さくなるのではないかという疑問が生じる。

イギリスのロックバンド、レディオヘッドは、数年前、レコード会社や小売業者の手を介さず自らリリースしたアルバムを大ヒットさせた。すると、ほかのバンドも作品を自分たちの手でリリースすることができる、そうすべきだと業界の観測筋は言い出した。それまで無名だったミュージシャンたちが、ユーチューブやSNSで幅広いファン層を築き、自費出版の著者の中にも、オンラインで作品を発表して大きな需要を生み出す者も現れるようになった。デジタル技術が今後さらに向上して普及するにつれて、創造的能力をもった人たちはますます、自らの作品を消費者に直接売り込むチャンスをつかむようになるのだろうか。もしそうならば、既存のエンターテインメント企業の多くが消え去る日も遠くないかもしれない。ところが著者のリサーチによれば、そのように極端な筋書き通りには進みそうにない。こうした企業が提供する恩恵がなければ、大半のクリエイターは経済的成功を収めることがほぼ不可能だ。とはいえ、制作と流通を自力で行う人たちの出現は、大手エンターテインメント企業にとっても重大な問題となる。

デジタル・チャネルを用いてコンテンツを消費者に直接届けるコンテンツ制作者やコンテンツ所有者から、多くのことが学べる。たとえば、NBCユニバーサル、ニューズ・コーポレーション傘下のFOXエンターテインメントグループ、ディズニーABCテレビジョングループが共同所有するフールーが、その一例だ。

ところが、スポーツの世界ではひときわ大きな波が生まれた。とくにメジャー・リーグ・ベースボール（MLB）のデジタル部門は際立っている。MLBの経営陣は、デジタル・チャネルでリーグがファンと直接交流できる機会に乗じて、多数の異なるプラットフォームやオペレーティング・システムに向けた商品を生み出した。ナショナル・フットボール・リーグ（NFL）は、デジタルメディアに対してMLBとはまったく異なるアプローチを取ったが、その戦略も成功を収めた。しかも、エンターテインメント商品市場の発展についてNFLから得られた教訓は、意外にもMLBと一致していた。フールー、MLB、NFLという3つの事例から、コンテンツ制作者が新しいデジタル流通チャネルをいかに有利に活用できるかわかる。そのうえ、この3つの事例の背景にも、やはりブロックバスターによる恩恵が存在する。

このどれも、技術の進歩がエンターテインメントの世界に及ぼす壊滅的影響を否定するものではない。デジタル技術の影響である再生と流通の低価格化により盛んになった海賊版が、破壊的影響の主犯と見られることが多い。しかし、その他の力――デジタル・チャネルの購入価格は安くなるはずという顧客の期待など――のほうが、脅威となることもある。また、デジタル・チャネルにおける商品のアンバンドリングも、エンターテインメント企業にとっては頭痛の種になる。たとえば、アルバムに収められたすべての曲を、今ではオンラインで個別に買える。そのためアルバムというまとまりは、個々の曲に対して従属的役割に甘んじるようになっていく。歌をバラバラに出荷するときのコストが法外だったとしても、このような逆転現象が起こるとは、アナログ技術しかない時代には考えもつかなかった。その一方で、超薄利で商売するオンライン小売業やコンテンツ・アグリゲーターの出現も、エンターテインメント企業のビジネスモデルに圧力を加えつつある。

こんな激変にさらされたら、ブロックバスター戦略も間違いなく進化するだろう。しかも、何とも刺激的なのは、スーパースターたちがこの趨勢をリードしていることだ。2010年、ドロガ5という広告代理店が企画した賞品つきのキャンペーンでは、ヒップホップ界の大御所ジェイ・Zとそのマネージャーが自叙伝『デコーデッド』（未邦訳、“Decoded”）の出版にあたり、マイクロソフトとのパートナーシップに乗り出した。1年後、常にひるむことなく新奇を狙うレディー・ガガは、アルバム『ボーン・ディス・ウェイ』で新製品発売のコンセプトを再定義した。今後、さらに多くのエンターテイナーが彼らの足跡をたどることは間違いない。当てずっぽうでいっているわけではない。本書を読み進めればわかるように、デジタル技術の破壊的影響力と、ブロックバスター狙いの有効性を明らかにする要因を考え合わせれば、論理的帰結である。デジタル世界でブロックバスター戦略を実行することは今後難しくなるかもしれない。だが、信じがたいことに、その妥当性はいや増すばかりだ。エンターテインメント経済におけるブロックバスターの未来は、明るく輝いている。

それどころか、ブロックバスター戦略は、エンターテインメント業界のマーケティング活動とともに、経済のほかの領域にますます行き渡るようになるかもしれない。そこで、最後に今後の指針として、著者が長年にわたるリサーチで発見した、特筆に値する事例を示して本書を締めくくる。それは、ナイトクラブのビジネスだ。大成功を収めた2人のクラブオーナーが、酒のボトル販売――クラブで人気のある〝テーブル席〟の顧客に高値のアルコールを運ぶこと――が中心だったビジネスから、スーパースターＤＪを呼びものとするビジネスへと、ナイトクラブビジネスを変えた。さらに、家電製品に大きな勝負を賭けたアップル、天使のようなスーパーモデルが次々と登場するファッションショーを催すヴィクトリアズ・シークレット、トレンチコートをデジタルの世界に持ち込んだバーバリーなどの事例も紹介する。こうした事例が示すように、ブロックバスターに学ぶべき数多くの教訓は、エンターテインメント業界だけにとどまらず、ビジネスの世界全体にまで及んでいる。

第1章 ブロックバスターに勝負を賭ける【映画&出版業界】

Betting on Blockbusters

SUMMARY

ブロックバスター戦略はなぜ妥当なのか

鳩山玲人

ハリウッドの映画業界における「なぜメガヒットを狙うブロックバスター戦略を企業が掲げるのか」という問いに対する答えを検証しようとしているのが本章。エンターテインメント業界は、とかく定性的な評価がされる傾向にある。とくに映画業界は、☆5つといった定性的な評価を映画評論家が行い、動員数の比較だけを頼りに分析が行われてきた業界であるため、ヒットをどうやってつくるのかという問いはなかなか答えにくいように思われがちだ。

ワーナー・ブラザーズやディズニーといったメジャースタジオは、1作品ごとに200億円を超える製作費と宣伝費を投入している。大型投資をすることは、一見無謀で、リスクが高いようにも見えるが、実はそうした作品にリソースを集中させ、成功の確率を上げる、つまり、一般的な経営理論と同じ「集中と選択」の理論を実践しているにすぎない。消費者側から見ても、年間に観る映画の本数が5~6本だとすると、結局のところ、評判が評判を呼ぶ映画しか観にいかないのが現実だ。

映画業界を企業側から見て戦略論として再定義するだけではなく、大型投資による大型リターンについて経営学の「定量的分析」を行うことで、ブロックバスター戦略の優位性をこの章で明らかにしている。

◆ 看板映画戦略――10年連続10億ドルの興行収入を記録したワーナー・ブラザーズ

２０１２年６月、アラン・ホーンがウォルト・ディズニー・ピクチャーズの会長に指名されたというニュースが、ハリウッド関係者の間を駆けめぐってから半月もしないうちに、ホーンはディズニーの映画スタジオに足を踏み入れた(1)。69歳のホーンは誰からも好感をもたれる人物だ（「僕はいいヤツでいようと頑張ってるけど、アラン・ホーンの隣にいると自分がマヌケにしか見えないよ」と、俳優のスティーヴ・カレルは、ワーナー・ブラザーズ主催のホーンの送別パーティーで冗談を飛ばした）。もちろん、ディズニーでの仕事に胸を躍らせていた。ホーンはディズニーを、「業界を象徴する存在で、誰からも愛される世界屈指のエンターテインメント企業」とみなしていた。一方で、近年興行成績が振るわないウォルト・ディズニー・ピクチャーズでの仕事に、困難が待ち構えていることも承知していた(2)。

ホーンの新しい役割は、ディズニーのみならず、傘下のピクサー・アニメーション・スタジオやマーベルでも、実写映画とアニメーション映画の製作、流通、マーケティングを監督することだった。かつてワーナー・ブラザーズで取り入れた看板映画《イベント・フィルム》戦略を、新天地でも採用すべきかどうか、ホーンは判断を迫られることになった。

ホーンはプロデューサーのノーマン・リアのもとでキャリアを積み、キャッスル・ロック・

エンターテインメント(ホーンが共同設立した制作会社。代表作として、大ヒットしたテレビドラマ『となりのサインフェルド』や、『ア・フュー・グッドメン』、『ショーシャンクの空に』、『恋人たちの予感』などの映画がある)で、10年にわたり采配を振った。その後ワーナー・ブラザーズに移り、リスクに対して従来とは異なる姿勢を取るようになった。「ほかのスタジオも大作映画を製作していたが、首尾一貫した姿勢で製作しているところはひとつもなかった」と、ホーンは著者のインタビューで語った。「それどころか、みんなビクビクしていた。チケットの値段は同じなのだから、コストをかけるほどリスクが大きくなると思われていたのだ」。

〝コンセンサスの旗振り役〟と評されるホーンは、ワーナー・ブラザーズの幹部らに看板映画戦略が受け入れられるよう粉骨砕身した。(3) 看板映画として最初に選んだ作品は、2000年公開の『パーフェクトストーム』だった。「当時、ジョージ・クルーニーは大スターではなかった。マーク・ウォールバーグにしたってそうだったんだが、ストーリーがとても気に入ったんだ」と、ホーンは振り返った。「観客のために最高の視覚体験をつくり出したかった。それを示すためにマーケティングに大金をつぎ込んだよ。実は、最初につくられた予告編を見て、『嵐はどこに出てくるんだ?』と尋ねた。嵐の中、高波に翻弄される船の場面を見たいと思ったからだ。それには50万ドルかかったが、スタッフは1週間でつくり上げた。これは大作だぞと世間に知らせたかった。だから、どうしてもその場面が必要だったんだ」。

数年もしないうちに、看板映画戦略はワーナー・ブラザーズに定着し、毎年4、5本の大作を公開するようになった。ホーンは「四象限映画」と名づけた方針を重視していた。老若男女のファンに訴える映画という意味だ。

2008年の大作映画には、『ダークナイト　ライジング』、『ゲット スマート』、『スピード・レーサー』、『ハリー・ポッターと謎のプリンス』（その後、公開は2009年に変更された）などが選ばれた。

2010年はホーンが丸1年間指揮を執った最後の年となり、『インセプション』、『タイタンの戦い』、『ハリー・ポッターと死の秘宝　PART1』などが選ばれた。各看板映画には、制作にもマーケティングにも平均をはるかに上回る予算があてがわれて、公開日は何年も前に決定された。「看板映画が秘める利点は途方もなく大きいので、リスクを冒す価値があると考えていた」。ホーンはそう言い切った。

こうした映画のもたらした結果は、ホーンの戦略に先見の明があることを証明した。[4] ホーンの12年間にわたる陣頭指揮のもと、ハリウッド大手スタジオ6社中最大手のワーナー・ブラザーズ・ピクチャーズは、興行収入が10年連続で10億ドルを超えた史上初のスタジオとなったのだ。2010年、ワーナー・ブラザーズは全世界で48億ドルという、かつてないほどの莫大な興行収入をあげて、映画業界のマーケット・リーダーの地位を手に入れた。『ハリー・ポッター』の8作品は、映画シリーズとして史上最大の成功を収め、全世界で77億ドルの興行収入をあげた。この期間にワーナー・ブラザーズが公開して大当たりした作品は、ほかにも『300〈スリーハンドレッド〉』、『ダークナイト　ライジング』、『ディパーテッド』、『グラン・トリノ』、『ハングオーバー！　消えた花ムコと史上最悪の二日酔い』とその続編、『アイ・アム・レジェンド』、『ミリオンダラー・ベイビー』、『オーシャンズ11』、『オーシャンズ12』、『オーシャンズ13』、『シャーロック・ホームズ』などがあった。

それでも、ホーンの戦略が相変わらず物議を醸したのは、やはりリスクが高すぎると思われていたからだ。「巨大プロジェクトは、おいそれとはプロフィット・センターに転じない」[5]と、『ウォール・ストリート・ジャーナル』紙のある記者は、大勢の心情を代弁する記事を書いた。「いつかこのような大きな賭けに大敗を喫して、スタジオはとんでもない失敗作とともに見捨てられるときがくるだろう」。最近の映画でそれにあてはまるのは、ディズニー製作の『ジョン・カーター』だろう。推定2億5000万ドルの製作費に対しほぼ同額の損失が見込まれており、2012年最大の失敗作になることは想像に難くない。看板映画戦略を批判する人たちは、西部開拓時代を舞台にした『天国の門』——「スタジオを沈没させた映画」として知られる——をよく例にあげた[6]。1980年公開のこの映画は、製作の遅れや予算オーバーなどにより、当時としては破格の4000万ドルもの製作費がかかり、マスコミからも世間からもあからさまな不評を買う結果に終わった（ある著名な批評家からは「掛け値なしの駄作」と評された）。ユナイテッド・アーティスツは、わずか300万ドルのチケットしか売りさばくことができず、興行成績のはなはだしい不振がたたって倒産に追い込まれ、MGMに買収された。

一部の映画に多額の製作費をかけるのは正当なのか

看板映画戦略、あるいは序章で述べた用語でいえば〝ブロックバスター戦略〟は本当に、エンターテインメント商品の生産やマーケティングにとって最善の策なのだろうか。ワーナー・

ブラザーズのような大手スタジオや、エンターテインメント業界の大手コンテンツ制作者にとって、この問いに対する答えは間違いなく「イエス」だ。その証拠に、ワーナー・ブラザーズが奉じた戦略は、映画スタジオのみならず、出版社やテレビ制作会社、レコード会社、ビデオゲームメーカー、メディアやエンターテインメント業界のその他の領域において、今や一般的なアプローチとなっている。一見リスクを伴うこのアプローチが、競争の激しい現代の市場で通用する理由を詳しく説明する前に、まずはホーンがワーナー・ブラザーズでとったアプローチを詳しく調べて、そこからもたらされる恩恵を理解することにしよう。

ブロックバスター戦略を奉じる映画スタジオは、リソースをポートフォリオの製品に均等に割り振るよりも、制作とマーケティング費用を少数の作品に集中的に割り当て、莫大な売上げと利益がもたらされることを狙う。この考え方は図表1-1に示される。

たとえ大した確証はなくても、映画スタジオは最もヒットしそうな作品に大きく賭ける。それが「ブロックバスターに賭ける」ということで、多額の予算を投じて多くの集客を目指す作品を製作するのだ。映画製作には、脚本や所有権の獲得から映画公開にこぎつけるまで、ゆうに4年はかかる。その過程を考慮すると、映画スタジオは最もヒットしそうな作品を、かなり早い段階から選ぶ必要がある。気まぐれな消費者の好みや、何百人もがかかわる映画製作の複雑な過程を考慮すると、その作業は容易ではない。それでも、スタジオが考えるように、リスクを冒すに値するほどの恩恵が得られる。

2010年を例にあげて、ワーナー・ブラザーズの戦略を検証してみよう。ワーナーはその年、22本の映画を公開しており、製作費に約15億ドル、全米での宣伝広告その他プロモーションに7

図表1-1　ブロックバスターに対する投資と成果の典型的パターン

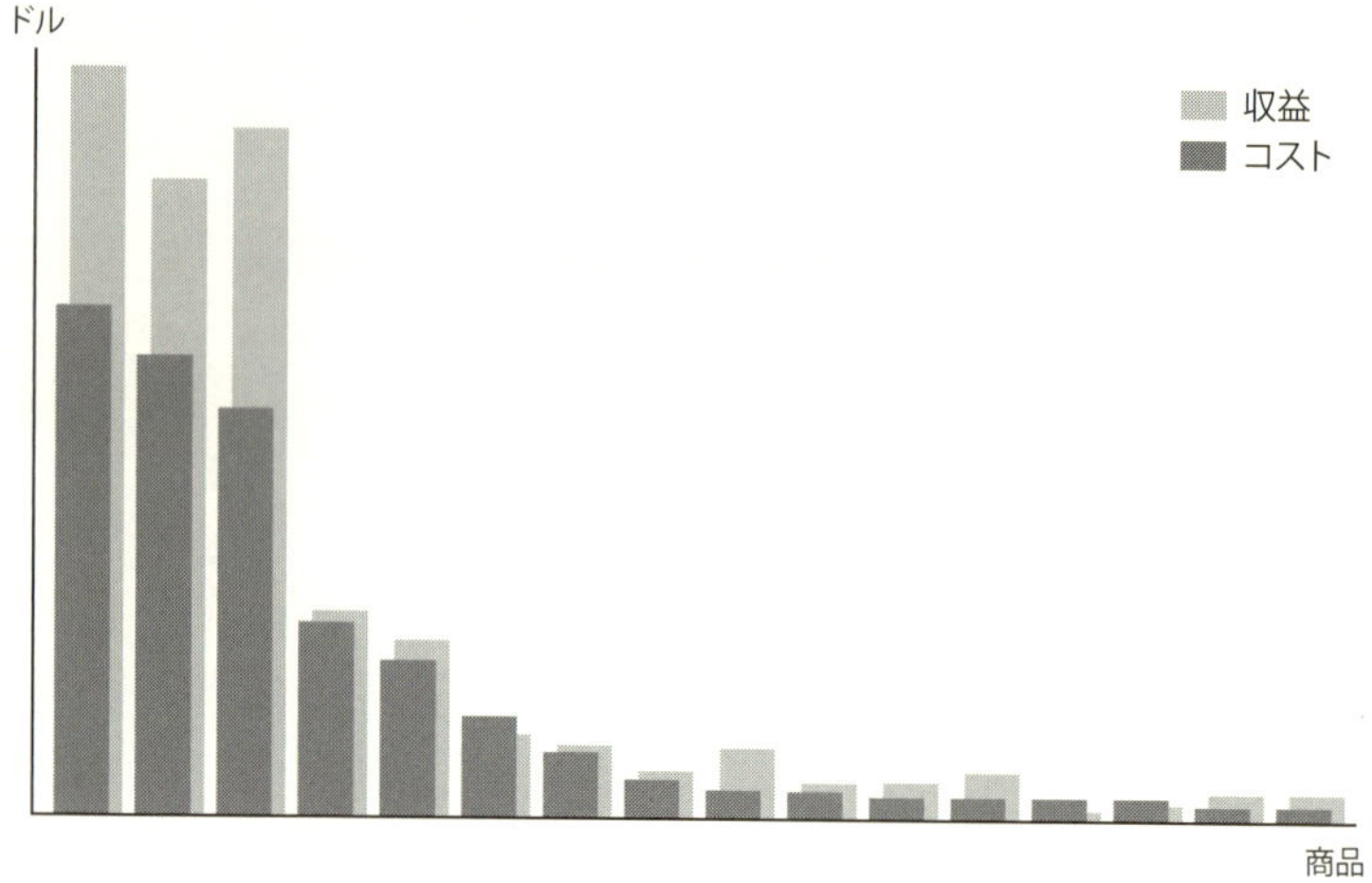

億ドル以上をかけた。[7] 2010年の製作費予算の3分の1を、『ハリー・ポッターと死の秘宝 PART1』(2億5000万ドル)、『インセプション』(1億7500万ドル)、『タイタンの戦い』(1億2500万ドル)につぎ込んだ。4番目は、『セックス・アンド・ザ・シティ』の続編で、1億ドルが投じられた。

このような作品は、一流のスターだけではなく、凝った視覚効果が特色となることも多い。たとえば、目を見張らせるシークエンス、多角的なショット、大がかりなセット、複数の場所で行われるロケ、高度なテクノロジーを利用したアクションショーなど、どれも映画の予算を押し上げる要因になる。大当たりした書籍やキャラクターに基づいて映画製作が行われる場合(たとえば『ハリー・ポッター』など。この種の賭け金は最大となることが多い)、知的所有権も費用がかさむ要因になる。

「わが社は例年、10億ドルの収益を見込めそうな映画を4本から5本、意識的に選択して撮影している」[8]と、ワーナー・ブラザーズのある幹部はスタジオの戦略について述べた。「このような数本の作品に製作費の大部分を投じれば、スタジオのほかの映画にも影響がある」と、ホーンがあとを継いだ。「9000万ドルではなく6000万ドルの製作費でほかの映画をつくらなくてはならなくなるかもしれない。バランスを取るためには必要なことだ」。テレビ制作会社のある幹部も、基本的に同じ見解を示した。「映画スタジオやテレビ放送網は全作品を平等に慈しむものだと、世間は誤解している。かぎられた金額しか制作やマーケティングにあてられないのだから、優先順位をつけるより仕方がない」。

アラン・ホーン指揮下のワーナー・ブラザーズでは、高コストの映画は高収入を見込め、高利益をあげるものだと期待されていた。2010年のワーナーの業績は、その期待に応えるものだった。高額を投じた上位3作品は、総製作費の3分の1を占めるにすぎないが、同年の興行収入に占める割合は全米で40パーセント以上、全世界で50パーセント以上だった。[9]製作費と興行収入の差額を計算すると、年間余剰金の60パーセント以上が高額をつぎ込んだ上位3作品から、70パーセント近くが上位4作品から生じたことがわかる。

その一方で、2010年公開の映画で最も低予算の4作品[10]──『フリップト』（"Flipped"日本未公開）、『ロタリー・チケット』（"Lottery Ticket"日本未公開）、『ルーザーズ』、『スプライス』──は、総製作費の6パーセントにも満たないが、チケット売上げに占める割合は、全米でわずか4パーセント、海外では1パーセントと、余剰金にほとんど貢献していない。もちろん、この余剰金すべてが利益ではない。たとえば、ワーナー・ブラザーズのような映画スタジオの場合、興行収入の半分近くは、スタジオの作品を上映する映画館が受け取ることになっている。だが、2010年の実績からはっきりしたパターンが読み取れる。つまり、ワーナー・ブラザーズが2010年に最大の予算をつぎ込んだ映画が、最大のリターンをもたらしたのだ。

ここまでは問題ない。だが2010年がたまたま、状況を深刻化させるほどの失敗作がなかった、幸運な年だったということはないだろうか。ワーナー・ブラザーズのようなスタジオは、ブロックバスター狙いで大きすぎるリスクを抱えているのではないだろうか。スタジオの長期の業績を見ても、それは当てはまらない。当てはまらないどころか、2010年の実績のほうが、普通なのだ。

図表1-2を見てほしい。ワーナー・ブラザーズが、2007年から2011年までにブロックバスターを狙った作品のリターンを示したものだ。ホーンが年間を通して指揮を執った最後の5年間にあたる。この期間、ホーンは自らの看板映画戦略に全力投球して、65億ドルを製作費に投じた。しかし、競合するスタジオもホーンにならって数作品に多額を投じる戦略に出ており、ホーンは激しい競争にも直面していた。

一見したところ、グラフにデータ点がランダムにまき散らされているような印象を受ける。データ点が乱雑ということは、劇場公開映画の需要が予測不可能だということを示す。ワーナー・ブラザーズは、多くの有名な映画シリーズ、たとえば『ハリー・ポッター』やバットマンの『ダークナイト　ライジング』などに相当な投資を行った。いくつかは大成功を収めたものの、大作映画の中にも不振にあえぐ作品もあった。とくに、製作費1億2000万ドルをか

図表1-2　2007年から2011年までワーナー・ブラザーズが映画製作に投じた金額とリターン

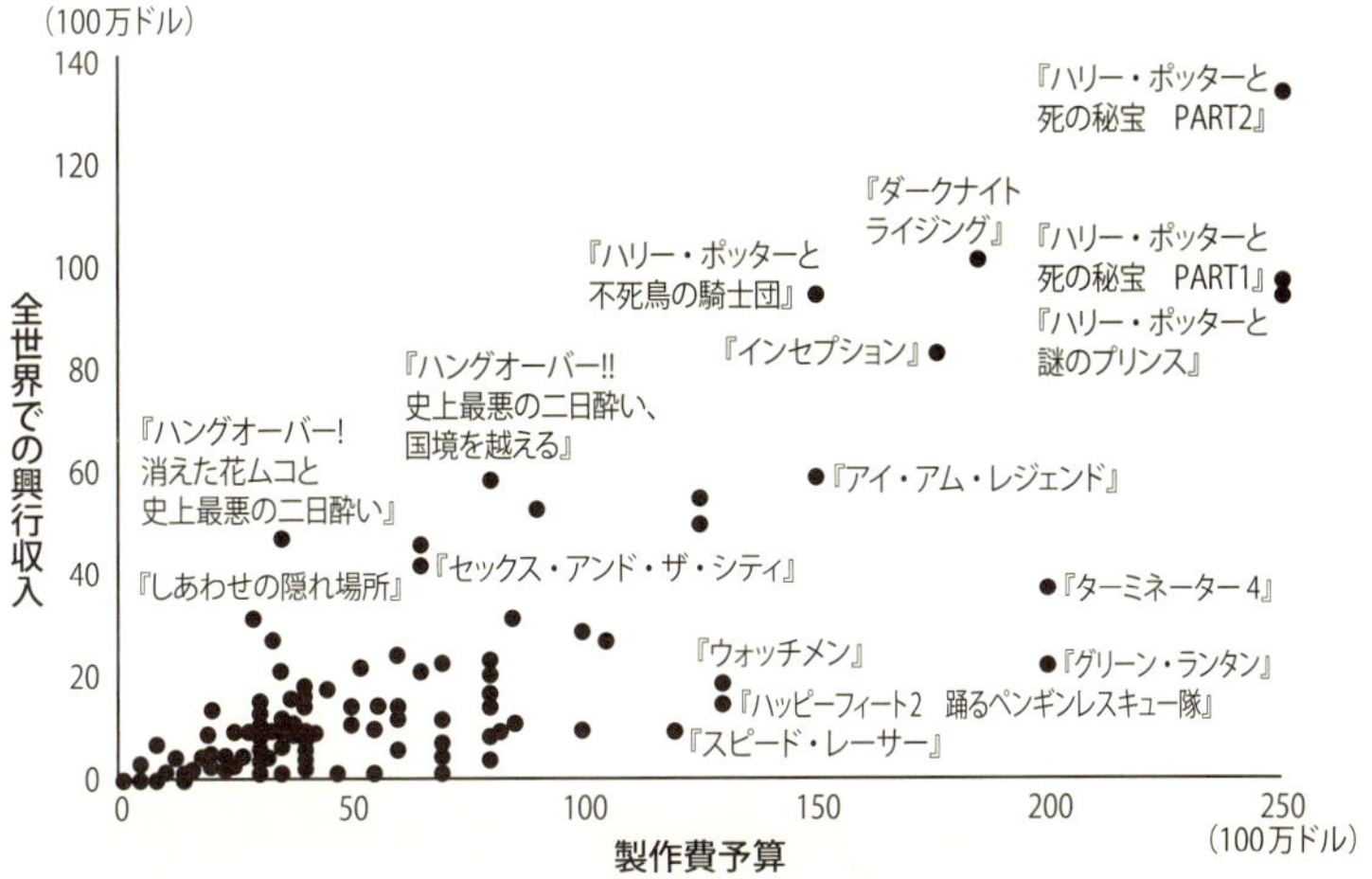

これは、ワーナー・ブラザーズが2007年から2011年までに公開した119の各映画(リサーチ会社レントラックより)の、製作費予算の推定額と全世界の興行収入を示したものだ(11)。たとえば、『ハングオーバー!』の製作費は3500万ドルと見積もられ、4億7000万ドル近くを売上げた(そのうち、1億9000万ドルが、海外市場の売上げに当たる)。

けた『スピード・レーサー』は、まぎれもない失敗に終わった(日本のアニメ番組を原作とし、エミール・ハーシュ主演で2008年に公開された。全世界の興行収入は1億ドルに満たなかった)。これよりも少額を投資した作品については、ヒット作と凡作と完全な失敗作の比率は同じだった。『しあわせの隠れ場所(12)』、『ハングオーバー! 消えた花ムコと史上最悪の二日酔い』、『グラン・トリノ』の製作費はそれぞれ4000万ドルにも満たなかったが、興行成績では大きな儲けをあげた。その一方で、同程度の製作費をかけた『ジェシー・ジェームズの暗殺』や『ホワイトアウト』、

『ショーツ　魔法の石大作戦』は、観客の心をつかめなかった。

図表1-3では、さらに体系的に分類して、映画を製作費予算別に示した。5年間に公開された全作品の上位5パーセントの映画は、総製作費の5分の1を占め、全世界興行収入の4分の1以上を占めた。上位10パーセントの映画は、製作費のおよそ3分の1を使ったが、興行収入の5分の2を生み出しており、製作費と興行収入の差額のほぼ半分を占めていた。よって、ワーナー・ブラザーズが行った最大の投資から、不釣り合いなほど大きなリターンが生み出されたことがわかる。その対極にある少額の投資は、大量の映画に投じられたせいもあったが、ほとんど影響を与えなかった。下位25パーセントの映画（3000万ドルを少し下回る予算で製作された映画のグループ）は、総製作費のちょうど6パーセントを占めるが、興行収入のわずか5パーセントを生み出したにすぎない。さらに下位10パーセントの映画は、興行収入にほとんど影響を与えなかった。

ワーナー・ブラザーズのポートフォリオの両端に位置する映画の差は、相対的に見れば小さいかもしれないが、絶対的に見れば甚大である。大作映画に賭けるようになった何年かの間に、ワーナー・ブラザーズの総興行収入は主な競争相手を上回った。ブロックバスターを中心に据えれば効果があることも、ブロックバスターがコンテンツ制作者の業績を向上させることも証明した。『ハリー・ポッター』シリーズや『ダークナイト　ライジング』がなければ、2000年代半ばから後半にかけて、ワーナー・ブラザーズはあれほどの成功を収められなかったはずだ、と批判する向きもあるかもしれない。だが、そうした批判こそがまさにこの戦略の核心をついている。ひとつのブロックバスターが、1年の成否を決定づけることがあり得るのだ。ブ

図表1-3　ワーナー・ブラザーズにおける投資額の多寡がもたらす対比

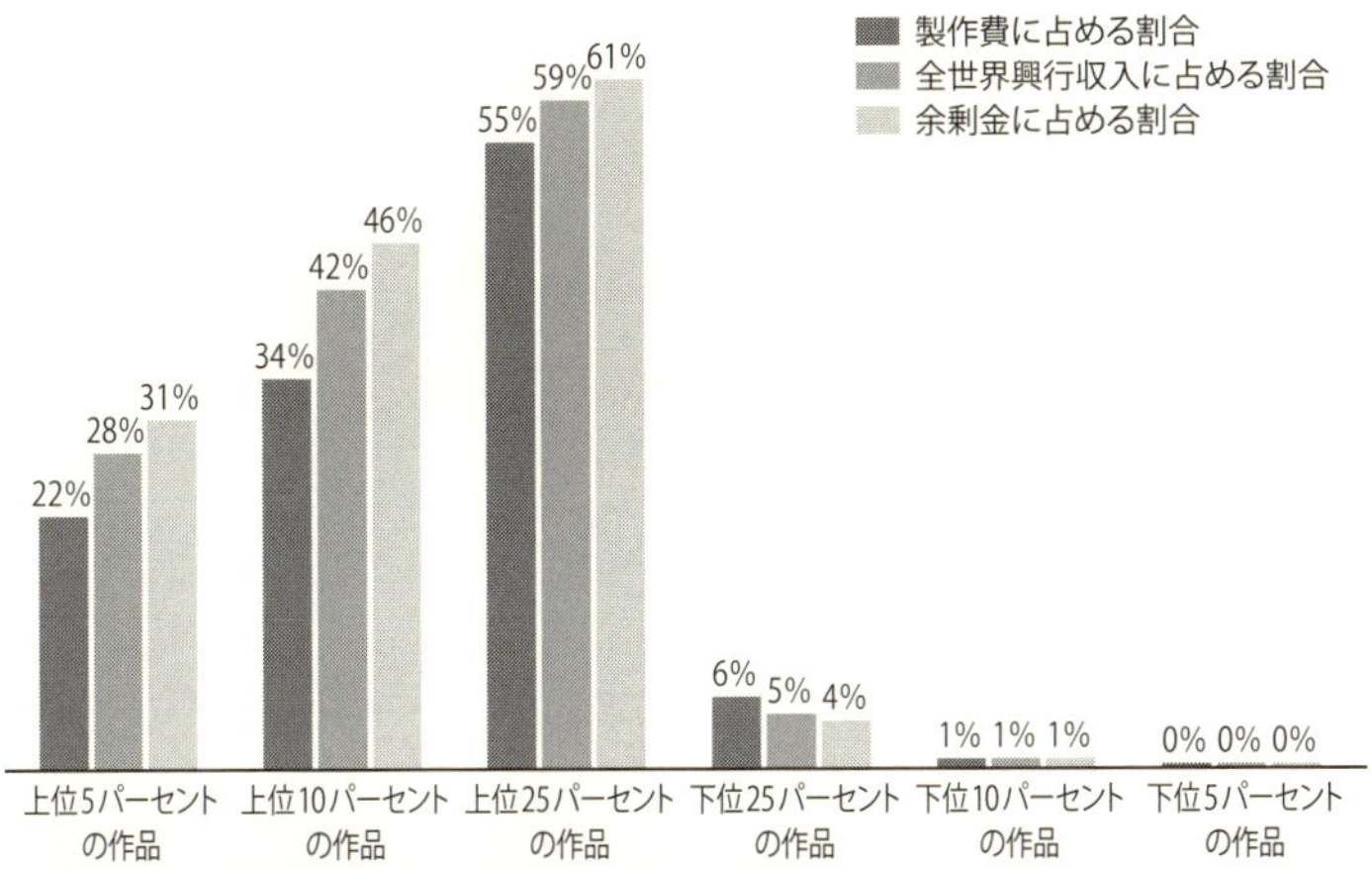

これは、119の映画作品を製作費別に分けた場合に、それぞれが、ワーナー・ブラザーズの製作費、全世界興行収入、その差額（つまり“余剰金”）に占める割合を示したものだ(13)。たとえば、最も製作費がかかった上位5パーセントの作品は、ワーナー・ブラザーズの製作費の22パーセント、全世界興行収入の28パーセント、余剰金の31パーセントを占めている。

ロックバスター戦略が生む最良の結果とは、増益に貢献する映画をもたらすことだ。そのためには、著者のリサーチが示すように、相当額の投資を行う必要がある。使える予算を多数の小規模映画に万遍なくばらまくことではない。

看板映画戦略を求めるホーンの動機が、多くを物語っている。「アメリカの平均的な映画ファンでも、年に5、6本の映画しか観ないという調査結果に衝撃を受けた」。2012年、ホーンはインタビューで語った。「海外ではもっと少ない。昨年、ハリウッドの主要スタジオ6社は120本を超える映画を公開し、サミットやワインスタイン・カンパニーなどのインディペンデント系大手スタジオは80本ほどの映画を公開した。つまり、観客は何百本もの映画を観る機会があるわけだ。その中でどれが選ばれるのか、競争は激しくなる一方だ」。ホーンは続けた。「だからこそ、観たくてしようがなくさせる要素がとても重要になる。ストーリーであれ、出演するスターであれ、特殊視覚効果であれ、作品の価値を高めるものが必要だ」。言い換えれば、注目を勝ち取るために、競合作品より抜きんでることが目標になる。これこそブロックバスター戦略の意図するところだ。「筋金入りのファンでさえ、1週間に1本しか映画を観ない」。ホーンはきっぱりいった。「その人たちに必ず選んでもらえる映画をつくらなくてはならない」。

◆広告宣伝費を含めるとますます明らかになる優位性

ブロックバスター戦略の成功は、マーケティング費用を含めて考えると一層明らかになる。高額を投じた作品ほど、広告の効率性がいいのだ。「製作費1億5000万ドルの映画の広告宣伝費は、たとえ市場を飽和状態にしても、製作費7500万ドルの映画の2倍というわけではない[14]」。ホーンは話し始めた。「その映画を全国的に支援するためには、とにかく観客に存在感をアピールしなくてはならないので、ある程度の金額が必要になる。だから、製作費7500万ドルの映画のマーケティング費用は割高になる。でも、看板映画を後押しするために費用をかけても、それほど割高にはならない」。

ハリウッドの映画スタジオの経営陣は自社の広告宣伝費について固く口を閉ざすが、民間の

図表1-4　製作費と広告宣伝費――ワーナー・ブラザーズが大きく賭けた作品のほうが好結果を生むのはなぜか

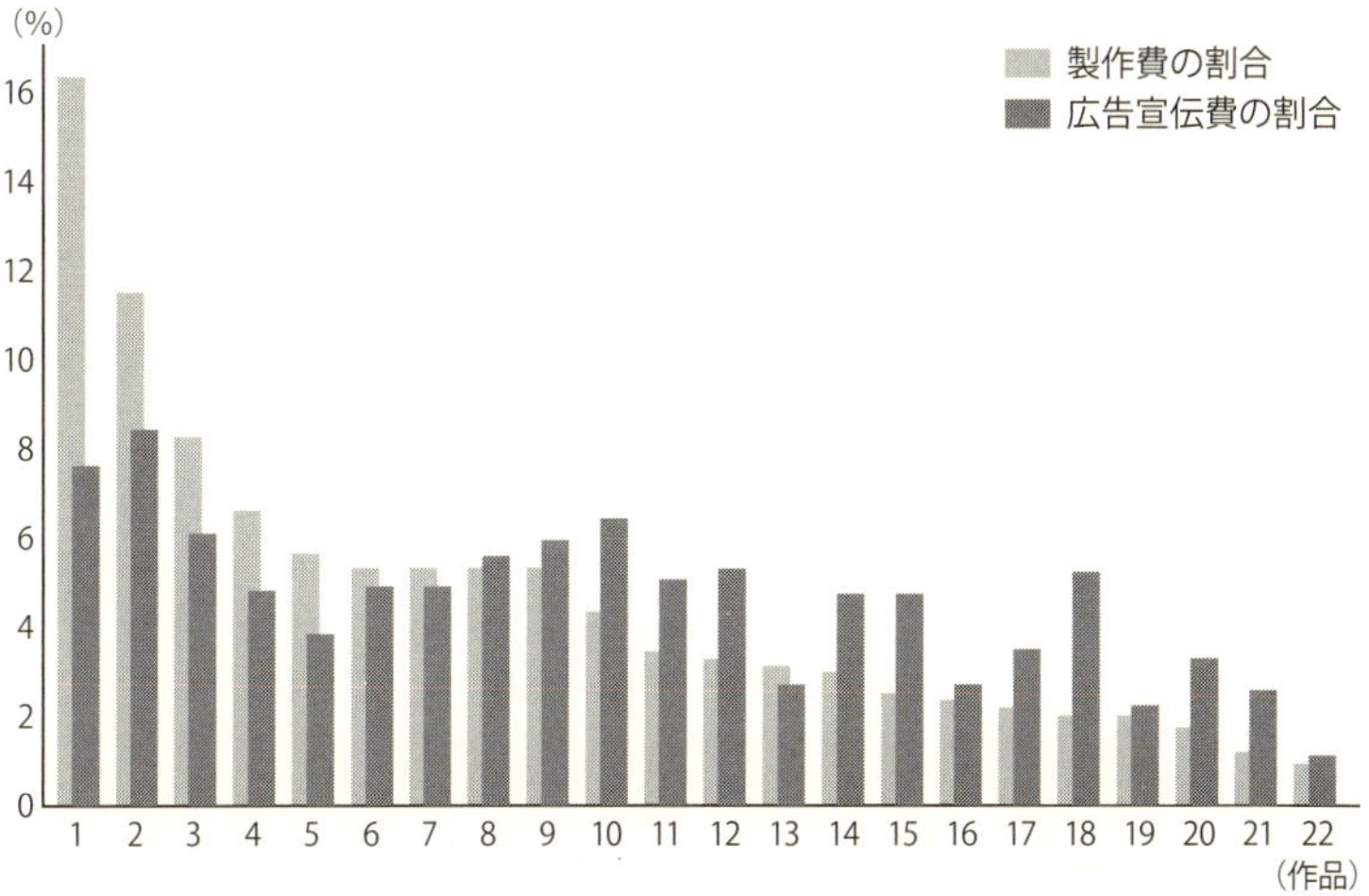

これは、ワーナー・ブラザーズが2010年に公開した各作品の製作費と広告宣伝費が、全社の製作費および広告宣伝費に占める割合を示したものだ(15)。たとえば、2010年公開映画の中で2番目に多額の製作費が投じられた『インセプション』は、全製作費の12パーセントを使ったが、広告宣伝費の8パーセントしか使わなかった。18番目の作品『コップ・アウト――刑事したやつら』は、全製作費の2パーセントを使い、広告宣伝費の5パーセントを使った。

マーケットリサーチ会社から入手したデータは、ホーンの見解を裏づけている。このリサーチ会社は、多様なメディア（テレビや新聞から、インターネットや屋外広告まで）の広告から巧みにその価値を見積もる。実際のところ、ワーナー・ブラザーズの2010年公開映画の一覧を眺めると、図表1-4からもわかるように、高額製作費の映画の広告宣伝費はしごく割安だった。上位3作品は、製作費では3分の1を占めるものの、7億ドルを超える広告宣伝費のうち22パーセント程度しかかからなかった。『インセプション』の販促活動にかけられた広告宣伝費が一番多かった。その金額は6000万ドルで、映画製作費総額の約3分の1にあたる。対照的に、ワーナー・ブラザーズは小規模予算の映画——たとえば、『ザ・タウン』や『かぞくはじめました』など、5000万ドルに満たない予算でつくられた映画——を宣伝するために、広告宣伝費総額の75パーセントを使った。

グローバル市場の重要性が高まるとともに、ブロックバスター戦略の妥当性も増すばかりだ。「海外の興行成績は、とくに看板映画に偏る傾向がある」。ホーンは指摘した。「実はそこに成長ののびしろがある。2016年には、海外興行収入は270億ドルになると見込まれ、110億ドルと見込まれる国内興行収入よりもずっと大きな市場になる」。海外の市場では〝上映が少ない〟ため、つまり海外諸国はアメリカと比べて映画館の数が相対的に少ないため、海外市場はアメリカ市場よりも映画を精選する傾向がある。「海外では四象限の映画が求められる。スター俳優や、ハリー・ポッターのように有名なキャラクターが求められる」とホーン。「そうした映画が、どこでも通用する映画だ」。

映画は、映画館の外で収益の大半をあげる。たとえば、DVDの売上げやレンタル、ストリーミングのレンタル、テレビなどがその収益源となる。理論的には、小規模予算の映画にとって、これは芳しくない業績を埋め合わせる手段となるはずだ。ところが実際には、あとに続く流通チャネル（あるいは〝ウィンドウ〟というべきか）の収益を予測する一番の手がかりは、映画館の窓口《ウィンドウ》の売上げなのだ。ホーンによれば、「副次的な市場はすべて、映画館の売上げによって決まる」という。「DVD販売収入は、興行収入とほぼ正比例する。だから、こうした補助的な市場が、小規模予算の映画の低迷を救うことはない」。それどころか、その他の収入源を考慮に入れると、多額の投資が多額のリターンを生むという効果を強めるだけだ。

少額を数多くの対象に賭けるほうが大きなリスクを負う

当然ながら、高収益を出すために多額の金を費やすことが、ブロックバスター戦略を正しく実践することではない。実際それほど単純ならば、潤沢な資金をもつ者なら誰でもスタジオのトップとして成功できるだろう。適切に賭けることが重要なのだ。「駄作をつくったりしたら、そもそも見込みはない」。ホーンはきっぱりいった。「映画公開にあたりどんな戦略を試してもいいが、肝心の映画が良くなければ元も子もない。優れた構想を打ち出して、きちんと実行に移す必要がある」。

運が味方することもある。最大のヒット作となった『ハリー・ポッター』の映画化の権利を獲得する際、ワーナー・ブラザーズは数々の幸運に恵まれた。「わが社は『ハリー・ポッター』の権利を、原作がイギリスで大当たりする前に手に入れていたんだ」。ホーンは明かした。「イギリスに住むある女性が、本屋でたまたまこの本を買った。家族にプレゼントするつもりだったそうだ。彼女はその本がとても気に入り、上司のデイヴィッド・ヘイマンに見せて、『読んでみてください——すごく面白い本ですよ』と勧めた。さて、話はここからだ。デイヴィッドはプロダクションのオーナーで、ワーナー・ブラザーズと取引があった。さらに、彼の幼なじみのライオネル・ウィグラムは、ワーナー・ブラザーズの幹部だった。それで、ウィグラムはその権利を取得するようわたしたちに強く勧めた。自分たちが手にしたものにどんな価値があるのか、その本が爆発的に売れるまで誰もわからなかった。ともあれ、わたしたちは乗り出した」。ワーナー・ブラザーズの幸運はここで終わらなかったという。「本が有名になる前、わたしの前任者は［競合するスタジオの］ドリームワークスに対して、『ハリー・ポッター』の所有権のパートナーシップ契約を申し込んだが、断られた。その後知っての通り、飛ぶ鳥を落とす勢いで本が売れると、ドリームワークスから連絡が来た。『以前、わが社に申し込まれたように、御社とパートナーシップを結びたいのですが』。しかし、わたしはこう答えた。『いえ、御社はお断りになったのですから、あれはもう終わった話です』。わたしはそれを書面にしためた。すごい話だと思わないか」。

『ハリー・ポッター』についてはさておき、ホーンとそのチームは、力を注ぐべき作品の選択を誤ることはなかったのだろうか。確かにそういうこともあった。大規模な予算をかけて製作した看板映画が大失敗に終わるたびに、ワーナー・ブラザーズは相当な損失を被った。『スピード・レーサー』は、2008年に公開された映画の中で、スタジオの損益に最大の打撃を与えた」。ホーンは思い起こした。「ウォシャウスキー姉弟は、家族向け映画にしたいと考えて、鮮やかな色彩と漫画っぽい感覚を加えたんだ。結果として、かなりの費用がかかった。でも、わたしは今日に至るまで、2人を責めたことはない。映画史上最も革新的な映画になる可能性だってあった。思い切ってリスクを冒す必要もある」。そして言い添えた。「こんなことだってある。ある日ピクサーで、80歳のおじいさんと10歳の子どもが、風船を使って家ごと空に飛び立つという映画の構想について誰かが話した。『ちょっと待った……』と止められてもおかしくない。しかし、とにかく製作してみたところ、とてつもない成功を収めた」（『カールじいさんの空飛ぶ家』の興行成績は、7億ドルをはるかに超えた）。

また、スタジオの誰ひとりとしてヒットを予測できなかった思いがけない作品にゴーサインを出した経験もホーンにはあるのだろうか。もちろんだ。たとえば、『ハングオーバー！ 消えた花ムコと史上最悪の二日酔い』の製作費はわずか3500万ドルだったが、興行収入で4億7000万ドルをあげて、R指定のコメディのあらゆる記録を塗り替えた。いうまでもなく、ワーナー・ブラザーズはその続編を屋台骨に据えることにして、制作やマーケティングの予算もそれに応じて変更した。今度はスタジオも万全の態勢を取った。このパターンは、『セックス・アンド・ザ・シティ』とその続編映画にも当てはまる。第1作は少額の予算にもかかわらず予想をはるかに超える業績をあげたので、第2作目はスタジオの屋台骨となる映画として手厚い扱いを受けた。

ブロックバスター戦略は当然ながらリスクを免れないし、スタジオが映画にかけられる予算についても限界がある。しかし、絶対に肝に銘じておかなくてはならないことがある。製作費が低予算の映画を重視するほうが、すなわち少額を数多くの対象に賭けるほうが、実はスタジオにとってはるかに大きなリスクを負うことになるという点だ。矛盾に聞こえるかもしれないが、ワーナー・ブラザーズのようなスタジオにとっては、こうした少額投資のほうが、かえって多くの金額を失うおそれがある。少額投資が実際に儲けを生むことがあったとしても、高額投資の映画は、さらに大きな利益を平均して生み出す。

◆莫大な投資を避けることはできないのか

映画スタジオのパラマウントは、NBCと同様に、こうした教訓を痛い目に遭いながら学んだ。1990年代後半、大きな賭けに頼ることは危険だとみなしたパラマウントは、方向転換を図った。中規模の予算とさほど有名でない俳優を中心に据えるという理念を導入して、自社の映画作品リストを〝保険数理士《アクチュアリー》が示す保険のチャートのように〟誇らしげに管理していた。

ところが、業績下降を防ぐという信念に基づき慎重に選んだこの戦略は、結局、正反対の影響をもたらした。2004年の初冬を迎える頃、並みの俳優を起用したB級映画を製作するスタジオという評価がパラマウントに定着し、スタジオの利益は30パーセント以上も減少していた。現状に気づいたパラマウントの経営陣は、方針をひそかに180度転換した。アダム・サンドラーやシャーリーズ・セロンなどのトップ俳優と最高額のギャラで契約するなどして、高報酬を払うことを厭わないと映画製作関連のコミュニティに知らせた。

「わが社はリスク回避政策を緩和して、これまで以上に挑戦しがいのある作品にこれまで以上の資金を投入するつもりだ(16)」と、パラマウントの親会社バイアコムの会長、サムナー・レッドストーンは表明した。

潤沢な資金のある大手スタジオしか、積極的にブロックバスター戦略を実践できない。『スピード・レーサー』や『プルート・ナッシュ』並みの損失が生じた場合、吸収できる体力が必要とされるからだ（後者の映画は、興行成績では史上最大の失敗作とされ、製作費1億ドルに対して全米興行収入がわずか400万ドルしかあげられなかったとされる）[17]。ワーナー・ブラザーズと同様、ディズニーの映画スタジオもブロックバスター狙いに投資するリソースがある。よって、ホーンの指揮のもと、ディズニーが大作映画でブロックバスター戦略をとることは間違いない。

製作費高騰の理由には、理解しづらいものもある。俳優陣に何百万ドルもの出演料を払う映画スタジオやテレビ放送網は、観客や視聴者がそのスターを見たいはずだという直感に基づいて判断していた。ショービジネスの世界で成功しようとチャンスを待つ人材に事欠かない場合、とくにそういう傾向がある。あるいは、真価がまだわからない脚本に多額を投じるプロデューサーは、スーパーヒーローであれバンパイアであれ、その脚本の主題が単に〝ホット〟だからという理由で投資する場合もある。エンターテインメント企業は、やはりこうした莫大な出費を避けることができないのだろうか。その答えを見つけるには、エンターテインメント企業の経営幹部が争奪戦に巻き込まれやすい理由を検討してみるとよいだろう。手始めとして、出版業界の大胆な付け値[18]が格好の例となる。

◆ 新人作家にあり得ないほどの先行投資をした『図書館ねこデューイ』

魅力的で気取らないキャラクターとはいえ、ヴィッキー・マイロン著『図書館ねこデューイ

――町を幸せにしたトラねこの物語』（早川書房、“Dewey: The Small-Town Library Cat Who Touched the World”）に登場するスター、デューイ・リードモア・ブックスは、ただの太った猫だった。[19] あるいは数百万ドルを生み出した猫、というべきか。２００７年、マンハッタンに拠点を置く出版社グランド・セントラルは、１２５万ドルを払って、ふわふわした明るい黄土色の毛に覆われた動物の本の出版権を取得した。この動物は生まれたばかりの頃、マイロンが勤務するアイオワの公立図書館の返却ボックスに捨てられていたという。

グランド・セントラルが出版権を取得する５日前、同社のシニアエディターだったカレン・コストルニクは、マイロンの著作権代理人であるピーター・マクギガンから、40ページに及ぶ企画書を受け取った。これに感銘を受けたコストルニクはすぐに、直属の上司である、上級副社長で発行人のジェイミー・ラーブに企画書を見せた。するとラーブは企画書を２ページ読んだだけで夢中になった。翌日、２人は出版権獲得の第一歩として、前払い金30万ドルという、新人作家に対して破格の値を提示した。当時は、数万ドル単位での前払い金が一般的だった[20]（このような前払い金は著者のロイヤリティに対する支払いであり、ロイヤリティはハードカバー本の定価の10から15パーセントの間で設定されるのが普通である）。続いて、過熱気味の争奪戦が起こった。その間も、コストルニクは著作権代理人のマクギガンから、別の出版社がグランド・セントラルの一挙一動を見守り、背後にぴたりとつけているといわれた。しかしラーブは、「あらゆる人道的な手を尽くしてこの本を手に入れる」ようコストルニクに奮起を促した。最終的にグランド・セントラルが機先を制して、この本の権利を獲得した。競争入札の前日のことであった。予定通り入札が開かれていたならば、ほかの複数の出版社も参戦していたはずだった。

　ラーブもコストルニクも、『図書館ねこデューイ』に大きな期待をかけていた。この作品は、ジョン・グローガンがやんちゃなラブラドール・レトリーバーとの思い出を綴ってベストセラーになった、2005年刊行の『マーリー――世界一おバカな犬が教えてくれたこと』（早川書房、“Marley & Me: Life and Love with the World's Worst Dog”）の猫版と目されていたからだ。『マーリー』は批評家からも好評で、商業的にも成功を収め、これまで300万部以上も売れた[21]。デューイも世間の注目と無縁ではなかった。19年の生涯にわたり、まれに見る不屈の精神を見せたデューイ――応募により選ばれた名前で、ほとんどの図書館で用いられているデューイ十進分類法にちなんでいる――は、アイオワ州スペンサーとその町の図書館のマスコットになった。人気が高まるにつれて、観光客や映画監督の注目も集めるようになり、2本のドキュメンタリー映画に出演した。2006年11月、デューイがマイロンの腕の中で息を引き取ると、その死亡記事は、『USAトゥデイ』紙や『ワシントン・ポスト』紙をはじめとする250以上もの刊行物に掲載された。

　とはいえ、『図書館ねこデューイ』にもかつてないほどのプレッシャーがかかった。あまりに高い付け値だったので、さまざまな方面で疑問の声があがったのだ。ハーパーコリンズの出版ブランド《インプリント》であるウィリアム・モローが2004年に獲得した『マーリー』の出版権は、わずか2万ドルだった[22]。グランド・セントラルが張ったこのヤマは、275冊から300冊とされる同社の年間刊行物の中で、最大の賭けとなった。「その前払い金の額には仰天したよ[23]。これが次の『ダ・ヴィンチ・コード』や『マーリー』だったら、賭金は確かに上がるがね」と、競合他社のハイペリオン・ブックスの社長、ロバート・ミラーは述べた。著作権代理人の企画書は、同書がたちまち大ヒットになるとは書き立てていなかった。というのも、一般的に猫の本が爆発的に売れることはないからだ。コストルニクの記録によると、ピーター・ゲザーズ著『パリに恋した猫』(二見書房、“The Cat Who Went to Paris”)とスティーブン・ベーカー著『わがままな猫と暮らす方法』(飛鳥新社、“How to Live with A Neurotic Cat”)――『マーリー』に次いで、『図書館ねこデューイ』とよく比較される2作品――は、ペーパーバック版でそれぞれ3万部と12万部ほどしか売れなかった。(24) しかも、主人公はもうこの世にいなかった。つまりデューイは、『オプラ・ウィンフリー・ショー』などに登場して世間の注目を集めることはできないのだ。

「デューイの周りにはいつも不思議なことが起こるのよ」。マイロンは、毛むくじゃらの友人についてそう語った。

だが、出版はそれから1年以上も先だったので、この一見常識はずれの付け値が正しい一手だったのかどうかが判明するまでには、しばらく時間がかかった。

◆――情報に基づくギャンブル――全戦全勝はあり得ない

『図書館ねこデューイ』獲得といういちかばちかの大胆な一手は、グランド・セントラルやその他多数の大手出版社が仕掛けた大きな賭けのひとつにすぎない。ハリウッドの主要スタジオと同様に、大半の出版社もブロックバスター戦略を導入している。『図書館ねこデューイ』のばくちを打つ前年、グランド・セントラルは成人向けハードカバーの獲得予算のうち20パーセント近くを、大きな期待を集める一作品に費やした。さらに、約60冊の成人向けハードカバーの新刊本リストのうち、予算の半分以上を出版権の高い上位5作品に費やした（新刊本リストとは新刊目録のことで、既刊書リストはすでに出版された本の目録のことだ[25]。大手出版社の売上げの平均70～75パーセントは、新刊本リストの書籍が占める）。映画業界と同様に失敗の確率が高いとされる出版業界において、グランド・セントラルはこの方法で競争することを選択した[26]。

たとえば、新刊のおよそ5冊に1冊しか市場で原価を回収できず、出版社が出荷した本のざっと30パーセントは書店から返品される。正確な割合は部門やジャンルによって異なるが、どんな作品でも経済的損失を出す可能性が高い。

グランド・セントラルが『図書館ねこデューイ』を果敢に求めたことに対して、他業種の堅実なマネージャーなら首をひねるところだ。これほど成功率が低いのに、グランド・セントラルはどうして、近年発売された猫本より売上をあげ、7ケタの前払い金を回収し、かなりの利益をあげなくてはならない状況に身を置いたのだろうか。ひとつのバスケットに卵を全部入れるよりも、多様なテーマの多くの本に少しずつかけるほうが賢明だったのではないだろうか。あるいはペット本が根強い人気があると踏んだなら、猫でもほかの動物でも、とにかく数多くの本を出すほうが賢明だったのではないだろうか。映画スタジオやその他エンターテインメント企業と同じように、出版社もリバーボート・カジノのギャンブラーのように見えるときがある。グランド・セントラルの『図書館ねこデューイ』のような大胆な賭け方が一般的に行われる理由の説明はつくだろうか。

出版や映画製作、テレビ番組制作における変動性、それに消費者は移り気であるという事実を考えると、まず頭に入れておかなくてはならないのは、新作の需要を予測することはきわめて難しいという点だ。脚本家のウィリアム・ゴールドマンはかつて映画事業について、「誰ひとり何ひとつわかりゃしない」と述べた。映画業界の経営陣は、この有名なセリフをよく引用する。この表現は強すぎるかもしれない。だが企画書や脚本、ときにはパイロット版だけで予測を強いられる不満を、ゴールドマンの言葉は的確に表している。

「もう当て推量の域ですね」と、ジェイミー・ラーブはインタビューで語った。「ある程度まではとにかく即興でやっています。これまで大当たりの確率が高かったとはいえ、完璧からはほど遠いものです。この業界では誰も全戦全勝というわけにはいきません。本当にギャンブルなんですよ、〝情報に基づく〟ギャンブルではありますけどね」。

売れる可能性を示す唯一の手がかり――それに、エンターテインメント業界の仕組みを動かす重要なコンセプト――といえば、過去のヒット作との類似点があげられる。だがそれは、業界関係者にも自ずと明らかなので、ある特徴をもった商品にどっと関心が集まる。すると、今度は激しい争奪戦が起きて、そうした特徴を書籍や映画やテレビに、いうなれば大衆向けのあらゆる娯楽メディアに織り込むことができる、創造力のある人たちの対価が高騰する。

『図書館ねこデューイ』も、このパターンに当てはまる形で幸運を手に入れた。この本の企画書の話が広まった直後、多くの業界関係者は大ヒット作の『マーリー』と比較した。『マーリー』

は2006年の売上げ部数で第6位になった（フィクションでもノンフィクションでも）[27]。その後、この手に負えない犬について、同じ著者が子ども向けに書いた2冊（8歳から12歳が対象の“Marley: A Dog Like No Other”と、新しい冒険もの“Bad Dog, Marley!”）をはじめとして、別の犬について書かれた数々の本、さらにはジェニファー・アニストンとオーウェン・ウィルソン主演のハリウッド映画まで生み出された。出版社はデューイのストーリーに、『マーリー』との根本的な類似点を見出した。どちらも、1匹の動物との出会いにより人間の慈愛の心が浮き彫りになるという感動的なストーリーで、動物が普通のペット以上の存在として描かれている。間違いなくペット愛好家の心の琴線に触れると多くの人が思った。

グランド・セントラルの幹部は、『図書館ねこデューイ』と『マーリー』との比較に慎重な態度を示した。つまるところ、世界は猫好きと犬好きに二分されており、どんな本も作品としての力で判断しなくてはいけない。その一方で、2作品の類似性は否定のしようがなく、各出版社の『図書館ねこデューイ』の版権獲得の意欲に拍車をかけた。入札価格が天文学的高値に吊り上がることを危惧したグランド・セントラルは、ほかの数社が参戦する前日に、この本の権利をさらった。「動物好きの人たちの市場を過小評価できません」と、同書の編集を一手に引き受けたコストルニクは指摘した。「『マーリー』は出版業界にある現象を引き起こしました。世の中には、犬好きと同じくらい猫好きの人も大勢いるはずです」。

これと同じ力学が、人気テレビドラマ『セックス・アンド・ザ・シティ』が2004年に終了したあとに働いた。ニューヨークに住む4人（訳注：『リップスティック・ジャングル』は3人）のキャリアウーマンを中心にした2つのドラマ――『リップスティック・ジャングル』と『カシミアマフィア』――が放映されて、『セックス・アンド・ザ・シティ』の空白を埋めようとしたのだ。同様に、ベストセラーとなった『トワイライト』（ヴィレッジブックス、“Twilight”）シリーズはバンパイアへの関心に新たに火をつけた。また、テレビにオーディション番組――NBCの『ザ・ヴォイス』など――が氾濫するようになったのは、大当たりした『アメリカン・アイドル』のおかげだ。

アラン・ホーンがワーナー・ブラザーズで陣頭指揮にあたった期間、スタジオの目玉となる映画は、他分野ですでに価値が認められた作品に基づくものが多かった。たとえば『ハリー・ポッター』は書籍分野で大ベストセラーとなっていたし、『ダークナイト　ライジング』は漫画のバットマンシリーズに基づく。ほかにも、大成功を収めた作品――『ハングオーバー！　消えた花ムコと史上最悪の二日酔い』や『セックス・アンド・ザ・シティ』――の続編だったり、すでにヒットを生み出したことがあるスターや監督、作家を呼びものにするものだったりと、過去の成功例に頼る傾向が見られた。『スピード・レーサー』でさえこのパターンに当てはまる、とホーンは指摘した。「ウォシャウスキー姉弟は『マトリックス』3部作で並外れた成功を収めていたし、次作の『Vフォー・ヴェンデッタ』でもかなりの利益をあげた。実績のある2人から『スピード・レーサー』をつくりたいといわれたら、断るのは難しかった」。

シリーズ映画の続編や高視聴率を獲得したテレビ番組の新シーズンを企画するとき、スタジオ幹部は〝勝利の方程式〟を何とか残そうとする。主演俳優やオーディション番組の審査員を交替させたときにどんな事態が生じるか不透明なので、そのリスクを何とかして避けようとするのだ。結果として、時がたつにつれて莫大な費用がかかるようになる。『アメリカン・アイドル』がその好例だ。２００９年、サイモン・コーウェルは、審査員をもう１年延長するにあたり１億ドルをはるかに超える契約金を受け取ったとされる（その後コーウェルはアメリカで、これと対抗する『Ｘファクター』というオーディション番組を始めた）。

売れると見込んだ企画に巨額を投じたエンターテインメント企業の経営陣は、その商品を市場で成功に導くために、当然できるかぎりの力を尽くす。グランド・セントラルは、秋・冬と春・夏の新刊本の中で大きな賭けに出る少数の作品を、ラーブのいう〝重点作品〟として、とくに大きな注目が集まるように、破格のプロモーション費用を投じる。もちろん、重点作品として〝つくれる〟のは、シーズンごとにごく少数しかない。「わが社は全力をあげてこうした作品を世に出すのです」とラーブは説明した。重点作品はほかの作品よりも、マーケティングやセールス部門から注目を集め、セールスパーソンとのミーティングでも時間をかけて扱われ、書店に配る目録に目立つように掲載される。ワーナー・ブラザーズの看板映画は、多額の製作費とマーケティング費が予算に計上されるだけではなく、観客の入りが良さそうな週末（アメリカなら、メモリアルデーなど）に公開日が設定されることも多い。さらに、映画館主や小売店、その他ビジネス・パートナーとの取引でも、こうした映画に力を注ぐ。同じように、テレビ放送網でも高額予算の番組は、放送時間帯で最も高視聴率が望める時間枠を得られるし、放送中にプロモーションの時間も与えられる。誰もがのどから手が出るほど欲しいのは、近年１億人もが視聴するスーパーボウルの放送の合間に流れるＣＭの時間だ。あるいは、ＮＢＣが２０１２年、試合直後に『ザ・ヴォイス』の特別番組を放送したように、試合終了直後のほうがいいかもしれない。

ブロックバスター・トラップ

これよりも控えめな戦略を採用するのは、バカバカしく思われるかもしれない。『図書館ねこデューイ』や『ダークナイト　ライジング』、『ザ・ヴォイス』などの商品が読者や観客を引きつけられなかったら、会社の採算が著しく悪化することをエンターテインメント企業は承知している。同時にこうした戦略は会社の関与をどんどん深めて、賭けの規模を大きくする。進行中の少数の企画が利害関係と大金でがんじがらめになっているので、次の企画でヒットを飛ばす必要性にますます迫られる。そして、この一連の過程が何度も繰り返される。その結果生じるのが、著者が名づけた〝ブロックバスター・トラップ〟という現象だ。最も売れると見込めるコンセプトに賭ける金額が、どんどん増えていく連鎖のことを指す。

そのため、勝ち目のある作品の権利獲得に要する費用が、全資産をかけるほどの比率に達する可能性もある。NBCやパラマウントが、しばらくブロックバスター戦略から切り替えようとした理由もわかる。『守備の極意』（早川書房、"The Art of Fielding"）のように処女作がベストセラーになったり（チャド・ハーバックの小説で大絶賛された）、期待されていなかった『アメリカン・アイドル』が、不利とされる夏場に放送開始しながら高視聴率を稼いだり、『ブレア・ウィッチ・プロジェクト』や『パラノーマル・アクティビティ』のように、無名の製作者がほんのわずかの予算[28]でつくった映画が大ヒットしたりすると、題材を手に入れるために高額を払うことは得策ではないように思えるかもしれない。そのうえ、次のブロックバスターをめぐって繰り広げられる競争は、イノベーションの芽を摘んでしまうおそれもある。過去に成功を収めた内容と似たプロジェクトをめぐって争奪戦が起こると、同じような傾向のプロジェクトばかり生み出されるので、過去の成功例と異なっていても、大きな可能性を秘めたプロジェクトに不利に働くのだ。映画好きの多くは、劇場公開映画の傾向を嘆かわしく思っている。2011年の売上げ上位10作品のうち、9位までが大ヒットしたシリーズ映画の続編で、10位が漫画のキャラクターに基づいた『マイティ・ソー』だった。こうした市場の動向に、不満の声があがっている。(29)

それでもブロックバスター戦略を止められない

経営者は大きな賭けにつきもののリスクを何とか減らそうとしているかもしれない。エンターテインメント企業の幹部は勝利の方程式ばかり追い求めていると非難したくなるかもしれない。しかし、ブロックバスターに賭けることをやめたらやめたで、やはり別の問題が生じるのだ。グランド・セントラルが、『図書館ねこデューイ』のような高値の出版権獲得をやめたら、あるいはワーナー・ブラザーズのようなスタジオが看板映画への投資をやめたら、どんなことになるだろうか。また、コンテンツ制作者が、人気が集中する高額な作品の所有権に背を向けたら、どんなことになるだろうか。

まずひとつ目に、企業がブロックバスターの競争から抜け出すということは、最も成功の見込みのある新プロジェクトの市場から撤退するということなので、著作権代理人は一番人気の本の企画書や映画の脚本を、そんなコンテンツ制作者には送ってくれなくなるだろう。「高額のオークションからいつも身を引いていれば、刊行本リストはダメージを受ける」と、ある出版社の幹部は話した。「高額の作品には手を出さないという烙印を押されて、敬遠される。たとえばこちらが200万ドル以上の値をつけようとしないのに、代理人のほうでは1000万ドル稼げるとみなすプロジェクトがあるとする。代理人はわざわざ声をかけてこないだろう。代理人が最高のプロジェクトをもっていても、もうこちらに話を持ちかけようとはしなくなる」。

出版社の編集者が著作権代理人と仕事上の関係を深めようと必死になるのは、代理人が本の企画書を握る情報源であることが多いからだ。たとえ出版社が、作家志望者から毎年何千と受け取る〝持ち込み原稿の山〟から金の卵を見つける能力を身につけたとしても、分け前はかぎられる。出版社が育てた才能も、ひとたび成功を収めたあとは代理人の価値に気づき、次回作の契約の前払い金を吊り上げるようになる。映画事業でも同じように、関係を構築したり、最高のプロジェクトを求めて〝市場に存在する〟ことが必要になる。「この業界は、マフィアに似ていると思わなくもない――敬意を示すことが大事なんだ」[30]と、ワーナー・ブラザーズのある幹部は打ち明けた。同様に、テレビ放送網が幅広い視聴者の獲得を目的にするのではなく、〝利鞘のために管理する〟戦略をとるようになれば、エージェントやプロデューサー、ライターらはたちまち、その放送網を最高のプロジェクトの持ち込み先とみなさなくなる。

エンターテインメント事業では、粒ぞろいのプロジェクトを揃えることが次のヒット作を育てる手がかりとなることが多い。テレビの世界を検討してみよう。視聴率は〝粘りつく〟ものだ。つまり、視聴者はお気に入りの番組を見終えても、すぐにチャンネルを変えたりしないので、その次に放送される番組も見る傾向がある。加えて、テレビ放送網は新番組の宣伝を主に自局放送で流すので、新番組の視聴率は、局の他番組の人気を直接反映した結果であることが多い。テレビ番組表を何年かにわたり不定期に検証しただけでも、成功が成功を生む傾向が色濃く見られる。ABCが、『グレイズ・アナトミー』やその他多くの人気番組を、爆発的人気の『デスパレートな妻たち』と同じ日曜の晩に開始したのも、偶然ではない。同じような例としては、FOXが『アメリカン・アイドル』の人気を利用して、『ライ・トゥー・ミー』や、最近では『グリー』を後押しした。ヒットを飛ばそうとする賢明なプロデューサーなら、成功のチャンスを高めるためにも、最も人気のあるテレビ放送網と仕事をしたいと考えるはずだ。よって、コンテンツ制作者が、販売促進ではなくコスト削減に焦点を合わせるほど、成功の見込みの高い新プロジェクトを獲得する機会を失うことになる。

次に、出版社でもスタジオでも、ブロックバスター狙いを敬遠してばかりいると、才能あふれる編集者や映画製作者、テレビプロデューサー、クリエイティブな人たちは職を辞して、大きな成功のチャンスを追求できる会社に移るだろう。これは何も、クリエイティブな仕事をしている人たちの〝自尊心が強い〟せいではない（確かに、争奪戦のあとによく取り沙汰される要因ではある）。これはメディアまたはエンターテインメントに携わる多くの専門家が仕事に抱く情熱の結果にすぎないし、ブロックバスターに基づいてキャリアが築かれるという事実にすぎない。たとえば、グランド・セントラルの発行人で、現在社長の座にあるジェイミー・ラーブは、ベストセラーを出したロマンス小説家のニコラス・スパークスを見出したことで知られている。その結果、ラーブのもとには、著作権代理人から優れた恋愛小説の提案書が次々と送られてくるようになった。

クリエイティブ関連の仕事にはよくあることだが、プロジェクト単位で仕事をしている場合、毎回それが最後の仕事になる可能性がある。ヒットを出せば、キャリアを積む時間を稼げるし、新たなチャンスも得られる。少しばかりのミスをしても、切り抜けられる。一流の才能をもつ人が〝ヒット率〟や〝平均打率〟で評価されることはめったにない。ヒットの総数、あるいは最近出したヒットのほうが、重要視されるものだ。一例をあげれば、ジョージ・クルーニーは、NBCの人気番組『ER緊急救命室』で主要なキャラクターを演じてから、1990年代きっての人気俳優になった。それ以前、クルーニーが箸にも棒にもかからないテレビドラマに10作品も出演していたことは、その頃誰の記憶からも消え失せていたようだ。しかし、明らかに〝失敗〟したとみなされた人物やプロジェクトは、相手にされなくなる。

2000年代半ば頃、ロブ・アーレンズというプロデューサーは勇敢にも、オリビア・ニュートン＝ジョン主演で1980年に公開されたローラーディスコ映画、『ザナドゥ』――ハリウッド史上最悪の駄作として名高い――をブロードウェイ・ミュージカルとしてよみがえらせようとして、激しい抵抗に遭った。[31]『ザナドゥ』は著名な映画批評家から、「あとにも先にもないとてつもない失敗作」、「過去10年間で最低の、悪趣味な映画」、「実に言語に絶するひどさ」と酷評された[32]（ある批評家など、ただ「ザナ・ドント！」とだけ、観客に警告を発した）。ゴールデンラズベリー賞――通称〝ラジー賞〟。その年公開されたハリウッド映画の中で最低の作品を表彰する賞として知られる――を大いに活気づけたことでは、高く評価された。どんなにひいき目に見ても、ミュージカル化の候補にはあがりそうにない作品だ。

興行的に成功した映画を、ブロードウェイがミュージカル化することはよくある。たとえば、大ヒット映画『モンティ・パイソン・アンド・ホーリー・グレイル』から〝割愛された〟箇所をミュージカル化したとされる『スパマロット』などは、その一例である。しかし、ハリウッド映画の失敗作に基づいたミュージカルはめったにない。支援を探し求めていた5年間、アーレンズは数多くの障害に直面した。「『ザナドゥ』と口にするやいなや、みんなすぐに逃げ出すか、こちらを軽蔑の眼差しで見て、警察を呼ぶかのどちらかだ」と、アーレンズ。[33] ダグラス・カーター・ビーンに脚本を依頼したときの最初の反応――「ごめんだ！　絶対に！」――も、アーレンズに期待を抱かせるものではなかった。[34]「わたしは何回も断った。あの映画は本当に駄作だからだ」と語るビーンは、当初この仕事を「一見良さそうに見えても、劇場に致命的打撃を与える」とみなしていた。「両親からは、『もう仕事がこなくなるのでは？』といわれた。友人からは『もうショービジネスの世界で働きたくないのか』といわれた」。

3つ目に、大局的に見れば、人気のあるプロジェクトを獲得しなくなると、営業やマーケティング、その他部門の従業員の奮闘を期待できなくなるという点がある。『図書館ねこデューイ』のように、激しい争いの末に版権を獲得したことで、グランド・セントラルの経営幹部は、ライバルを軒並み打ち負かすと力強く主張できるのだ（「この本は『マーリー』と同じように大本命なのです――追わない手はないでしょう？」）。同様の原理は映画業界にも当てはまる。ホーンがいうように、「大スターとか有名書籍などのセールスポイントがまったくないときに、マーケティング部門を説得して作品を後押しさせるのは至難の業だ」。開発やマーケティング部門の従業員の意欲をかき立てることは、絶対に欠かせない。メディア作品の大半の利益はかぎられた期間にしかあげられないし、マーケティング活動の大部分は公開前に行われるからだ。観客がどんな反応を示すのか、公開前にはほとんどわからない。

社内でのプロジェクト推進者の育成は、ブロックバスター戦略を実践するうえで必要不可欠だ。全セールスパーソンが出席して、1年に2回開かれる全社セールスミーティングを、ラーブは〝激励会〟と表現している。ラーブによれば、「全員が胸を躍らせて会場をあとにしてほしいと考えています。わたしたちの仕事は、市場をあっといわせる状況をつくり出すことであり、有望だとみなす考えを世間に受け入れてもらうことです」。グランド・セントラルの新商品販売ミーティングでは、社内の編集、営業、マーケティング、その他部門のメンバーや、同社の親会社であるハシェットの上級幹部に対して、正式にプロジェクトが発表される。そのときに「敏腕編集者が、高い販売部数をあげたほかの作品と引き比べると、それが大きな成功を見込める作品だとみんな納得するのです」と、同社のマーケティング部長は述べた。

4つ目に、注意深く見れば、エンターテインメント企業がブロックバスターに大きく賭けることをやめると、チャネルに対して企業が行使していた力が次第に衰えることがわかる。ほとんどのメディア市場では、小売店からの支持が販売の決め手となる。映画業界では、公開後の数週間に映画館経営者からあてがわれるスクリーンの数が、映画のそれ以降の収益を予測する最大の手がかりとなる。映画館経営者は、自館の限りあるリソースに値する作品だという確証が欲しい。スタジオが並々ならぬ熱意でその映画を後押ししており、大がかりな販売キャンページを企画しているという事実が、彼らにとってその何よりの裏づけになる。ブロックバスター戦略は、映画館経営者がリソースを有効活用するためにも役立つのだ。「映画館経営者は、諸手をあげてブロックバスター戦略の理念を受け入れる」と、ホーン。「彼らは製作費用をまったく負担していない。映画をつくるのに、2000万ドルかかっても2億ドルかかっても、彼らには関係ない。しかし、われわれが資金を投じることの利点をきちんとわかっている。彼らとしては、ポップコーンを売りたいわけだ。ブロックバスター映画なら客足を伸ばせるし、そうなればポップコーンの売上げも伸びる。それは彼らにとって魅力となるんだ」。

出版事業では、商品の大部分は衝動的に購入される——調査によれば、来店客のおよそ4分の3が買うつもりではなかった本を買うという——ので、バーンズ・アンド・ノーブルなどの書店で目立つ展示スペースを確保することが、とくに重要になる。「高々と積み上げて、飛ぶように売れるのを見る」戦術は古いと思われるかもしれないが、販売を促すきっかけとしては非常に効果がある。テレビ放送網では、地方のテレビ局からの支持がきわめて重要になる。人気番組の視聴者を減らしかねないコスト削減策に対して、地方のテレビ局は強い反対姿勢を示すことが多い。2009年、高予算のドラマ番組に代えて、午後10時にジェイ・レノの新番組を放送すると発表したときに、NBCはこれを身をもって経験した。地方テレビ局の経営者は、直後の地元ニュース放送を視聴者に見てもらうには、ドラマのほうが好都合だと判断したのだ。

小売店が消費者にエンターテインメント商品を売り込む手法にも、『図書館ねこデューイ』をあれほど高値にした力がやはり働く。ちょっとしたことでも一目瞭然だ。新刊が店頭に並んだとき、書店のボーダーズで「この本が好きなら、こちらもお薦め」と矢印とともに書かれた広告に気づいたことがあるだろう。１本の矢印はベストセラーの『マーリー』を指して、もう１本は似たような、『エンゾ――レーサーになりたかった犬とある家族の物語』（ヴィレッジブックス、“The Art of Racing in the Rain”）とか『スリードッグライフ――私とハリー、ロージー、カロライナの物語』（バベルプレス、“A Three Dog Life”）、『マールのドア』（河出書房新社、“Merle's Door”）など、犬について書かれた本を指している。『図書館ねこデューイ』が店頭に並んだときも、同じような光景が繰り広げられた――これこそ見事な〝模倣《コピーキャット》〟戦略だ。そんなわけで、コンテンツ制作者のほうも、小売店のマーケティング戦略に同調しようとして、商品の見かけまで模倣することもある。たとえば、大ベストセラーとなった、マルコム・グラッドウェルの『ティッピング・ポイント――いかにして「小さな変化」が「大きな変化」を生み出すか』（飛鳥新社、“The Tipping Point”）の読者層に訴えたいと考えた出版社は、同書の特徴ある表紙を真似した。当のグラッドウェルにしても、勝利の方程式を変える理由などない。それ以降の既刊本、『第１感――「最初の２秒」の「なんとなく」が正しい』（光文社、“Blink”）や『天才！　成功する人々の法則』（講談社、“Outliers”）が、書架の『ティッピング・ポイント』のすぐ隣でしっくりとくるのも、決して偶然ではないのだ。爆発的売れ行きを記録したブロックバスターからは、類似品や模倣作品が生まれる。２０１２年、官能小説の『フィフティ・シェイズ・オブ・グレイ』（早川書房、“Fifty Shades of Grey”）が引き金となって、『フィフティ・シェイズ・オブ・プレジャー』（辰巳出版、“Fifty Shades of Pleasure”）や『ザ・ナインティ・デイズ・オブ・ジュヌビエーブ』（未邦訳、“The Ninety Days of Genevieve”）などの小説が書かれた（著作権代理人のジョニー・ゲラーのところには、たくさんの官能小説の原稿が送りつけられるようになったので、〝持ち込み原稿の山《スラッシュ・パイル》〟ではなく、〝赤面ものの原稿の山《ブラッシュ・パイル》〟と呼ぶようになった、と本人は冗談を飛ばした[35]。

書籍購入の新たなチャネルでも、同様の力が働く。「この商品をチェックした人はこんな商品もチェックしています」と、アマゾンでは類似した書籍の一覧が自動的に表示される。これは間違いなく類似の商品販売に貢献している。同じ理由から、新作の映画やテレビ番組が、「かつて○○○を手がけたプロデューサーによる」と謳って、過去のヒット作との類似性を際立たせることも多い。プロモーションや予告編も、構想や脚本、スター俳優などで類似点のある最新のヒット作に引き寄せて、紹介されることもある。

今や多くのエンターテインメント企業に採用されているブロックバスター重視のマーケティングは、何もないところから生じたわけではなかった。実は、豊富なエンターテインメント作品の中から、消費者が作品を選択する方法を反映しているのだ。生来人間は社会的生物なので、一般的にいって、ほかの人たちと同じ本を読んだり、同じテレビ番組を見たり、同じ映画を観たりすることに価値を見出す。人間は勝者を好むものだ。たとえば、評判が良くメディアで幅広く取り上げられている本と、内容は酷似していながら世間の注目を浴びていない本があるとすれば、消費者が前者を選ぶのもうなずける。メディア商品はエコノミストが〝体験型商品〟と呼ぶものであるという事実により、この傾向はさらに強まる。つまり、それを消費するか体験するまで、価値を評価するのは難しいということだ。表紙から判断できないので、読者はその本が自分に合うかどうか手がかりを探す。『図書館ねこデューイ』を買おうかどうか迷っている人にとっては、この本が〝猫好きのための『マーリー』〟だとわかれば非常に役立つ。出版社と同じように、消費者も人気のある作品との類似点を重んじているのだ。

「多くの案件に小さく賭けるのが安全」は俗説

したがって、アラン・ホーン指揮下のワーナー・ブラザーズと同じように、『図書館ねこデューイ』の販売期間中に、ブロックバスター戦略がグランド・セントラルに奇跡的な効果をもたらしたとしても、驚くにはあたらない。同社が『図書館ねこデューイ』を獲得した前年の2006年、秋の新刊本リストには61点の大人向けハードカバーがあった。このうちわずか20パーセントの作品が売上高のおよそ80パーセントを、利益ではゆうに80パーセント以上を占めていた。「多産の罪は、小粒の分家が増えることです」と、同社の財務部門の幹部は指摘した。図表1-5が示すように、2006年秋の新刊本のうち獲得に多額を要した作品が、最高の収益、ひいては大きな利益をもたらしていることがわかる。結果はワーナー・ブラザーズよりもっと極端に現れている。たとえば、グランド・セントラルでは上位10パーセントの作品がコストの64パーセント、売上高の72パーセント、そして何と利益の126パーセントを占める。

驚いたことに、同年のグランド・セントラルの利益の大部分はたった1点の本から生み出されていた。反面、かかった費用も群を抜いて高かった。その秋に最も売れたこの本には、開発およびマーケティングに750万ドルもかけられていた。1200万ドル弱の売上高をあげて、全作品の粗利約600万ドルのうち500万ドル近くをあげた。一方で、図表1-6が示すよ

図表1-5　グランド・セントラルの2006年秋新刊本の業績

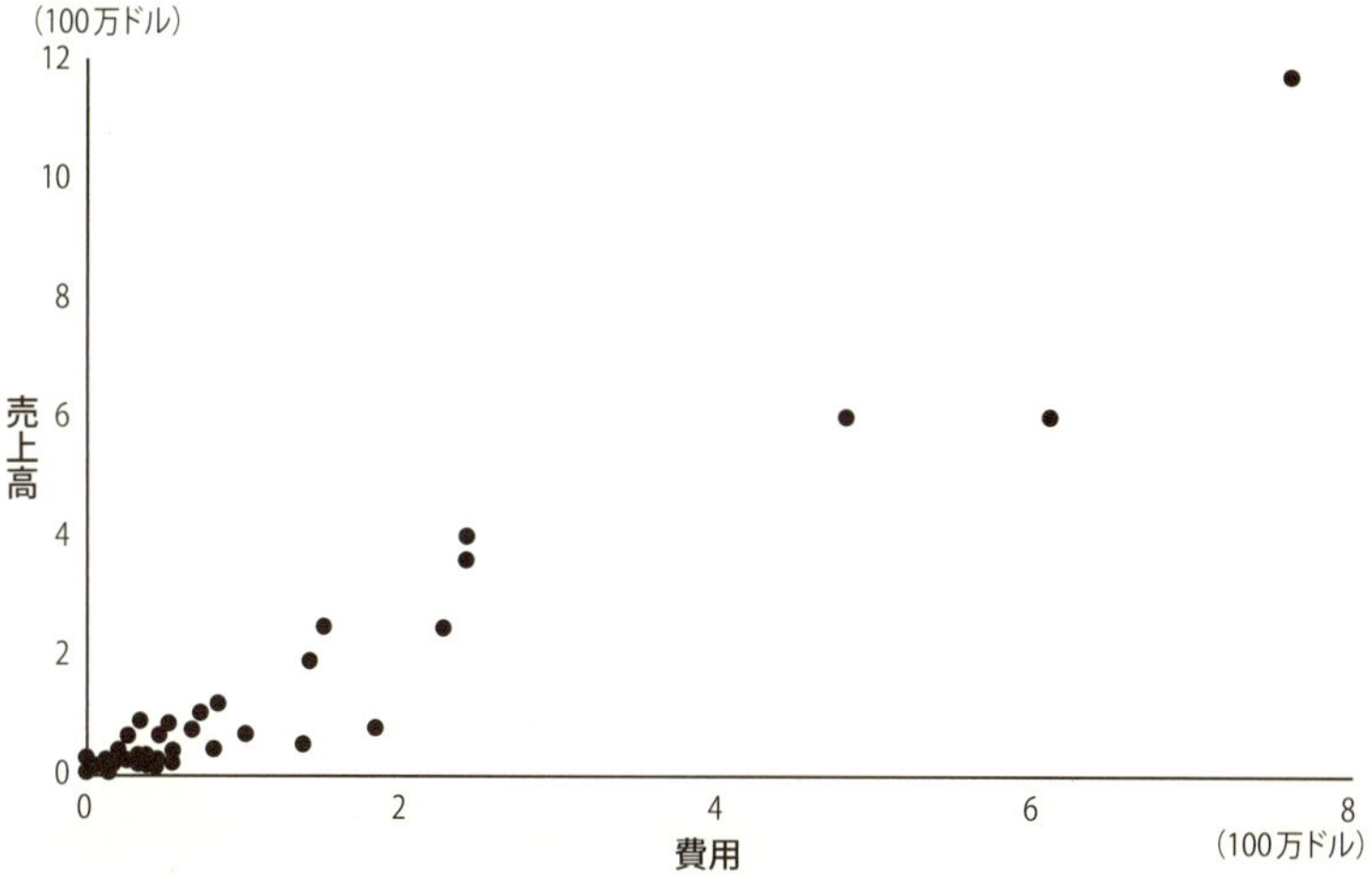

このグラフは、グランド・セントラルが2006年の秋に出したハードカバーの新刊61作品を、売上高と費用(開発・マーケティング)により示したものだ[(36)](同社からは、書名を伏せるように指示された)。最も費用がかかった新刊本は750万ドルで、1160万ドルの売上高を上げた。

うに、同社が中小規模の費用しか投じなかった作品は、軒並み損失を出した。たとえば獲得費用が安かった30作品は、それぞれ平均で１万２０００ドルの赤字を出した。安値でも黒字を出した作品もごくわずかにあるが、会社の採算性にほとんど貢献しなかった。しかも、この年が例外というわけではなく、ほかの年の傾向もほぼ同じだ。

この例から明らかなように、小さく賭けるほど〝安全だ〟という考えは、俗説にすぎない。ブロックバスター戦略は、ほかのリスク回避戦略を確実にしのぐ成果をあげる。つまり、エンターテインメントやメディア部門で好業績をあげている企業は、

図表1-6　グランド・セントラルの大きな賭けと小さな賭けの対比

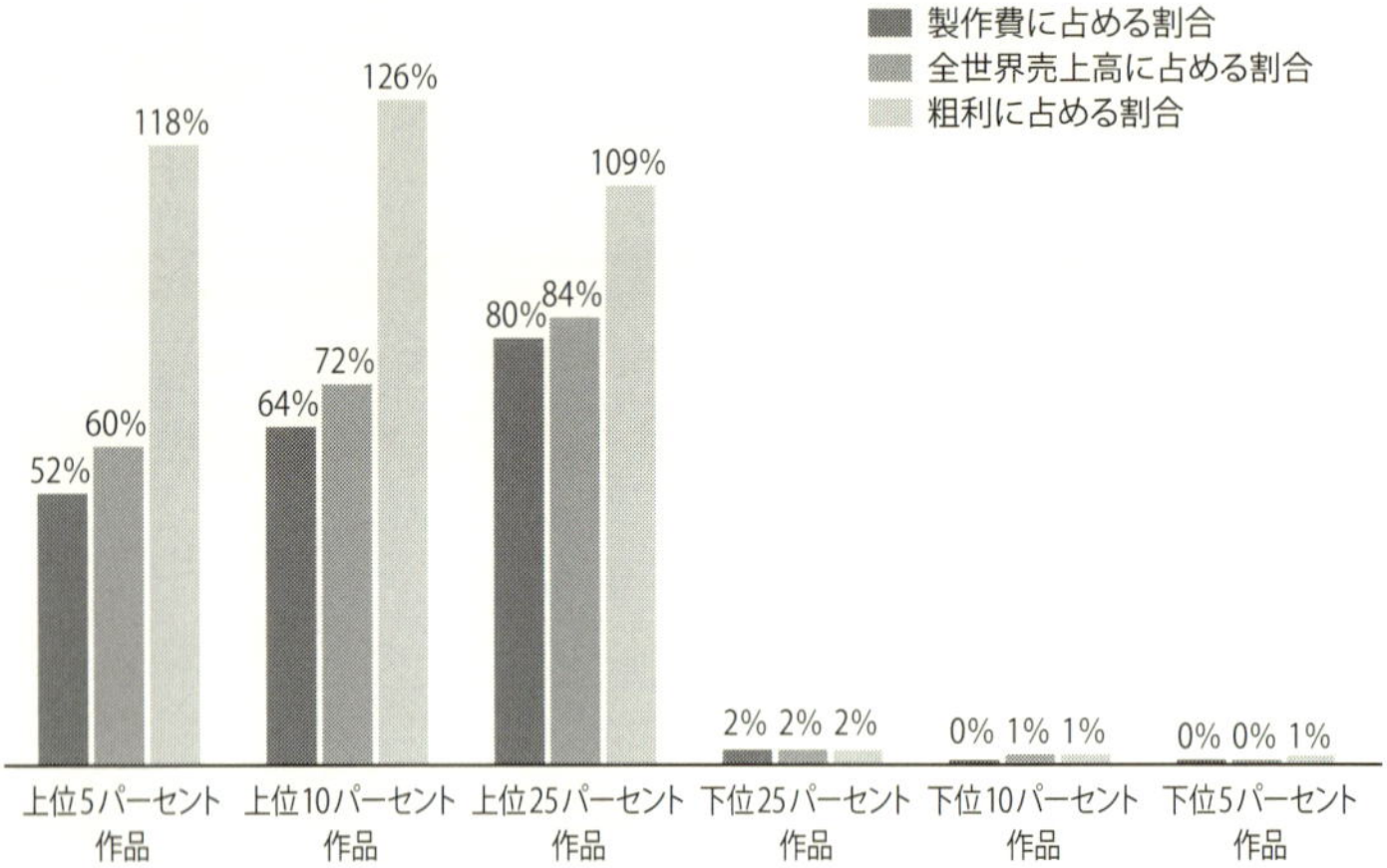

このグラフは、グランド・セントラルが2006年の秋に出したハードカバーの新刊本をコストで分類し、同社のコスト総額、売上高、粗利にどのくらい貢献したか示したものだ(37)。たとえば、上位5パーセントの作品、つまり最もコストがかかった作品群は、開発・マーケティング費用の半分以上を占めており、売上高の60パーセント、粗利の118パーセントを占める。

かなりのリソースを数作品だけに投資することで発展し、その数作品に高水準の開発やマーケティング支援を行うことで、選択を成功に導く。いくらか〝自己充足的予言〟の趣きがなきにしもあらずだが、これは確かに効果がある。それに、エンターテインメント商品の再生と流通にかかる限界費用は比較的少ない――とくに先行投資した制作費と比較した場合は――し、宣伝活動にかかわる規模の経済のおかげでベストセラーや最高の興行成績、あるいは記録的視聴率などのメリットは、きわめて大きい(38)。

　無論、メディア関連企業は際限なく資金を投じればいいというわけではない。商品市場が危険をはらむ状況にあることを考慮すれば、なおさらだろう。たとえば出版社は、電子書籍の台頭により先行きが不透明だし、放送網は有料ケーブルテレビと比べて市場の縮小を目の当たりにしている。映画スタジオはもはや、これまでのようにＤＶＤの売上げをドル箱事業としてあてにできない。しかし、警戒するあまり、次のブロックバスターを生み出そうとする挑戦に尻込みすれば、エンターテインメント企業の形勢は間違いなく、これまで以上に不利になる。

『図書館ねこデューイ』に話を戻そう。このおデブな猫はその後どうなったのだろうか。同書は２００８年９月に出版されて、ブロックバスター戦略の元手を十分に回収して余りある実績を収めた。定価19・99ドルで同書を発売したグランド・セントラルは、この大ばくちで経営陣の野望をはるかに超える結果を手にした。『ニューヨーク・タイムズ』紙でハードカバーのベストセラー第１位を獲得し、わずか３カ月で75万９０００部を売り上げて、大人向けノンフィクション部門の年間売上げ第６位に輝いた。２００９年にはハードカバーでさらに13万部を売り、総売上げ部数が90万部に迫る勢いとなった。猫本の成功に味を占めたハシェットは、グループのほかの出版ブランド《インプリント》から、子ども向けの本を刊行した。これは、ヴィッキー・マイロンとブレット・ウィターが文章を、スティーブ・ジェイムスが絵を手がけた『としょかんねこデューイ』（文化出版局、“Dewey: There's A Cat in the Library!”）という絵本で、10万６０００部を売り上げた。[39] その翌年、マイロンとウィターは続編にあたる『デューイの９つの物語――大勢の人を感動させた小さな町の図書館ねこが遺してくれたもの』（未邦訳、“Dewey's Nine Lives: The Legacy of Small-Town Library Cat Who Inspires Millions”）を上梓した。「おかしくて、元気を与えてくれて、心が温かくなる、猫にまつわる９つの物語」だという。ひと

頃など、マイロン役としてメリル・ストリープ主演の映画化の話もあった。(40)

◆低予算の作品の製作を止めない理由

ここで重要なのは、エンターテインメント企業の幹部がなぜブロックバスターに勝負を賭けるのか、ということではない。真に問題となるのは、彼らがなぜ低予算の作品を依然としてつくるのか、ということだろう。結局のところ、こうしたささやかな投資から得られる経済的効果は、まったくあてにならない。屋台骨となる映画がワーナー・ブラザーズに一貫して大きな利潤をもたらすのなら、なぜ年間製作数の大半を占める低予算映画にも投資するのだろうか。それに、グランド・セントラルが莫大な費用をかけて出版した〝重点作品〟で〝売れる〟本が、ほかの新刊書よりもはるかに売上部数が大きいのなら、なぜ低予算の書籍も出版するのだろうか。

エンターテインメント業界で成功した企業の運営を詳しく調べてみると、どちらに対する投資もポートフォリオで重要な役割を果たしていることがわかる。高予算の勝負は、最高の収入と利益をもたらし、企業の意欲をかき立て、ブランド構築に貢献し、未来のヒット作の下地をつくる。だが、出版社、映画やテレビのスタジオ、その他のメディア制作者たちがブロックバスター戦略を実行に移すためには、さまざまな理由から低予算の勝負も必要になる。

第一に、低予算の投資はテストケースの役割を果たせるからだ。小さな賭けを妥当な数だけ行えば、メディア制作者が次の大ヒットシリーズを見出す手がかりとなる。映画業界では、続編がブロックバスターを狙ううえで最も安全な一手とみなされており、低予算の投資は続編を生み出せる映画を発掘するのに役立つのだ。その好例が『ハングオーバー！』や『セックス・アンド・ザ・シティ』だ。この原則は俳優や監督、その他クリエイティブ関連の仕事にも当てはまる。スタジオの経営幹部が、ほぼ無名の俳優を次のトム・クルーズだと確信していたとしても、映画出演未経験の俳優を、製作費2億ドルの映画に初主演として抜擢するのは、いくら何でも無謀というものだ。それよりも、まず手始めに、将来性のある若手俳優を低予算映画に出演させて、実際に〝映画を背負えるのか〟、現場に入って毎日高いレベルの演技をしたり、宣伝活動に協力したりといった責任をまっとうできるのか、スタジオが判断する余地を残すほうが賢明だろう。

低予算投資のもうひとつの利点は、バンパイア映画からオーディション番組まで、商品の新たな形式を試せる点だ。範囲を狭めて投資することにより、あるタイプやジャンルが利益をあげることが、自ずと明らかになる場合もある。たとえば、超低予算のホラー映画などがこれに当てはまるようだ。

また、低予算の賭けは、メディア制作者が〝輸送経路を満たす〟ためにも役立つ。結果として作品を販売する企業に、常に満足感を与えられる。たとえば、新作を市場に絶え間なく送り出す出版社は、書店との関係を維持・構築しやすくなる。すると、その出版社は書店に対して、大幅な値引きや店舗内の設置場所、その他マーケティング活動でも有利に交渉を進める立場を得られる。映画業界では、ワーナー・ブラザーズが毎年20作以上も製作する――概算すると、同スタジオの映画が1週間おきに1本劇場公開される——ことで、映画館経営者と有利な契約を結ぶのに一役買っている。「国内流通部門の責任者が映画館主のもとに赴いて、『御社で一番客の入りがいいロサンゼルスのウィルシャー大通りの映画館で、4週間上映させてもらいたい』と話を持ちかけたとする」。ホーンは話し始めた。「その映画館主はパラマウントからも同じ依頼を受けているかもしれない。でも、われわれはこういえる。『わが社は実績あるワーナー・ブラザーズだ。今年はこれだけの作品を公開予定で、この特別な映画のために、どうしてもこの映画館でこの時期に公開することが必要なんだ』と。交渉に駆け引きはつきものだが、一番多くの映画を配給しているという事実が、市場での存在感に重みを与える。おかげで、ワーナー・ブラザーズは有利なスクリーンで、長期間にわたり、しかも有利な収益配分率で契約できたのだ」。そのうえ、メディア作品の購入では、商品数が多いほど数量割引が適用されることが多い[41]。つまり、宣伝する商品が多いほど、スタジオや出版社は有利な広告料で契約できるのだ。

低予算のプロジェクトを幅広く追うことにより、スタジオも出版社も、その他エンターテインメント企業も、エージェントとの結びつきを強めることができる。エージェントは新作の取引に大きく関与するので、エンターテインメント業界にとって重要な門番役を担っている。そのうえ、幅広い品揃えをもつことで、必要な資金提供も呼び込める。ワーナー・ブラザーズ——ホーンの指揮下では、『ハリー・ポッター』のような大本命を除いて、ほとんどの作品を共同融資で製作していた——のようなスタジオにとって、幅広い品揃えは、リスクを共有してもかまわないという外部投資家を呼び込むためにも役立つ。スタジオは、配給収入から配給手数料を差し引いた残りを、そうした投資家に分配する。「このモデルに抵抗する投資家もいるかもしれないが、彼らには映画を有効に配給する力もコネもないので、話し合いではこちらのほうが優位に立てる」と、ホーン。「やはり、ワーナー・ブラザーズの規模が有利に働いた結果なのだ」。

低予算の賭けのほうが、このような業界内のパートナーとの取引で柔軟に対応できるという点は、さらなるメリットといえる。たとえば、小規模のプロジェクトのほうが、公開日や広告宣伝費を変更しやすいものだ。大手メディア制作者は、テレビのCM時間枠を何カ月も前に購入するはずだ。(42) そうした融通のきく低予算のプロジェクトがあれば、そのリソースを最大限に活用できる。

小規模のプロジェクトを採用することで、批評家の間に好意的な評判を築くこともできる。同時に、人気が集中する一流のエンターテイナーやプロジェクトを引きつけるためにも役立つ。たとえば、スーパースターの俳優に自社の看板映画に出演してもらいたいと映画スタジオが考えている場合でも、予算をそれほどかけない〝熱意あふれるプロジェクト〟に主演を依頼するという選択肢を用意しておくことも有利に働く。そうしたプロジェクトは、批評家やアカデミー賞の投票者に受けがいいからだ。

過去の例によると、ボクシング映画――とくに女性ボクサーが主人公の場合――は業績不振に終わることが多い。ワーナー・ブラザーズがクリント・イーストウッドの『ミリオンダラー・ベイビー』に出資を決めたとき、スタジオの誰ひとりとして、これが大当たりするとは予想しなかった。ほかならぬクリント・イーストウッド自身が持ち込んだのでなければ、この作品は決して日の目を（この場合、館内の暗闇というべきか）見なかったはずだ。この話で思い出されるのは、ワーナー・ブラザーズが開催したホーンの送別パーティーでの出来事だ。ジョージ・クルーニーが満座の中で、「俳優たちがやりたかったのに、スタジオ側はやりたくなかった諸々を支持してくれたこと」に対して、ホーンに感謝の意を伝えたのだ。賢い一流俳優は、この種の姿勢を決して忘れず支持者になってくれるものだ。

最後のひとつに、低予算のプロジェクトを数多く実行することで、プロデューサーが製作に要する固定費や配給インフラを分散できるという点があげられる。大手映画スタジオともなると、巨大な撮影所や、配給業務の一部を担うオフィスを世界中に何十カ所も所有している。そうしたリソースのコストを、多数のプロジェクト——たとえ低予算のプロジェクトはめったに収支が合わなくても——に割り当てられるということは、スタジオにとって大きな恩恵となる。ブロックバスターの資金調達にも役立つ。「この業界で、1本の映画に2億ドルもかけられるところはほとんどない」と、ホーン。「それは、他社に勝るわれわれの強みだ」。

幅広く多様な品揃えをもつことにも強みがあるとはいえ、大手スタジオやその他大規模なコンテンツ制作者は、できるなら大きなプロジェクトに投資を集中させたいと考えるだろう。しかし、主に2つの制約からそれは困難だ。まず、ブロックバスターを生み出すための資金調達は常に難しいこと。そして、制作やマーケティングに大規模な支援を取りつけられるほどのアイデアは簡単に見つからないことだ。「看板映画の製作を増やそうと情熱を燃やし、年数を経るごとに着実にその数を増やしていった」と、ホーンはワーナー・ブラザーズ時代を振り返った。「でも、世界中の人々の心をつかむようなアイデアはそんなにあるものではない」。ほかのエンターテインメント企業との競争も関係する。ホーンが指摘するように、「1年の中で公開日に適している日はかぎられている」からだ。

こうした要因がすべて絡み合った結果、現在の大手エンターテインメント企業の品揃えは、注視すべき数件のブロックバスターと、多数の低予算作品に落ち着く。ほかの商品構成ではうまくいかないというわけではない。たとえば、アニメーション映画で有名なピクサーの取り組みは、面白い。ピクサーは当初からずっと、ごく少数の映画に重点的に取り組んできた。ピクサーの戦略を〝ライフル・ショットのアプローチ〟と呼ぶホーンは、次のように説明した。「年にひとつの作品を製作する。しかも、実際に各作品を手仕事でつくる。丹精を込めて取り組み、自らの仕事を非常に厳しく見つめ、公開にこぎつけるまでひとつの作品に何年もかける」。このような集中戦略は報われている。『トイ・ストーリー』から、『バグズ・ライフ』、『モンスターズ・インク』、『ファインディング・ニモ』、『Mr. インクレディブル』、『カーズ』、『レミーのおいしいレストラン』、『ウォーリー』、『カールじいさんの空飛ぶ家』、『メリダとおそろしの森』まで、ピクサーは大ヒット作品を次々と世に送り出してきた。だがピクサーは独立したスタジオではない。ディズニーの傘下で、今ではホーンの指揮下にある。よってピクサーは、作品の一つひとつを丹念に仕上げながら、ディズニーの大規模と力がもたらす強み――配給面をとってみても大きなプラスだ――に頼ることができるのだ。

コラム❷ メガヒットは4～5年先まで決まっている

鳩山玲人

数年かけて製作されるハリウッド映画のスケジュールは、実質4～5年先まで決定されている。たとえば、ディズニーでは、すでに2019年までの主要映画のスケジュールを提示している。ディズニーアニメやピクサーが『トイ・ストーリー』や『ファインディング・ニモ』の続編の公開を決定している。また、今年（2015年）に公開された『シンデレラ』に続き、『シンデレラ2』（続編）、『眠れぬ森の美女』、『ダンボ』、『ピノキオ』等のかつてのアニメーションの実写化や、買収したルーカスフィルムからは『スターウォーズ』の続編6作品、同じく買収したマーベルの作品も、『アベンジャーズ』を中心に2019年まで公開予定がすでにアナウンスされている。ワーナー・ブラザーズ等も同様で、DCコミック（『バットマン』、『スーパーマン』等）の2020年までの公開スケジュールや、LEGOのアニメシリーズの続編6作品のリリースが決定している。

◆――スパイダーマンとその他のヒーロー――マーベルのポートフォリオ

同じくディズニー傘下のマーベル・エンターテインメントも、絶え間なく大ヒットを世に出している。猫や犬よりもむしろコミック・ヒーローのほうが、次のブロックバスターを求めるハリウッドの映画スタジオの格好のターゲットになっているようだ。2002年、『スパイダーマン』がはじめて映画化され大ヒットを飛ばし、そのあとにスーパーヒーロー・ブームが起きた。このブームの背後にいた人たちが、ヒットを生み出し金を稼ぐことに関して多少心得ているようだ。その人たちのビジネスから、ブロックバスターがいかにして優勢になったのか、ブロックバスターを商品のポートフォリオに加える戦略がいかに効果的なのか、これらについて数々の教訓が浮き彫りになる。

2009年8月、ディズニーは40億ドルでマーベル・エンターテインメントを買収すると発表した[43]。マーベルは、エンターテインメント業界でも歴史のある、名だたるキャラクターを所有し管理していた。同社が独占所有権をもつ何千ものキャラクターには、いわゆるマーベル・ユニバース（訳注：アメリカン・コミックス独特の世界観で、マーベル・コミックスのキャラクターが住む架空の世界を指す）に住まう、スパイダーマン、X-メン、ハルク、デアデビル、パニッシャー、ファンタスティック・フォー、キャプテン・アメリカ、ソーなどのスーパーヒーローが含まれる。1930年代に出版された、キャラクターの宝庫とでもいうべきコミックで育まれたキャラクターたちだ。

ディズニーがマーベルを買収したとき[44]、同社のCEOで当時、同社の最大の株主だったアイク・パールムッター、そしてパールムッターの元同僚のアヴィ・アラッド（最高創造責任者《チーフ・クリエイティブ・オフィサー》の任にあたった）とピーター・クネオ（パールムッターの前任者）の3人が、マーベルのスーパーヒーローでも成し遂げられない救済事業について思いを馳せたとしても、不思議ではなかった――それは、当のマーベル社の救済のことだ。ビジネス・パートナーだったパールムッターとアラッドは、玩具会社の事業で財を成した。クネオはグラスファイバーや製薬、電動工具、電気カミソリなどの分野での経験はあったが、エンターテインメント業界の重責を託す人物としては、意外な人選だった。企業再建の専門家だった実績を買われて、1999年7月、マーベルにCEOとして就任した。彼は予想以上の成功を収めた。パールムッターとアラッドがマーベルを獲得して破綻から救い出し、クネオを雇ったちょうど10年後、つまり1億ドル以上の損失を計上して株価が1ドル前後で推移してから9年後、ディズニーの買収申し入れで、マーベルの株式は1株当たりおよそ50ドルと評価された。これは、そびえ立つビルの壁を駆け登るスパイダーマンの力と、怪力と緑の肌をもつハルクの離れ業でさえ平凡に思わせるほどの偉業だった。

その10年の間、経営陣はマーベルのコミックブック出版事業を利益の出る部門に立て直し、おもちゃとライセンス事業を刷新した。マーベルは自社キャラクターを20本の映画に貸与していた。ソニー・ピクチャーズに『スパイダーマン』、ユニバーサル・ピクチャーズに『ハルク』、20世紀FOXに『X-メン』、ライオンズゲートに『パニッシャー』という具合だ。その大半の映画は、国内上映が終わるまでに費用を回収しており、世界中のマーケットで興行成績を伸ばした。全米の映画館だけで、14本の映画が1億ドル以上、6本が2億ドル以上、4本が3億ドル以上の売上げを記録した。驚いたことに、マーベルのキャラクター映画の続編は、第1作目をしのぐ業績をあげた。その結果、10年間にわたる全世界での興行収入は、70億ドル近くにのぼった。

またマーベルは、ビデオゲームからアパレル、パーティー用グッズから食品まで、映画以外でも幅広くライセンス事業を展開した。「わが社はキャラクターとその知識を提供するし、ふさわしいパートナーを見つける努力をするし、商品の品質を承認するが、出資はしない」と、マーベルのある幹部は述べた。「わが社は小切手を取り立てるだけだ」。パールムッターが言い添えた。「これは金鉱なんだ。来る日も来る日も現金が流れ込んでくる」。

クネオがCEOに就任してから数年もたたないうちに、同社のビジネスモデルに対して当初抱かれていた疑問は氷解し始めた。よく知られたキャラクターからはすでに最大限の利益を搾り取ってしまったので、ゴーストライダーやアイアンマン、パニッシャー、ファンタスティック・フォーといった、それほど知られていないスーパーヒーローを広めて企業の発展を推進することは無理ではないだろうか——そうした危惧も、同じように消え去った。「わが社の成功に終わりはない。キャラクターという素晴らしいコレクションを所有しているのだから」。2004年、アラッドはインタビューで語った。一方で、「わが社が逃している収益については、大いに不満を抱いている」として、マーベルが映画の収益面でささやかな配分に甘んじていることも明かした。たとえば、『スパイダーマン』の全世界での興行収入は何と8億2000万ドルを超え、DVDは販売初日に全米でおよそ700万ドルを売り上げたのに、マーベルがソニー・ピクチャーズから受け取った金額はわずか2500万ドルだった。「わが社はこれまで、最小限の設備投資しか必要のない活動に重点を置いてきた」と、当時クネオは述べた。「コンテンツの制作や流通に乗り出すならば、もっと大きな金額を投じなくてはならない。しかし、大きな見返りも得られるに違いない」。

2005年、マーベルはその目標に向かって最初の一歩を踏み出した[45]。メリルリンチから5億2500万ドルの財政支援を得たことで映画製作が可能になり、パラマウント・ピクチャーズに映画配給の権利を与えることにしたのだ。このパートナーシップ契約により、マーベルは1本当たり4500万ドルから1億8000万ドルの予算で、8年間で最大10本までの映画製作が可能になった。マーベルには映画製作ごとに手数料が支払われ、マーチャンダイジングの収益をすべて懐に入れることが認められ、パラマウントは各映画の興行収入の8パーセントを配給手数料として取り立てることになった（この契約は、映画の続編についても適用された）。

「マーベルはエンターテインメントの人気ブランドになった」。パラマウントの会長兼CEOのブラッド・グレイは、契約公表の際にそう述べた。「マーベルが映画製作でこのように画期的な融資を受けられるのも、同社の市場での強さと、ブランドおよびキャラクターの高い人気を物語るものだ。この新事業でマーベルと手を組むことに、われわれは興奮を禁じ得ない」。

ハリウッドがマーベルの人気キャラクターとストーリーに興味を抱いていることは、その4年後、ディズニーが同社を買収することでも裏づけられた。高額の買収金額にもかかわらず、ディズニーは、マーベルが他スタジオとの取引を保持することを認める契約を結んだ。つまり、スパイダーマン――マーベルで一番人気のキャラクター――の映画をつくる権利はソニーが永久に保有し、その他いくつかのキャラクターの権利はパラマウントが確保することになった。それでも、ディズニーが思いとどまることはなかった。ディズニーのCEOボブ・アイガーはこう明言した。「マーベルの5000を超える豊富なキャラクターは、最も得意とすることを実行する力をディズニーに授ける」(46)。

10年間で運命の逆転をマーベルにもたらした――エンターテインメント業界でも一般のビジネスの世界でも、秀逸な企業再建ストーリーだ――直接的原因は、大手映画スタジオが次のブロックバスターを探し求めるようになったことだ。マーベルのキャラクターを起用した看板映画は、ハリウッドの経営幹部があてにできる大本命となった。皮肉にも、マーベルの豊富な資源を掘り当てられないただひとつの大手スタジオは、ワーナー・ブラザーズだ。親会社のタイム・ワーナーが、バットマンやスーパーマン、その他大勢のキャラクターで名高いDCコミックという出版社を所有しており、マーベルとはライバル関係にあるからだ。マーベルとDCはコミックブック市場を二分している。

スパイダーマンのフランチャイズでうまくいったにすぎない、その後はただ最初の成功によりかかっていただけだと、マーベルを一蹴するのはたやすい。だが実のところ、『スパイダーマン』の第1作目――2002年に最高の売上げを記録し、世界的にも史上第10位の売上げを記録した――だけで、ソニー・ピクチャーズの暗澹たる1年が輝かしい1年に変わったことを、どこのスタジオのトップも承知していた。最初の頃、マーベルもこの最大のブロックバスターに大いに依存していた。その証拠に、2002年と2004年、『スパイダーマン』はマーベルの営業利益――おもちゃ、メディア・ライセンシング、消費財ライセンシング――の少なくとも半分を占め、2003年(スパイダーマン映画の公開がなかった年)も、マーベルの営業利益の少なくとも3分の1を占めていた。

「おもちゃ、アパレル、文房具、ゲーム、広報宣伝、パジャマ、スケートボード、ビタミンのサプリ、ロリポップ――スパイダーマンなら何でもアリだ」と、マーベルの消費財ライセンシングの担当者は明かした。クネオもこれに同意した。「スパイダーマンの足元に及ぶものはない。一番人気のキャラクターで、空想世界の作品の中でも幅広い年代を引きつけられる作品だ。スパイダーマンのパジャマを着る2歳児から、60代の消費者まで、みんなスパイダーマンが大好きだ。わが社のキャラクターが全部そうだったらと願わずにはいられないよ」。

この頃のスパイダーマンの成功が、スーパーヒーロー・ブームの引き金となった。『デアデビル』や『X-メン2』などマーベルのほかの映画も、『スパイダーマン』公開翌年に好調な興行成績を残した。とくに、『X-メン』と『ブレイド』の続編が第1作目を上回る成績を残す――シリーズものが力をもつようになった証であり、業界では〝レッグ〟と呼ばれる――と、ハリウッドの経営陣は、映画化できそうなマーベルのキャラクターを求めてしのぎを削るようになった。マーベルの経営幹部は、スタジオやその他ライセンス供与先との交渉で好条件を要求して、ブロックバスターという仕掛けを自社に有利に働かせた。『ブレイド』と『X-メン』について最初に交わした取り決めでは、マーベルは全費用を組み込んで算出したスタジオの利益の分配に与《あずか》ると明記された。ところが、スタジオの利益算出法は独特なので、マーベルの取り分として微々たる額しか残らなかった。「ハリウッドの経済学」とクネオは呼んだ。しかし、早い段階で映画の成功から学んだマーベルは、以前より有利な配分契約を交わすようになり、ブロックバスター映画の興行総収入のうち3パーセントから7パーセントの配分を受け取るようになった。パートナーのスタジオが懐にする金額のごくわずかではあったが、状況は間違いなく改善された。

一方でマーベルの経営幹部は、商品開発費と広告宣伝費を最小限に抑えるビジネスモデルを打ち立てた。この2つの費用は、ブロックバスターを売り込むとき大きな財政負担となるからだ。マーベルは自社の費用を最小限に抑えて、キャラクターのライセンス契約先のスタジオに費用を負担してもらうことにした。その仕組みを紹介しよう。マーベルは、コミックブック、おもちゃ、メディア・ライセンシング、消費財ライセンシングを担当する各事業部をもつことで、小さなコングロマリットのように機能していた。キャラクターやストーリーはコミックブック事業部で開発される。同事業部は実質的に、研究開発センター、またはアイデア養成所のような役割を果たしていた。しかも、きわめて効率の良い養成所だ。コミック出版は比較的費用がかからず融通が利くので、通常の印刷部数なら、わずか1万ドルから2万ドルしかかからない。

マーベルはパートナー契約を結んでいる映画スタジオに、自社ブランドの広告宣伝を任せていた。映画スタジオとのライセンス供与契約に、マーベルは映画製作費用およびマーケティング費用は負担しないと明記されていた。「通常、わが社は3000万ドルから8000万ドルほどを、映画の広告宣伝に費やしてもらった」。アラッドは2004年、インタビューでそう語った。「おかげで、評判は野に放った火のようにすごい勢いで広まった。世界中でマーベルというブランドと個々のキャラクターが取り上げられるようになった」。その結果としてブランドにもたらされたプラスの影響について、クネオはこう説明した。「わが社の映画を観た人は、わが社のコミックブックやビデオゲームに興味をもつかもしれないし、マーベルのキャラクターが描かれたTシャツや、ほかの消費財を買うかもしれない」。

マーベルはどのようにして利益をあげていたのだろうか。パートナー契約を結んだスタジオは不満を抱いたにちがいないが、マーベルが完全にマーチャンダイジング権を握っており、同社の主な収入源である、おもちゃや消費財の販売を促進した。とくに消費財のライセンシングは、昔も今も実入りのいい事業である。コストは驚くほど少なくてすむ。ディズニーが買収に動いたとき、マーベルの消費者メディアグループ（消費財全般についての活動をまとめる役目を担う）は、セールスパーソンとアシスタント数人という構成で、10人を超える法律と商品認可の専門家のサポートを受けていた。契約には、ライセンシー商品の売上げにかかわらず、権利の保有者に対して支払われる最低保証金、および売上げが保証額を超えた場合に追加されるロイヤリティについて、明記されていた。当然、キャラクターがブロックバスターのコンテンツと関連するほど、マーベルが交渉可能な最低保証金もロイヤリティ比率も高くなった。パールムッターが〝金鉱〟と呼んだのもうなずける。

同社はマーベル・ブランドの品揃えの管理についても、同様に賢明な方法を取っていた。ハリウッドのスタジオの経営陣――それにエンターテインメント業界の他の分野のプロデューサー――は、強力なブランドは1日にしてならずということを承知している。『ファインディング・ニモ』は世に出てすぐに、世界中の観客の共感を得た。ところがその一方で、『シャーク・テイル』や『デルゴ』など、残念な結果に終わった何百もの作品が存在する。マーベルにとって幸運だったのは、これまで時の流れに耐えた信頼に足るキャラクターと使えるストーリーのコレクションを、ふんだんに所有していたことだ。パールムッターやアラッド、クネオもこの価値を認めていた。「わたしたちは普通のスタジオにはなりたくなかったので、映画の新構想をいろいろ考え出した」と、アラッドは当時、述べている。「やがて、わたしたちもこの無秩序なビジネスで、ほかの者と似たり寄ったりになる。狙いも定めず滅多矢鱈だ――ブラックジャックをするほうがマシというものだ。ただどういうわけか、わたしたちの文化にはキャラクターが浸透している――それがわが社のマーケティングの強みとなっている」。

マーベルのブロックバスター作品は、あまり知られていなかった別のキャラクターも成長させ、マーベルの品揃えを豊かにした。マーベル・ユニバースという架空の世界が確立されて、同社のキャラクターたちに共通の歴史的、ストーリー的背景が授けられたことから、経営陣はヒット作のキャラクター同士の結びつきを明確にして、弱小ブランドも育てようとした（たとえば、映画『デアデビル』に登場したエレクトラというキャラクターを主人公にする映画がつくられた）。クネオはコンテンツのコレクションの特質について、次のように言い表した。「4700ものキャラクターをバラバラに考えるのではなく、ファミリーとして考えるべきだ。わが社には40年分のスパイダーマンのストーリーがある。スパイダーマンに出てくる悪役は50人はいるだろうし、友人も50人はいるだろう。だからスパイダーマンのファミリーは、100人、ひょっとすると200人の、わが社所有のキャラクターで構成されているわけだ。ハルクのファミリーはまた別の100のキャラクターから、X-メンのファミリーはまた別の400ものキャラクターから構成されている」。

何十年にもわたりコミックブックに登場するマーベルのシリーズもののキャラクターの本質は、驚くほど似通っている。マーベルのある幹部は次のように表現した。「キャラクターはある種の弱さみたいなものを抱えている。スパイダーマンは眼鏡をかけた子どもにすぎない。超人的な能力をもっていても、わが社のキャラクターは、誰もが抱えるような問題を抱えた、普通の人として描かれている」。キャラクター同士の結びつきと多くの類似点があることから、映画『スパイダーマン』のヒット後、マーベルは、〝次の大物〟を探し求めるハリウッドを利用するには理想的な位置を占めていた。勢いづくブロックバスター・トラップに対する闘いではなく、マーベルの数多くのキャラクターを映画化する権利を求めることにより、大手スタジオはマーベルのブランドを強化することになった。マーケティング担当の幹部の中には、マーベルのキャラクターを扱った予告編を、自社映画が始まる直前に流してほしいと言い出す者さえ現れた。

リスクが大きいほど得るものも大きいことに気づいたマーベルの経営幹部は、自分たちが手にした新たな力を用いて、パラマウントとメリルリンチと革新的な契約をまとめた。自社キャラクターの映画からメリットを得ようとするマーベルにとっては好都合である一方、パートナーとなるスタジオとは真っ向から対立するものだった。『スパイダーマン』2作品が全世界のチケットの売上げで15億ドル以上の総収益をあげてから、わずか数年後の2005年頃、マーベルのキャラクターは引っ張りだこになっていた。そこでマーベルは、画期的な資金調達の交渉に乗り出した。マーベルが利息金の支払い不能に陥った場合、主要キャラクターの映画化権と引き換えに、保険業者が肩代わりするという契約をメリルリンチと結んだといわれている。キャラクターが担保の役割を果たす――マーベルのブロックバスター・ブランドを説明するにあたり、これ以上ふさわしい例は思いつかない。

マーベルのキャラクターの威力をさらに証明するように、パラマウントとの契約で生まれた映画[47]――『アイアンマン』、『アイアンマン2』、『マイティ・ソー』、『キャプテン・アメリカ　ザ・ファースト・アベンジャー』――は好成績を収めた。全作品の世界興行収入は20億ドルを上回り、推定製作費の3倍を超えた。ディズニーがヒット作に恵まれなかった時期にマーベルを買収したという事実は、ブロックバスターを手に入れたいという熱意――何十億ドルも絡むことを考えると、捨て身ともいえる――の表れだった。2010年10月、買収から1年もたたないうちに、少なくとも1億1500万ドルの配給手数料と引き換えに、ディズニーはパラマウントから、『アベンジャーズ』と『アイアンマン3』の世界市場におけるマーケティング権と配給権を買い取り、マーベルの品揃えをさらに強化した[48]。その後、ディズニーがこの投資を後悔することはまったくなかった。2012年、『アベンジャーズ』は何とチケット売上げで15億ドルを記録した。2013年、『アイアンマン3』も、10億ドルを超えるチケットを売り上げた。マーベルの不屈のスーパーヒーローたちにいかなる運命が待ち構えているかはさておき、マーベルの発展と、ディズニー子会社としての新たな生き方は、マーベルのスーパーヒーローと頭の切れるハリウッドの経営幹部だけが実現できるメガヒットを、ハリウッドがいかに頼みにしているかという現実をひときわ際立たせている。

第2章

ブロックバスターを売り出して管理する【音楽業界】

Launching and Managing Blockbusters

SUMMARY

ブロックバスター流マーケティング戦略によるスターの売り出し方

鳩山玲人

エンターテインメントにおいては、音楽業界でも初速が重要で、発売した直後にヒットの兆候が見えないとそのまま埋もれてしまうことのほうが多い。発売第1週目のチャートで一気にトップに立つには、マーケティング費用にかける資金力があるのであれば、できるだけ広範囲のリリース戦略をはじめから取ることが重要になる。商品が出てからマーケティングに資金を投入するのではなく、リリース前からできるだけ、あらゆる機会を用いて可能なかぎり大々的に売り出し、評判を高めることこそが最良のブロックバスター戦略だ。人は選ばれているエンターテインメント商品を自分も選びたがるもので、そのサイクルを生み出せるかがカギになる。

レディー・ガガは、デビュー当初、「草の根」活動で地道にファンの土台を築いてきたが、3枚目のアルバム『ボーン・ディス・ウェイ』では、その築いてきた知名度を活かし、発売のタイミングを見て、一気に宣伝費をかけ、ヒットに持ち込む手法を取り、発売後1週間で100万枚を売り上げ、大成功した。「とてつもないスケール」で、限界を試すブロックバスター流マーケティング戦略によるアルバムの売り出し方は、まさに第1章で紹介されている「ブロックバスター映画のような手法」だ。

まずは地味な活動で強固なファン層を築いたレディー・ガガ

2011年3月、レディー・ガガの人気ソロツアー「モンスター・ボール・ツアー」の最中、ボストンのTDガーデンで開かれた大入り満員のコンサートの舞台裏を訪ねた(1)。マネージャーのトロイ・カーターはそれまでを振り返って少し間を置いた。「去年インタースコープが創立20周年を祝ったとき、ガガは過去最高の歌手のひとりとして取り上げられた。……こんな短期間でここまで達成できたなんて、本当に驚きだ」。カーターがそう語るのも、もっともだった。レディー・ガガは、2008年に音楽シーンに登場――ボーイズ・バンドとして活躍したニュー・キッズ・オン・ザ・ブロックのツアーに同行――して、2009年の秋には大成功を収めた。それからわずか2年で、エンターテインメント業界の超大物になったのだ。グラミー賞やMTVビデオ・ミュージック・アワード（VMA）をいくつも受賞し、歌手としても作詞・作曲家としても称賛を集めていた。ミュージシャンとしての名声が高まるとともに、ファッションの世界での地位も高まった。2010年のVMAには一度見たら忘れられない〝生肉のドレス〟で登場し、その1年後のグラミー賞授賞式には卵型のカプセルに入り、ラテックスの服を着たダンサーたちに高く掲げられてレッドカーペットに到着した。2011年には、『フォーブス』誌のセレブリティ100人で、オプラ・ウィンフリーを抑えて1位に選ばれた。

その活動を陰で支えてきた38歳のカーターは、自らの運命も鮮やかに好転するのを目の当たりにしてきた。カーターをガガに紹介したのは、トップ・プロデューサーのヴィンセント・ハーバートだった。その数週間前に、ハーバートのストリームライン・レコーズはガガと契約を結んでいたのだ。ストリームラインは大手レコード会社のユニバーサル・ミュージック・グループの子会社にあたる（インタースコープもユニバーサルの傘下で、グループでも中心的存在のレーベルだ）。「レディー・ガガに対するビジョンを誰かと共有したかった。トロイはわかってくれている。トロイとは15年前からの親友同士なんだ。だから、これが大事なチャンスだと必ず理解してくれるとわかっていた」。ハーバートはそう振り返る一方で、カーターについて「でっかいハートをもった、自分の力を試したくてうずうずしているフィラデルフィア出のちっちゃな少年」と描写した。

カーターは若く見えるので、エンターテインメント業界で20年もキャリアを築いてきたようには見えない。ところが実際は、1990年代はじめからこの世界で働き始めた。ジェフリー・アレン・タワーズとウィル・スミス——当時は、ラップ・デュオのDJ・ジャジー・ジェフ&ザ・フレッシュ・プリンスとして知られていた——の付き人としてレコード箱を運んだこともあったという。レディー・ガガのあらゆる活動の中枢として（「自分のことは、航空管制センターとみなしている。空港のターミナルビルがないだけで」と、マネージャーとしての仕事について語っている）、彼自身もエンターテインメントの世界で一目置かれる有力な存在となった。シリコンバレーで投資や新ベンチャーを手がけるカーターは、テクノロジー業界の期待の星でもある。「タレントのマネージャーを務めるということは、自分の仕事を毎週のように危険にさらしているということだ」とカーターは明かした。「レディー・ガガはわたしの判断を信頼してくれている。わたしたちは境界線を破ろうとしている。機会があれば人とは違うことをしようとしている。前回うまくいったことや、誰かに成功をもたらしたことをやるのではない。でも、うまくいかなかったら、それはわたしの責任だ」。

ガガはあっという間にスターダムに上り詰めたが、芸術の才能は長い時間をかけて育まれた。ステファニー・ジョアン・アンジェリーナ・ジャーマノッタとして、1986年にニューヨーク・シティに生まれた[2]ガガは、4歳のときにピアノを始めた。13歳で初のピアノ・バラードを作曲し、その1年後には、オープンマイクの夜にニューヨーク周辺でパフォーマンスするようになった。コンベント・オブ・ザ・セイクリッド・ハートという、マンハッタンにあるカトリック系の女子校に通っていた頃、学校主催のミュージカルで何度か主役を演じて素晴らしいパフォーマンスを披露した。2003年、ニューヨーク大学（NYU）のティッシュ・スクール・オブ・アートの早期入学者20人に選ばれ[3]大学で歌唱、演劇、作詞作曲の技術を磨いた。入学から1年半後、NYUを中退して音楽活動に専念することにした。それも、音楽活動が頓挫したら大学に入り直すと父親と約束する前に。ご存じの通り、結局その必要なかった。

レコーディングの翌日、ハーバートはガガをロサンゼルスに連れて行った。「わたしにはガガはスターだとわかっていた」と、ハーバート。「わかりきったことだ」。やがて最初の2枚のアルバム『ザ・フェイム』と『ザ・モンスター』に収録された、『ジャスト・ダンス』、『ポーカー・フェイス』、『バッド・ロマンス』などで何千万枚ものCDを売り上げることになるガガは、カーターによると「骨の髄までパフォーマー」だという。何カ月もの間、アメリカとカナダで週に7回から8回のショーを開き、時には一晩に3回もステージに立つという過酷なスケジュールが組まれたツアーを通して、ガガは強固なファンを中心にしたファン層を築いていった。「ポップ・アーティストは普通こんなことはしない」とカーターは明かした。「でも、わたしたちはファン層を土台から築きたかった。……観客は何かを共有していると感じたならその人のために働いてくれるものだから」。

ガガはもっぱらフェイスブックやツイッター、ユーチューブで口コミを広め、ファン——ガガの言葉を借りれば〝リトルモンスター〟——との絆を強めた。ガガはSNSを使ってファンとつながる術に非常に長けていた。2011年までに、存命中の人物としてはフェイスブックで一番の人気者となり、ツイッターで最多のフォロワー数を獲得した（後者の栄誉に浴したとき、動画を投稿して、「ツイートはしても爪の甘皮の処理は怠らないように。くれぐれも手根《しゅこん》管《かん》症候群にならないように(4)」とツイートし、いかにもガガ流にファンに感謝を表した）。

◆なぜ、草の根リリース戦略を採用したのか

しかし、カーターたちは、3枚目のアルバム『ボーン・ディス・ウェイ』の発売前に、それまでの草の根のアプローチに頼らず、徹底的にマーケティング活動を行って販売を促進するという方針を定めた。「夏期公開のブロックバスター映画のように、たとえば『アバター』みたいに」と、インタースコープの副会長スティーブ・バーマンは説明した。ハーバートが言い添えた。「これができるのも、彼女の存在感あってこそだ。ガガは今やカルチャーの一部だし、巨大

なプラットフォームがある」。とはいえ、この戦略にはかなりのリソースをつぎ込まなくてはならない。カーターもその点は承知していた。「ガガのような力量のアーティストとなら、徹底的にやるということは、とてつもないスケールで行うということだ」。彼が頭の中に描いた今回の新発売は、従来の音楽流通チャネルを越える必要があった。ユニバーサルのような大手レーベルでも、限界に挑戦することになる。

さて、カーターはボストンのTDガーデンの通路を歩いてスタジアムのフロアにたどり着いた。彼によれば、「コンサートを体験するには最適な場所」だという。一方で、その心中にはこんな思いがよぎっていた。〝屋台骨《テントポール》を支える〟映画のように、アルバム発売に多額を投じる戦略は、ガガの人気を活かすうえで正しい道なのだろうか。それとも、もっと当たり障りのないアプローチ、たとえば大ヒットした1枚目と2枚目のアルバムと同じアプローチのほうが、ふさわしいのだろうか。

エンターテインメント企業は、選び抜いた数件の商品開発に対して、リスクを伴う賭けをするだけではない。とにかくできるだけ広く市場を押し開けようと目論んで、できるだけ広範囲にその商品を流通させて販売を促進しようと、多額の資金を投じてリスクをさらに高めることも多いのだ。しかも企業は、商品が市場でどんな評判を呼ぶか明らかになる大分前から、マーケティング予算を高い水準に設定する。どうしてなのだろうか。どうしてレディー・ガガを支えるチームは、かつてはあれほどうまくいった口コミを利用した戦略から手を引くことにしたのだろうか。ガガの新アルバムなら飛ぶように売れるはずなのに、レコード・レーベルの経営陣は、不必要なマーケティングの支出を抑えたいとは思わなかったのだろうか。

ガガほどの成功を収めた人物に異を唱えることは並大抵ではない。バーマンに話を聞いたとき、こんなことを言っていた。「ガガは大企業の最高マーケティング責任者（CMO）にだってなれるだろう。彼女はブランドというものを、そのブランドを死守することの重要性を心得ている」。実は、チーム・ガガの『ボーン・ディス・ウェイ』のリリース方法が最善の策だったことが、あらゆる点から裏づけられる。その理由を把握するためには、エンターテインメント商品の売り出し方法のメリットとデメリット、そしてメディア制作者がマーケティング費用をどのように割り当てるのか、詳しく調べる必要がある。

アルバムや映画、テレビ番組、ビデオゲーム、書籍――それどころか、エンターテインメント企業が生み出すわけではない商品の大部分――は、図表2-1が示すような、「限定」リリース戦略、または「草の根」リリース戦略とマーケターが呼ぶ方法で売り出される。どの程度マーケティングに費やすべきなのかは、徐々に見出すという考え方が、この方法の基盤となる。使えるリソースをできるだけ効率的に使うためだ。

この戦略はどのように機能するのだろうか。限定戦略を用いて商品を発表した場合、当初の流通と広告宣伝の水準は比較的低い。たとえば、映画産業なら、公開時に大都市の数幕のスクリーンでしか上映されず、その地域で印刷物かオンラインでしか宣伝されない。こうした方法の主な目的は、多くの観客というより、その商品にふさわしい観客を集めることだ。最初の顧客が肯定的な口コミを広めて、新しい観客を呼び込むのに一役買うことを期待する。その商品の売れ行きが上向き始めたら、あるいは上向きそうだという兆候が見られたら、製作者側はよ

図表2-1　限定リリース戦略

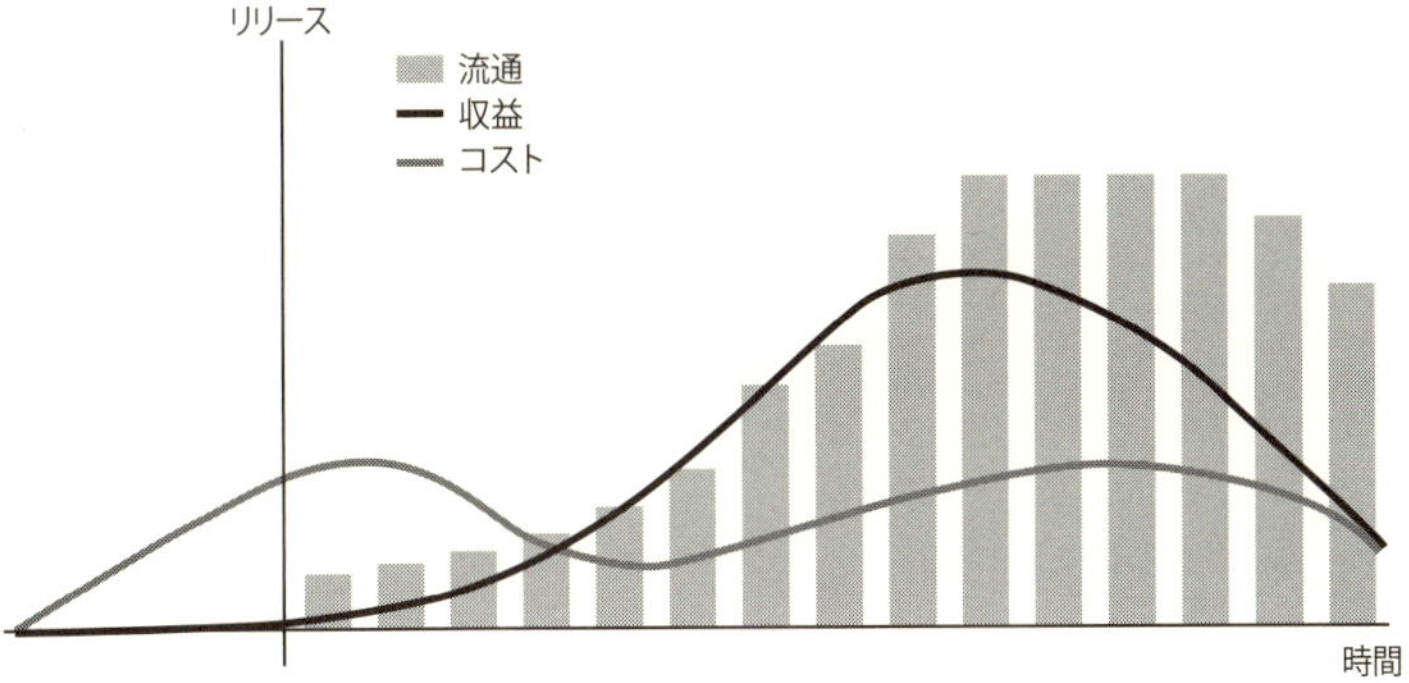

うやく、流通範囲を徐々に広げたり集中的に投資するなどして、売上げを伸ばすために広告を増やして商品を後押しする。この場合、市場から好意的な反応を得ることが、何より重要となる。好印象を与えられなければ、制作者は投資をしなくなり、商品は店頭から(映画ならば、劇場から)引き揚げられるだろう。この戦略の原則は、かなりの額をそれに値する商品に、つまり、市場で本当に売れる見込みのある商品にだけ投じて売り込むことだ。

近年、エンターテインメントの世界で大ヒットした商品の中には、限定リリース戦略を用いて売り出したものもあった。『マイ・ビッグ・ファット・ウエディング』は、その典型的な例だ(5)。この映画はいわゆる掘り出し物で、2002年4月に公開されたとき、わずか100スクリーンでしか上映されなかった。最初のうちは、アメリカに住むギリシャ人コミュニティを対象にした口コミで販売促進を行った。映画が人気を集めるにつれて、次第に流通範囲を広げていき、幅広い観客層に向けて宣伝を打つようになった。８月になると、上映スクリーンは１０００にまで増えて——それでも、一度に３０００から４０００スクリーンで上映される一般的なハリウッド映画に比べれば少ない——週に１０００万ドル以上売り上げるようになった。この映画は公開から２００３年の４月まで、１年近いロングラン上映となり、全米で最終的に２億４０００万ドルの興行収入をあげた。製作費わずか５００万ドルだったことを考慮すると、悪い数字ではない。

レディー・ガガのレコードも、最初の頃はこの方法でリリースされた。最初のシングル『ジャスト・ダンス』はグラムロックの影響を受けたポップ・ソングで、R&Bアーティストのエイコンとプロデューサーのレッドワンもかかわり、新進気鋭のアーティスト、コルビー・オドニスも客演して、２００８年４月にリリースされた。しかし、なかなか弾みがつかなかった。「人気のあるラジオ番組では流してもらえなかった」。カーターは思い起こした。「主要なラジオ局から、ダンスソングが多すぎるといわれた」。カーターが経営するアーティストのマネジメント企業、アトム・ファクトリーのCMOボビー・キャンベルが割って入った。「ダンスミュージックは、『アメリカン・トップ・フォーティ』では流れなかった。複数のラジオ局から、そうした音楽はいらないといわれたんだ」。成功したラップ・アーティストたちの売り込み方法に刺激を受けたカーターは、この問題を解消するため、ガガの音楽を受け入れてくれそうなコミュニティを対象にしたライブ・パフォーマンスをスケジュールに詰め込み、リリース計画を立てた。

「ゲイ・コミュニティはガガに忠実だと思えたし、ガガの個性ともしっくりきた。だからゲイクラブから始めるのはぴったりだった。彼らがガガとふんだんに接触できるようにした」と、キャンベルは明かした。「要は、多様なグループを見つけることが大事なんだ。ゲイ・コミュニティ、ダンス・コミュニティ、クラバー・コミュニティ、ファッション・コミュニティ、アート・コミュニティなどを、ガガのファン層に育てることが必要だ。だからあとになって、ラジオで売り込もうとしたときには、もう何カ月もガガを追っている強力なファン層がいたし、彼らはガガの成功に自分たちも貢献していると感じていた」。

コンテンツ制作者が限定的なリリースを選ぶ理由のほとんどは、幅広い展開に必要な資金が不足しているからだ。商品を広範囲に流通させるために費用がかさむのは、小売店からいろいろな要求があるからだ。たとえば映画業界なら、プロデューサーや配給会社に対して映画公開の前に、マーケティングにある程度の金額をかけるべきだと、映画館主が主張することもある。両者の間で結ばれる契約に、この主張が織り込まれることも多い。出版業界に目を転じてみよう。2人の子どもを抱えるイギリスのワーキングマザー、E・L・ジェイムズが空いた時間に書き上げた、『フィフティ・シェイズ・オブ・グレイ』はメガヒットとなったが、最初の売り出しはきわめて控えめだった[6]。出版社の協力がなかったジェイムズは、2011年5月、初版を電子書籍とオンデマンド印刷のペーパーバックで、ライターズ・コーヒー・ショップというオーストラリアの小さな出版社から出すことにした。それから半年の間に、同じ手法でさらに2作品を出版した。ジェイムズの作品はすぐにブログやSNSで取り上げられ反響を呼んだ。これに目をつけた大手出版社ランダムハウスの幹部は、2012年はじめにジェイムズと契約を結び、三部作の流通とマーケティングに力を入れて、販売を促進することにした。

アーリーアダプターの顧客層をある程度コントロールできることが、限定リリースのもうひとつの強みだ。ほかの地域に先駆けて、高尚な映画がニューヨークやロサンゼルスの高級住宅地区で公開されることが多いのも、偶然ではない。プロデューサーや配給会社は、この地域の観客がこの手の映画を受け入れやすいことを承知している。その人たちの好意的な口コミが市場に広まって、映画の売上げが天井知らずに伸びることを期待しているのだ。インタースコープの会長ジミー・アイオヴィンは、〝火種〟の活用について述べている。あるエンターテインメント商品がある市場の観客に共感を呼んだ場合、その市場に適切な援助を与えれば、さらに長距離を射程に収めた発射台の役割を果たすという考え方だ。たとえばレディー・ガガのデビューアルバムの場合、最初に商品を発表する環境として、カナダとオーストラリアが最も成功の見込みがあるとアイオヴィンたちは考えた。それでアメリカではなく、まずカナダとオーストラリアでアルバムを新規展開したのだ。

ソーシャル・ネットワークと動画投稿サイトは、その性質から、市場に出たばかりの商品やアーティストの評判を盛り上げるためのツールにうってつけだ。その証拠に、こうしたサイトは今や、多くの草の根リリースで重要な役割を果たしている。当然、ガガの場合もそうだった。「デジタル配信をカニバリゼーションの根源とみなす向きもあるが、わが社ではチャンスとみなした」と、カーターは述べた。「ビートルズやマイケル・ジャクソン、マドンナの時代にはフェイスブックもツイッターもなかった。わたしたちはこうした新しいツールを利用していきたいと考えたんだ」。ガガがこの2つを使い始めたのは2008年の3月で、『ジャスト・ダンス』がリリースされる直前だった。カーターとそのチームは50人の人気音楽ブロガーを手配して、ガガにインタビューしてもらった。(7) その結果、この『ジャスト・ダンス』発売後半年にわたり、ようなインタビューだけで、合計１０００万回以上のインプレッション数（訳注：ウェブサイトの広告表示回数のことで、そのサイトに訪問者が来て広告が1回表示されることを1インプレッションという）を得られた。

ガガのチームはさらに新しい手法を採用して、『トランスミッション・ガガビジョン』という2分ほどの動画シリーズを、ガガのユーチューブの公式チャンネルで流し始めた。「4月にさっそくファンになった人たちもいれば、数カ月後にファンになる人たちもいた」と、キャンベルは振り返った。「ガガはビジュアルを重視するアーティストなので、シングルを新たにリリースしなくても、彼女の最新のビジュアルを常に提供する必要があると思ったんだ。そこで、〝ウェビソード〟という、ガガの姿を追ったり舞台裏を覗き見したりできる動画シリーズを公開した。過剰な演出はナシ。それどころか、ほとんどはハンディビデオで撮影された。視聴者がガガと一緒にいるような、親密な印象を生み出すことが目的だった」。アトム・ファクトリーのデジタル・チームは、ツイートからミュージック・ビデオまで、ガガのコンテンツをできるかぎり幅広く供給して、ほかのメディアに取り上げられるように手を尽くした。

ほとんどの限定リリースと同様に、『ジャスト・ダンス』はこのときも成功を収めるまでに時間がかかった。リリースの2カ月後に、ダンスミュージックの主なヒットチャートのオンエアやクラブシーンに登場するようになった(8)。それからさらに2カ月たって、北米のシングル人気チャートであるビルボードヒット１００に初登場した。5カ月後の２００９年1月、この曲はビルボードの1位の座に上り詰めた。チャートのトップに輝くまでの期間が発売後9カ月というのは、ビルボード史上2番目に長い。その頃には、アルバムからリリースされた2枚目のシングル、『ポーカー・フェイス』が、ほぼ同じ方法で市場に売り込みをかけており、『ジャスト・ダンス』のあとからチャートを上っているところだった。

◆戦略を転換するとき――メインストリームリリース戦略を採用

限定リリース戦略にこのようなメリットはあるものの、エンターテインメントの世界においてブロックバスターで勝負に出るときは、〝ワイド〟リリースまたは〝メインストリーム〟リリース戦略を用いるほうが普通だ。図表2-2が示すように、ワイドリリース戦略は、効率性を念頭において定められたわけではない。むしろ、〝ゴチャゴチャしたことは押しのけて〟、できるだけ大勢の観客の注目をただちに獲得することが目標になる。

こうして売り出された商品は、最初からかなりの量が広範囲に流通する一方で、販売促進活動はほとんどリリース時に、正確にはリリースまでの短期間に集中する。すると往々にして、売上高は発売直後に頂点に達して、その後すぐに減少の一途をたどる。出だしで成功をつかむことがカギとなる。そのため、早い時期にそれなりの売上高を達成しないと、新作映画やレコード、その他エンターテインメント商品をいくら華々しく売り出したとしても、失敗に終わる可能性が高い。

ハリウッド・スタジオの看板映画が、この方法で売り出される商品の最たる例といえるだろう。大手スタジオには、まだ売上げがあがらない時点でも広告宣伝やマーケティングに先行投

図表2-2　ワイドリリース戦略

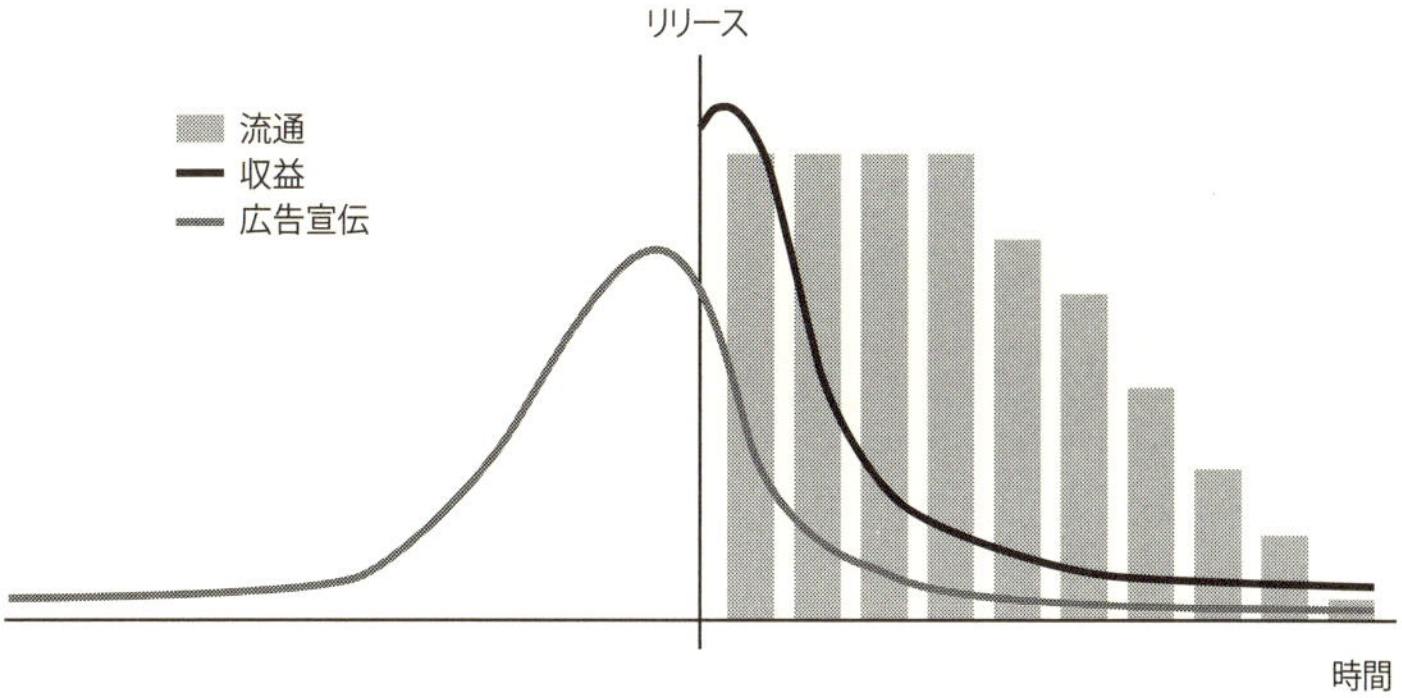

資できるだけの体力がある。映画公開の週末の何カ月も前に――ティーザー予告編も含めるなら、何年も前に――販売促進を開始する。リリースの2カ月前や1カ月半前から、支出はみるみる増える。[9] たとえば、スタジオは映画公開直前の2週間で、マーケティング予算の3分の2をテレビのコマーシャルに投じることもある。しかも、ハリウッドの大作映画は、全米4000を超えるスクリーンで封切られるので、リリース最初の週に最大の興行収入を記録することも多々あるのだ。2011年などは、『ハリー・ポッターと死の秘宝　PART2』や『マーガレット・サッチャー　鉄の女の涙』をはじめとする上位100作品が、全米興行収入90億ドルの30パーセントを、公開最初の週で獲得した。[10]

　カーターとそのチームも機を捉えたと見るや、ワイドリリース戦略でガガの音楽を売り出すことにした。2011年5月にリリースされた『ボーン・ディス・ウェイ』は、アメリカ全土で前代未聞ともいえる2万店舗に出荷された。アルバムは、普通のレコード店だけではなくスターバックスのようなカフェチェーンや、ラジオシャックのような家電販売店、スーパーや、CVSやウォルグリーンのようなドラッグストアにも出荷された。これが可能だったのは、リードタイムを長くしたからだ。これほどの規模で新製品を発売するには何カ月もの準備が必要になる。そこで2010年、カーターとインタースコープの幹部は、ガガにリリース日を延ばすように説得した。「3、4カ月のリードタイムが普通だが、このアルバムに関してはリリースの7カ月前に発表した」と、バーマン。「わたしたちはくさびを打ちたかったんだ」。ガガは最初、この計画にまるで乗り気ではなかった。カーターは当時を振り返った。「そんなに長い間待たなくちゃいけないなんて、と目が腫れるほど泣いていたガガの姿が今でもまぶたに焼きついている」。

ガガは何のためにそんなにつらい思いをさせられたのだろうか。カーターをはじめとするエンターテインメント業界の幹部や経営者のほぼ誰もが、マーケティングに徐々に費用を投じるのではなく、チャンスがあれば広告宣伝や流通に重点的に費用を投じて、大々的に販売を開始しようとするのは、何のためなのだろうか。答えは簡単だ。ほかの条件がすべて同じなら、市場で成功を勝ち取る確率は、限定リリース戦略よりワイドリリース戦略のほうが高くなるからだ。これは、エンターテインメント商品の本質に起因する。[11] 実のところ、ブロックバスター戦略を好む大物メディア制作者を駆り立てるいくつかの特徴に起因する。

第一に、人は勝者が好きだから――ほかの人に選ばれているエンターテインメント商品を消費することを好むから――手ごたえのある出だしは、新商品にとって大きいのだ。メディア商品には、最初の成功がさらなる成功を生み出し、はじめに成功できない場合はまったく成功する見込みがないという傾向がある。[12] アラン・ホーンはこれが映画業界でどのように作用するか、嫌というほど知っている。「映画公開の週末には、必ず結果が判明した」とホーン。「金曜日の晩の11時に電話がかかってきて、その日公開した映画について、『終わりましたよ』といわれた。それでわたしが、『終わったというのはつまり……』と言い終わらないうちに、『いえいえ、単に映画上映を終えたということです！』と相手があわてたことがあった。ときには看板映画について、こういわれたこともあったよ。『おしまいです。1億ドル失いました』」。ディズニーが2億5000万ドルの予算で製作した『ジョン・カーター』は、公開最初の週末、残念ながら3000万ドルの興行収入しかあげられなかった。[13] 公開から2日しかたっていないのに、業界誌が「大失敗作」と書き立て、観客からは見捨てられた。1週間もしないうちに、ディズニーは2億ドルの評価損を計上する見込みだという報告書を発表した。

映画業界では週ごとの売上高を公表する慣習がある。そこでトップに立てば、無料で大々的な宣伝を打つのも同然になる。公開された週末の興行収入は、まだ観ていない映画ファンにとっては映画の品質を示す役割を果たす。顧客（と間違いなく記者）の大半は、その総収入に達するには何館で上映する必要があるとか、広告宣伝にいくら費やされたとかいった些末な事柄には、ほとんど注意を払わない。対照的に、理由のいかんにかかわらず、公開最初の週でつまずいた映画は、ただちに〝落伍者〟の烙印を押される。あっという間に小さなスクリーンに移されるか、完全に打ち切られるかして、出足から観客の注目を集めようとする新作映画に場所を譲るだけだ。

一方、売上高の数字を入手しづらい部門でも、同様のパターンが見られる。出版業界では、新刊が読者に受けなければ、数週間もしないうちに店頭から引き揚げられることが多い。大がかりなマーケティングや著名作家のカリスマ性のおかげで、全国の書店で目立つ場所に本が配置されていても、出足でつまずけばやはり同じ運命をたどる。ブロードウェイでも、客の入りが悪ければ、製作に何百万ドルかかっていようと、わずか数週間で打ち切りになるものだ。あれほどの成功を収めているレディー・ガガでさえ、アルバム『ボーン・ディス・ウェイ』からシングルカットされた、2枚目のシングル『ジューダス』の売上げが振るわなかっとき、同アルバムのリリースに先駆けて、あわてて3枚目のシングルを出した。

社会的影響力は、大衆文化の市場において強い力をもつ。わたしたちは社会的存在なので、ほかの人が聴く音楽と同じ音楽を聴きたがり、同じ本を読みたがり、同じ映画を観たがるものだ。端的にいえば、わたしたちは繰り返し人気商品を選んでいるものなのだ。たとえトップと次席の差がほんのわずかであっても、経済学者が示すように、この傾向は出だし好調な商品に有利に働くことがある。ある商品が発売最初の週に競合商品を押しのけてトップの座に就けば、職場のおしゃべりでも取り上げられるかもしれず、最終的に商品の売れ行き全体に大きな違いをもたらすかもしれないのだ。

商品に目立った品質の違いがなくても、このような力が働いた結果、市場で異なる結果がもたらされることもある。(14) そうなると、好調な出足は運次第ということになってしまう。社会学者のダンカン・ワッツがこれをきちんと証明している。歌の人工市場などで実験を繰り返したワッツと同僚は、歌が受け入れられて市場を占めるようになる過程で、社会的影響が曲の本来の出来と同じぐらい大きな役割を果たすことを発見した。この実験は、多様な社会的影響を測ることを目的としていた。ワッツたちは、被験者を、ほかの被験者がある歌をダウンロードした回数を知ることができる者と、そうでない者に分けた。また、歌の人気順位のリストを見ることができる者と、ランダムに並べられたリストしか見ることができない者とに分けた。あるときでは、ワッツたちは被験者に誤った情報を示した。実際のダウンロードのパターンとは正反対のパターンのリストを、被験者に見せたのだ。すると、〝上位〟の歌はそれほどひどい結果にならなかったし、〝下位〟の歌はそれほど良い結果にもならなかった（順位が逆になりそうなときでも、本当に優れた歌は最終的に上位に戻った）。ほかのどんな状況でもありそうな話だ。

最終的に、エンターテインメント商品の成功は最初にそれを試した少数の人たちの判断に大きな影響を受けやすいということを、ワッツたちは明らかにした。[15] 商品のライフサイクル後期に判断を下す消費者が、その商品の人気度を知ることができる場合、初期の消費者の選択を拡大する。その結果は、ワッツが〝累積的進歩過程〟と呼ぶもので、大衆文化の商品需要の予測がきわめて困難であることを解き明かす一助となる。ワッツによれば、売れている歌でも映画でも本でもアーティストでも、必ずしも〝ほかのものより優れている〟わけではないという。むしろ、人が好むものというのは、他者が好むと考えられているものだ。市場がある時点で〝欲する〟ものは、市場のそれまでの経緯に影響を受ける。

このような力の作用を目の当たりにしたら、新製品の発売直後から競争相手との闘いで優位に立とうと、経営陣はできることなら何でもするはずだ。つまり、ワイドリリース戦略が選ばれるということだ。商品の市場導入直後に、規模を獲得することが不可欠なのだ。たとえば、『ボーン・ディス・ウェイ』の場合、口コミに頼りすぎることはきわめて危険だっただろう。出ばなで観客を引きつけられなければ、アルバムの売上げに深刻な影響を及ぼすおそれがあるからだ。とくにレディー・ガガのように注目を浴びるアーティストの場合、新商品のリリース前にできるだけ多くの聴き手の間で評判を高めることが、実は最も安全な策なのだ。「大々的に売り出すことを選んだのは、わが社にはそれが可能だからだ」と、インタースコープのバーマンは弁を振るった。「あらゆる手を尽くすこと」が、『ボーン・ディス・ウェイ』のキャンペーンに先駆けて掲げたモットーだった。言い換えれば、あらゆる機会を用いて可能なかぎり大々的に売り出すということだ。同様に、映画スタジオのまともな経営幹部ならば、口コミで観客が集まることを願って、2億ドルの映画を数幕のスクリーンで公開するようなことはしないだろう。賢明な幹部なら、アーリーアダプターを獲得する闘いで自社商品が敗北を喫しないように、できるだけ巷の話題を集めて、大々的に売り出すはずだ。

広く流通させて集中的に広告宣伝を行う、いわゆるプッシュ戦略が好まれるのは、エンターテインメント商品のもつ第2の特徴と大いに関係がある。エンターテインメント商品は、体験型の商品なのだ。消費する前に商品の質を確実に評価できないから、消費者がろくに考えもせず目の前に置かれたものを選ぶといっているわけではない。広く流通させてマーケティングすることが、違いを生み出すといっているのだ。「この仕事では、『映画公開の週末は金で買える』といわれる」と、ホーンは語った。「たくさん金をかければ観客は来る。映画が期待外れだとしても、とにかく映画館の席につかせることはできる」。

映画業界の興行収入を予測する最善の方法は上映スクリーンの数だと、度重なる調査から判明している。[16] ジャンル、出演スターや季節、競合作品、広告宣伝などの要因が絡んだ影響を解きほぐすために編み出された最新の統計モデル（その中のいくつかは、著者の研究で開発された）から、ほかの条件が等しければ、流通を強化することが、売上高を伸ばす手段として最も効果的だとわかる。広告宣伝費を増やすこともこれに一役買う。[17] 観客にチケットを買う気を起こさせて直接的に売上げを促進するだけではなく、スクリーンを提供する価値があると映画館主を安心させて、間接的に売上げを促進するからだ。音楽業界では、新曲の売り込みにはラジオ放送が中心で、レコード売上げを予測するうえで、かねてより重要な判断材料となっている。[18] 出版業界でも、現物の書籍を大量に流通させることが、やはり典型的な戦術である。

エンターテインメント商品が体験型であるという事実からも、批評家が重要な役割を果たすことは明白だ。潜在顧客は概して、商品をすでに読んだ、聴いた、観た、もしくは接触したことのある他者の意見を尊重するものだ。商品の品質についてのこうした判断が主観的になることは避けられないので、専門家のお勧めを信用しがちになる。しかし一般消費者の好みもやはり重要だ。フェイスブックやツイッター、オンラインでシェアできるツールなど、草の根リリース戦略に関連するものも、ワイドリリース戦略にやはり重要な意味をもつ。新商品についての情報や意見を世界中に瞬時に広められること、そしてエンターテインメント企業の幹部がそうした評判から恩恵を受けたいと考えること、この2点から、ソーシャル・ネットワークが、大がかりなリリースにますます拍車をかける可能性がある。

エンターテインメント商品の3番目の特徴は、生産は値が張るのに対し、再生産は手頃な値でできるという点だ。アルバムの最初の1枚（いわゆる〝原盤〟）の製作には、何百万ドルとはいわないまでも何十万ドルもかかることがよくある。ところが、ひとたびレコード会社が最初の1枚を制作すれば、その費用のほんの一部の金額で、何枚も生産し流通できる。小売店に卸された現物のレコード1枚につき、せいぜい数ドルしかかからないし、オンラインならそれよりずっと少ない金額ですむ。そのため、ブロックバスターの商品は不相応なほど儲けが出るだけでなく（数多く売れるほど、1枚当たりにかかる生産および流通コストは下がる）、メディア制作者は投資分をすぐにでも回収したがるようになる。彼らのプロジェクトには大金が絡むので、何よりも時間が大切なのだ。[19]

エンターテインメント業界では、ワイドリリースのほうが、メディア制作者も複数の収入手段を考案しやすくなり、限界費用の小さいヒット商品から企業が恩恵を受ける場合もある。スタジオと映画館主との間で交わされる契約は、ワイドリリースを具体的に念頭に置いて作成されたものが多い。興行収入はスライド制で配分される。公開直後は、スタジオのほうが高い（よって映画館主のほうが低い）割合で受け取ることになっている。これは、スタジオが大がかりな作品公開を狙うもうひとつの理由でもある。そのうえ、このような売り出し方は、ジャンルやスター、商品の特徴など、観客の好みが変化したときに、経営幹部を守ることにもなる。大衆文化でもてはやされるものに焦がれる気持ちは、すぐに消え去る。その大半は基本的に〝一時的流行〟または〝流行り〟だからだ。しかも、エンターテインメント商品の中には、とくに廃れやすい、またはタイムリーなものがある。立候補した政治家の本、グラミー賞を受賞したばかりのアーティストの新曲などを考えてみるといい。そのような商品に対しては、あてられるリソースがあれば、経験豊富なエンターテインメント企業幹部なら、何カ月もかける限定的な販促活動よりも、大々的に売り出すほうを選ぶはずだ。[20]

ともあれ、ブロックバスター狙いは一見するとリスクを伴うように思えるが、詳しく検討するとむしろ安全な選択だとわかるように、最初から大々的に売り出す方法もリスクを高めるだけに思えるかもしれないが、やはり賢明な取り組み方なのである。このような売り出し方には莫大な先行投資が必要になるので、小心者には向かない。エンターテインメント企業の幹部は、幅広くリリースすることによって投資に効率よく倍掛けしているのだ。一方で、メインストリーム市場での成功率も高めている。これはもちろん、採算性の面から見ても重要なポイントだ。

レディー・ガガにとって、大がかりな新発売に向けた入念な準備は、間違いなく実を結んだ。カーターとそのチームは、『ボーン・ディス・ウェイ』発売に向けた長い準備期間中、世間の注目を集め、脚光を浴びるイベントを活用した。たとえば、2011年初頭、ガガはグラミー賞授賞式に出席し、『アメリカン・アイドル』や、『サタデー・ナイト・ライブ』のシーズン最終回に出演した。そのうえチーム・ガガは小売店、コアなファン、メディア、その他さまざまなビジネス相手と緊密に協力して、アルバムの前評判を高めようと努め、見込み客がすぐにアルバムを入手できるように万全を期すなど、具体的な努力を重ねた。

2011年にリリースされたアルバムの中で最大の規模と予算をかけて売り出された『ボーン・ディス・ウェイ』は、発売後1週間で110万枚を売り上げた。ニールセン・サウンドスキャン社が1991年にこの種のデータ集計を開始して以来、発売後1週間で100万枚の売上げを記録した、17番目のアルバムとなった。この売上枚数は、アルバムの〝本当の〟人気を公正に反映していないという者もいる。オンライン小売業のアマゾンが、クラウドをベースにした新たな音楽サービスの普及を狙って、このアルバムをわずか99セントで販売し44万枚を売り上げたからだ。(21) しかし、この批判を繰り広げる人たちは、アマゾンがほかの小売業者と同額の卸値を支払い、その損失額を完全に吸収したという事実を見過ごしている。この点からも、レディー・ガガのカリスマ性とアルバムの期待の高さが十分にうかがえる。リリースから1年もたたないうちに、『ボーン・ディス・ウェイ』は200万枚を超える売上げを記録し、アルバム収録曲は1800万枚を売り上げた。(22) チーム・ガガが徐々に広めていくタイプのリリース戦略を選んでいたら、これほどの売上枚数に達したかどうかについては何ともいえない。だが、チームはそんなリスクは冒さなかったし、それが正しい選択であったことは確かだ。

レディー・ガガのアルバムと比べればはるかに小規模だが、クリエイティブ関連商品の多くは、大衆文化の世界に重大な変化をもたらしてきた。その好例が、ニューヨークを拠点とした小さなレーベルのあげた成果である。オクトーン・レコードというレーベルは、音楽会社の中でも精鋭の集まりとして知られ、かぎられたリソースでヒットを生み出す術《すべ》を完成させた。しかもその過程で、ワイドリリース戦略と限定リリース戦略との強みを融合させた〝ハイブリッド〟型の価値を、世間に証明してみせた。

◆――「マルーン5」を売り出したいいとこ取り、ハイブリッド戦略

仕事柄、音楽に対する深い情熱を秘めるジェームズ・ディーナーだったが、世間の思い描く

レコード会社幹部のイメージとはずいぶん異なる。[23] ディーナーは、プライベート・エクイティ分野で一流のビジネスパーソンと交流し、『ハーバード・ビジネス・レビュー』誌を読んで最新の経営理論に通じ、音楽界の大御所クライヴ・デイヴィスと連携して、従来とは異なるヒット創出のモデルを臆せずに試した。コロムビア・レコードでキャリアの第一歩を踏み出し、同社のアーティスト・アンド・レパートリー（A&R）・マーケティング部門の部長まで務めた。[24] その後ディーナーは、音楽の売り出し方の新たな理念を試すべく、2000年にオクトーンを創設した。2007年頃には、最初に契約した2つのバンド――5人組のロックバンド、マルーン5と、オルタナティブ・ロックバンドのフライリーフ――を大当たりさせ、音楽業界関係者からその一挙一動が注視される存在になっていた。当初、複数の大手レーベルから契約を断られたマルーン5は、この頃には商業的成功を収めて批評家からも高い評価を得ていた。2002年のデビューアルバム『ソングス・アバウト・ジェーン』は全世界売上枚数が1000万枚を記録して、グラミー賞の〝最優秀新人賞〟を受賞した。一方、フライリーフのファースト・アルバムは、50万枚以上を売り上げてゴールドディスクを獲得し、100万枚のプラチナディスクを目指す勢いだった。

社長兼CEOのディーナーを筆頭に、デイビッド・ボクセンバウム――前職はプライスウォーターハウスクーパースの戦略コンサルタント。アイビーリーグでMBAを取得――を統括マネージャーに、ベン・バークマンを執行副社長兼プロモーション部門責任者とするオクトーンは、ひとたびアーティストと契約を交わすと決めたら、あらゆる手段を講じてそのアーティストの可能性を最大限に開花させるという信念を奉じていた。たいていの大手レーベルは性急でアーティストをすぐに見放し、顧客を増やすためのリソースもエネルギーも十分にかけていないと、彼らは考えていた。「コロムビア勤務時代、大勢のアーティストと契約したが、彼らはまともなチャンスも与えられなかった」とディーナーは明かした。「それを変えたかったんだ」。

オクトーンは、インディペンデント・レーベルとメジャー・レーベルの両者からベストプラクティスを拝借した、画期的なモデルを導入した。その発想は単純だった。毎年、数人のアーティストにだけ力を注ぐことにしたのだ。まず、インディペンデント・レーベルにならって、もっぱら草の根マーケティング活動を頼りに、徐々にアーティストのファン層を築いていく。しかしそのアーティストがブレイク寸前に達したら、オクトーンはマーケティングと流通をさらに積極的な次の段階に移す。アーティストをこの段階に到達させるために、オクトーンはソニーBMGミュージック・エンターテインメント（現・ソニー・ミュージックエンタテインメント）と、一風変わったジョイント・ベンチャーを結んだ。大手レーベルのソニーBMGミュージック・エンターテインメントは、当時17億5000万ドルの収益をあげ、レコード界でユニバーサル・ミュージック・グループに次ぐ第2位のシェアを誇っていた。ディーナーは、ソニーBMGのクライヴ・デイヴィスとその側近に、このパートナーシップ構想を売り込むことに成功した。ホイットニー・ヒューストンやブルース・スプリングスティーンなどのスーパースターを世に送り出すなど、音楽界で名を馳せたクライヴは、かつてディーナーにコロムビア・レコードを辞めるように説得したこともあった。ディーナーは当時、ソニーBMGのJレコードでA&R・マーケティング部門担当の上席副社長を常勤で務めながら、オクトーンを経営するという、2つの重責を担っていた。

パートナーシップの条件として、オクトーンはアーティストの発掘とプロモーションに関する初期費用を肩代わりすることになっていた。オクトーンのアーティストにかかわる損益は、いわゆるジョイント・ベンチャーへの格上げが発生するまでは、オクトーンにかぎり生じるものとされた。ディーナーによると、アーティストは次の3つの方法で格上げされる。「ひとつ目は、アーティストが7万5000枚のレコードを売り上げた場合、オクトーンはそのアーティストをジョイント・ベンチャーに格上げするよう選出できるものとし、ソニーBMGはこの決定を受け入れるように求められる。2つ目は、アーティストが12万5000枚のレコードを売り上げた場合、ソニーBMGはそのアーティストを格上げするようオクトーンに要求することができる。3つ目は、介入が適切とされるプロジェクトにおいて、自然なタイミングを見計らって両者が合意する」。

アーティストが格上げされる前は、オクトーンが全収入を受け取る一方で、アーティストの前払い金、アルバムのレコーディング、アルバム生産、ツアー、プロモーションや広報などで生じる諸経費、その他手数料などすべてを支払うことになっていた。しかし格上げ後は、流通であれプロモーションであれ販売努力であれ、新たに発生する諸費用すべての責任をソニーBMGが負った。この時点から、ソニーBMGとオクトーンは利益を均等に分割するが、損失に関してはソニーBMGがすべて補填することになる。格上げ後、オクトーンはソニーBMGに対して、依然としてクリエイティブ面、およびマーケティング面の指針を授けることができるが、それをソニーBMGに強制的に実践させるための選択肢はかぎられていた。「格上げに伴うリスクは、1から10までコントロールできなくなることだ」と、ボクセンバウム。「パートナーレーベルで関係を保つのは難しくなるだろう」。

オクトーンの起業に不可欠な存在だったのは、資産運用会社ブラックロックのCEOローレンス・フィンクと、業界最大手のプライベート・エクイティ・ファンドで当時シニアパートナーを務めていたハワード・リプソンだった。ディーナーは1999年にリプソンとフィンクの2人と知り合い、新レコード・レーベルへの出資を依頼した。ウォール街で成功を収めた投資家であり熱心な音楽ファンだった2人は、大勢のプライベート・エクイティの投資家に募って、最初の運転資金として500万ドルを集めた。「その全額を失うこともあり得た」と、フィンクは当時を振り返った。「音楽業界の景気は非常に厳しく、とてつもなく大きな変貌を遂げている最中だ。しかしオクトーンは、そんな傾向を打破できると教えてくれる」。

「インディペンデント・レーベルの多くは、アイデアを実行に移す十分な資金がないか、アイデアを実現させる前に資金が底をついてしまっていた」と、リプソンが付け加えた。「だから、大手レーベルとの経済的な提携に頼らざるを得なくなった。すると、大手レーベルが何もかもコントロールするので、インディペンデントにとっての利点はかぎられてしまう。オクトーンには十分な資本があったので、わたしたちの出番までには時間がある。成功を保証するためにわたしたちができることは何もなかったが、成功できるようにお膳立てはした」。

音楽業界でヒットを飛ばす確率は低い――ほとんどのレコード会社は、新アルバム5、6枚のうち1枚しか投資分を回収できなかった――といわれる中で成功を収めたオクトーンとて、平坦な道を歩んできたわけではなかった。オクトーンにとって3人目のアーティストとなったのは、ジョージアを中心に活動するシンガーソングライターでギタリストのマイケル・トルチャーだった。トルチャーの成功への道のりは険しかった。オクトーンはトルチャーのファースト・アルバム『アイ、アム』に75万ドル以上かけて市場に売り込んだが、10万枚しか売れず、コストを回収できなかった。

規模のメリット・デメリットを利用したオクトーンの戦略

草の根リリース戦略とメインストリームを狙うリリース戦略とを結びつけたハイブリッド型戦略をオクトーンが精力を傾けて追求することは、理に適っているのだろうか。

このハイブリッド型戦略が、常にヒットを生み出そうと奮闘するエンターテインメント業界に対する答えなのだろうか。こうした疑問に答えるには、エンターテインメント市場において、コンテンツ制作者の規模とその商品リリース戦略とが密接に結びついていることに、まず着目すべきだろう。メディア会社の規模が大きいほど、ヒット商品を狙ってマーケティングに力を注ぐ余裕がある。しかし、規模にはデメリットも伴う。よって、このメリットとデメリットの両方から、オクトーン幹部の目的も、彼らの提唱するハイブリッド型が定着するか否かも明らかになる。

中小規模と大規模のコンテンツ制作者では、取り組み方が異なる。[25] 第一に、市場に投入する商品数からして異なる。音楽業界では、大手レーベル、つまりソニーＢＭＧなど業界で力がある組織には、何人もの売れっ子を筆頭に何百人ものアーティストが所属している。アリシア・キーズ、ビヨンセ、ジョン・メイヤー、ブリトニー・スピアーズ、ジャスティン・ティンバーレイクは、オクトーンの経営陣が次の一手を見きわめようとしていた頃に、ソニーBMGに所属していたアーティストだ。一方、弱小の〝インディーズ〟レーベルにはたいてい数人のアーティストしかいない。ひとりのアーティストの成功が、弱小レーベル全体の運命に大きな影響を及ぼす。オクトーンは成功を収めていたとはいえ、トップアーティストのマルーン5を大いに頼りにしていた。何といってもこのスーパースターは、北米だけで年間1000万ドルを超える利益をもたらしてくれたからだ。

第2に、大手は市場の売り込みが不振に終わった場合、早急に商品を取り除くことが多いが（たとえばソニーは売上げが振るわなかったアーティストを年間40人も契約解除することがあるかもしれない）、中小規模のコンテンツ制作者は、比較的長い間にわたり自社商品を支援する傾向がある。大手レーベルは一般的に、実績のない新人アーティストのアルバムに多くの時間を費やさないので、一度だけ強力にアーティストを後押しして、ファンを獲得できるかどうか感触をつかむという戦略をとる。大手レーベルにはふんだんにリソースがあり、ブロックバスターを生み出すアーティストが何人か所属しているので、大振りして空振りに終わってもすませられる余裕があるのだ。一方、莫大な諸経費もかかるため、大手レーベルは性急に成功を手にする必要があるのも確かだ。アーティストが長い時間をかけて小さな勝利をいくつも打ち立てるのを待つという辛抱強さは、持ち合わせていないだろう。とどのつまり、レーベルの商品ラインナップには、順番を待ち構えている〝次のビッグアーティスト〟が絶えることがないからだ。

これとは対照的に、オクトーンのような中小レーベルは、長い時間をかけてアーティストを育成するほうに力を注ぐ。「自社のアーティストの手を離したりはしない」と、ディーナーは表現した。所属アーティストが少ないので、オクトーンにはそれが可能であると同時に、そうせざるを得ない面もある。オクトーンは、大手レーベルと比べてアーティストに長い時間をかけることが確かに可能だ。ボクセンバウムによれば、同社は諸経費がそれほどかからず――2007年、社員数はわずか10名だった――四半期報告書のプレッシャーもないので、各プロジェクトの育成にあてる時間が取れるのだという。とはいえ、提唱するハイブリッド型モデルの効力を示すためにも、やはりそれぞれのアーティストを成功に導く必要があることも確かだ。新曲がひとつでも失敗に終わった場合、あてにできるコンテンツにはかぎりがあるからだ。「新曲が売れるように強力に推進するしかない立場に置かれている」と、ボクセンバウムは指摘した。

こうした違いは、コンテンツ制作者が自社商品を発表する際の方法に影響を与える。大手レーベルの豊富な品揃えと短期集中作戦は、強力な流通とマーケティング力に基づいた、メインストリームを対象にするリリース方法に適している。大手はたいてい、アルバム発売の前後に、ラジオやミュージック・ビデオ、その他の形態の広告宣伝、大型レコード店や量販店での売り場の確保など、周到な販促キャンペーンを繰り広げる。レディー・ガガの『ボーン・ディス・ウェイ』のキャンペーンは、まさにそうだった。これに対して中小レーベルは、もっぱら草の根マーケティングの手法に頼る。たとえば、そのアーティストを支援したいと名乗りをあげたファンによる〝街頭チーム〟（インターネットやコンサートで募ることが多い）、ソーシャルネットワーキングの活用、（ボクセンバウムによれば「在庫にしておくだけではなく実際にレコードを売り上げる」）小型レコード店での販売、アーティストのサウンドを磨きファンの注目度を測るためにツアーであちこち回る、などの方法があげられる。こうした手法は、アーティストと音楽を徐々に売り出す方法と矛盾しないので、ファンと深い絆を育むオクトーンの姿勢ともしっくりくる。レディー・ガガが当初ファンとの関係を築き上げたときが、まさにそうだった。

ディーナーも規模のメリットを理解している。「大手レーベルは基本的に、大量取引のビジネスを展開する。メインストリームの販売店を通してアーティストを後押しするリソースがあるし、販売にひとたび弾みがつけば、規模の経済を獲得する力もある。ここ最近、販売されているレコードの多くが、大手レーベルによって供給されているのには理由がある。大半のインディペンデント・レーベルには潤沢な資金がないし、そうしたレーベルの所有者や経営者には、大手レーベルのもつ専門知識がないからだ」。

だがディーナーは、たとえ当初は利益を見込めなくても、実は中小レーベルのほうが、芸術的に有望なアーティストを育て上げられることも承知している。「こうしたレーベルは、特殊なアーティストの育成やマーケティング戦略に優れている。長い期間かかることも多いのだが、爆発的ヒットを生んだアーティストをたくさん輩出してきた」。ディーナーは、既存のジャンルをまたいだ音楽やメインストリームの型にはまらない音楽は、たいてい中小レーベルから生まれると指摘した。中小レーベルは、革新的なものを生み出すには好位置につけているのかもしれない。あるいは、なじみのある言葉を用いるなら、過去に売れたアーティストと似たアーティストに多額の費用をかけるという、ブロックバスター・トラップに陥りにくいのかもしれない。それを物語るように、過去にチャートを独占したアーティストと比べてサウンドも外見もかなり異色のアデルは、やはりインディーズ・レーベルのXLレコーディングスにより育てられた。アデルの大成功を真似たいと目論むレコード会社があれば、〝次のアデル〟になれるかもしれないアーティストに大金をつぎ込みたくなるところだ。

ならば、大手と中小のコンテンツ制作者の間で適切なパートナーシップを構築すれば、双方の長所を結びつけられるはずだ。つまり、革新的なものを生み出す中小の力と、そうした商品を大衆に売り込む大手の力のことだ。オクトーンのような中小企業にとって、ソニーBMGのような巨大企業の流通とマーケティングの圧倒的な力は、かなりのメリットをもたらす。ディーナーがいうように、「アーティストがブレイク寸前のときに最後の一押しをするためには、大手レーベルのマーケティング力にかなうものはない」。ボクセンバウムもこれにうなずいた。「大手レーベルと関係をもたないインディペンデント・レーベルは、市場でぽつねんと活動して、アルバムが急に売れ始めると慌てふためき、その後の活動を次の段階に進められないがために、身動きが取れなくなる」。

オクトーンのジョイント・ベンチャーがこうした問題を解決する。ウォルマートやターゲットのように、実績のないアーティストの曲を売るようなリスクを冒さない小売りチェーン店の売り場を確保できるようになるし、人気のあるラジオ局やミュージック・ビデオ番組などで、アーティストの曲を流す機会も増やせる。この種のマーケティング活動は、大手レーベルにとってはありふれたものだ。ソニーBMGのマーケティング力を借りるために、利益を折半するという大きな負担を伴うが、オクトーンとしては、折半した利益をいずれ補うほどの売上げの伸びを当て込んでいる。

どうやらこれが、マルーン5の身に起こったことのようだ。カテゴリーがあいまいなこのバンドは、2001年にオクトーンと5枚のアルバム制作の契約を交わし、同年のうちにレコーディングに取りかかった。その結果生まれたのが『ソングス・アバウト・ジェーン』だ。ポップなリズム、正統派ソウルのメロディ、情熱的なギター、基盤となるパワフルなロック、それにリードボーカルのアダム・レヴィーンの豊かな表現力などが特色だ。アルバムは2002年の2月に完成し、その夏にリリースされた。ところが、ラジオで曲が流れて売上げが伸びて……と、トントン拍子には進まなかった。この状況を打破するために、その夏の終わり頃、オクトーンはいわば出前ツアーのようなものを企画し、ラジオの番組編成担当者やレコード小売店の地域担当マネージャーを招待してパフォーマンスを披露したり、ディスカウントやマーケティング支援を得られる小売店をたくさん探し出したり、ツアーの予定を組むなどした。このツアーは、最終的に3年という異例の長さで続き、ときにはほかの人気バンドの前座も務めたという。「彼らは地上戦を戦った」とオクトーンのある幹部は評した。この戦略は功を奏した。2003年の春、マルーン5は、ジョイント・ベンチャーの格上げの要件を満たすことができたのだ。

このときから、ソニーBMGが乗り出して、バンドのプロモーションや販売、マーケティング活動まですべての資金を提供し、メインストリームのレコード店やラジオ局、コンサート会場などをあてがうようになった。これ以降、アルバムの売上げは急激に伸びた。マーケティングの後押しにより、アルバムは国内外のヒットチャートを駆け上った。2004年12月に売上げが最高潮に達したときには、『ソングス・アバウト・ジェーン』はわずか1週間で10万枚以上売れた。このアルバムからリリースされたシングル、『ディス・ラブ』と『シー・ウィル・ビィ・ラヴド』なども2004年の10週にわたってトップの座を守った。最終的にこのアルバムは、アメリカでクワドラプル・プラチナディスク（訳注：枚数がプラチナディスク〈100万枚〉の4倍に達したということ）を獲得し、世界35カ国以上でゴールドかプラチナディスクを受賞した。

オクトーンだけではなく、ソニーBMGもパートナーシップから恩恵を受けた。このパートナーシップにより、まず双方のリスクが低下した。「格上げの前にオクトーンがかける費用は、プロジェクトの中でも一番リスクが小さい」と、ディーナーは明かした。「格上げ時にソニーBMGがかける費用は、音楽ビジネスで一番確実に回収できるものだ」。アーティストが駆け出しの頃、その音楽が市場でどのような反応を受けるか予測することは難しい。ソニーBMGが関与する頃には、アーティストにレコードを売る力があることはすでに証明されている。レーベルの幹部にとってもそれまでの市場のフィードバックは信用できるので、そのアーティストに対する投資は、実績のない新人アーティストに対する投資よりも安全だとわかる。リスクを減らす要素は、売上実績だけではなく、すでに熱心なファン層がいることや知名度があること、メディア対応に慣れていることなども含まれる。「格上げの頃には、ソニーBMGは安心感を抱くことができる。アーティストはもう200回も写真撮影やインタビューをこなしているわけだし、自分たちのストーリーをマスコミにどんなふうに語ったらいいかも心得ている。また、パフォーマーとしてもかなりの腕を磨いており、大きなコンサートホールでもクラブみたいな親密な空間でも、どうやって観客と結びつくのかわかっている」と、ボクセンバウムは語った。

これは、ソニーBMGにとって割に合うのだろうか。大手レーベルなら、独立事業部をひとつ、2つ立ち上げてオクトーンのような機能をもたせ、そこで少数のアーティストに責任を負えばいいのではないだろうか。そうすれば、格上げしたアーティストのもたらす利益を折半せずにすむのでは？ それも確かにひとつの可能性ではある。しかし、大手レーベルと中小レーベルの企業文化を完全に融合させることなどは難易度が高いだろうし、このような〝R&D〟事業部のコスト管理は、慎重を要する。ソニーBMGがアーティストの開拓と育成に高い成功率を誇るというのでなければ、この戦略は功を奏しないだろう。オクトーンのような企業とパートナーシップを結ぶことで、ソニーBMGは開発やマーケティングにかける投資をさらに厳しく管理できるようになる。オクトーンがアーティストに力を注ぐおかげで、ソニーBMGは自らの闘いに集中できるのだ。

オクトーンが大手レーベルに対して確立したモデルの価値は、2007年はじめに明らかになった。ユニバーサル・ミュージック・グループのジミー・アイオヴィンが、このジョイント・ベンチャーに占めるソニーBMGの持ち分を買い取り、オクトーンをユニバーサルに引き入れたいと申し出たのだ。この提案によると、オクトーンの価値はおよそ7000万ドルと定められた。ディーナーのチームはこれを受け入れて、A&Mオクトーンと名称を変更し、ユニバーサル傘下のレーベルとして再出発した。

ディーナーらは、自分たちが一番実力を発揮できる活動に引き続き専念した。つまり、所属する新人アーティストの音楽に耳を傾けてくれるファンの開拓だ。ユニバーサルとのパートナーシップのおかげで、A&Mオクトーンの幹部は、金の卵を見つけたらすぐに大きく育てられると意を強くすることができた。

コラム❸ 日本の音楽業界におけるハイブリッド戦略

鳩山玲人

日本の音楽業界でも、メガヒットをつくる際に、同様なブロックバスターの売り出し方、管理の仕方をしているケースがある。

たとえば、レディー・ガガのような大きなブロックバスター流マーケティングで打ち出す方法は、ジャニーズ事務所のそれにたとえられる。嵐やSMAPといったグループがコンサートツアーを重ねファンとのコミュニケーションを密にするとともに、CDの発売に合わせてメディア（ドラマのタイアップやCM）を利用した露出の最大化を行い、一気にヒットに持ち込む。

また、オクトーン・レコードのようなハイブリッド型の事例は、日本の音楽業界においては、EXILEやAKB48の芸能事務所とレコード会社が分離したモデルにたとえられる。

LDHは、独立した事務所としてEXILEをはじめとするアーティストを独自性をもって育てながらも、エイベックスというレコード会社と提携することでCD流通やコンサートをはじめとするビジネスの最大化を行うことができている。

　一方、AKB48は、複数の芸能事務所からタレントを寄せ集めてグループを構成し、デビュー時から秋葉原の劇場で地道に草の根運動を続けつつ、火がつき始めると、CD販売、ライブツアー等の活動を大手レコード会社と組んでプロジェクト規模を大型化させ、人気を拡大、持続させている。

第3章 スーパースターに投資する【スポーツ業界】

Investing in Superstars

SUMMARY

スーパースターへの多額の報酬は妥当なのか

鳩山玲人

この章では、ブロックバスター戦略が映画や音楽だけでなく、スポーツ業界においても有効であることを説明している。スポーツ業界におけるスター選手獲得戦略の優位性が、エンターテインメント業界におけるブロックバスター戦略と似て、〝ひとり勝ち戦略〟として成功している現状を解き明かす。

スペインのレアル・マドリードのようなサッカークラブは、一流のスター選手を集め、世界一の高収入をあげるサッカークラブになっていく。サッカーの〝ショービジネス〟の側面を際立たせるという革新的構造で、効果をあげているクラブがある。まさに、映画でいうと、トム・クルーズやレオナルド・ディカプリオが主演しているということで映画館に足を運ぶのと同じ仕組みを、サッカー事業で再現している。また、ここではスター選手がスタジアム収益、テレビ放映権、スポンサーシップ、マーチャンダイジング、その他マーケティング収入を劇的に伸ばしてくれるので、「できあがった旬の選手を高額で獲得するモデル」がクラブの勝敗と関係なく、費用対効果が取れることを証明している。

また、アルゼンチンのボカ・ジュニアーズはその仕組みを利用した逆のモデルで、「ユース時代から、地道に長い時間をかけて、世界クラスのスター選手を育成し、欧州等資金潤沢なクラブに選手を高額で売却するモデル」を築いている。

レアル・マドリードの〝銀河系軍団〟戦略は有効か

2009年6月、スペインの有名なサッカークラブ、レアル・マドリード会長フロレンティーノ・ペレスはついに宿願を果たした。(1)ペレスが求めていた、世界最優秀選手とされるクリスティアーノ・ロナウドにとっても、それは同じだった。ペレスの〝夢見た一手〟を完了させるために、(2)レアル・マドリードは1億2500万ドルという、当時史上最高の移籍金をマンチェスター・ユナイテッドに支払って24歳のロナウドを獲得したのだ。(3)そして、噂通りに、年俸1000万ドルを超える報酬をロナウドに約束した。同月の初旬、レアル・マドリードはブラジル出身のミッドフィルダー、カカを、ロナウドの移籍金は下回るものの、9200万ドルというやはり仰天するような移籍金でACミランから獲得していた。だが、マンチェスター・ユナイテッド時代に出場した300近い試合で、100得点を上回るシュートを決めたロナウドこそ、ペレスが長い間一番欲しがっていた選手だった。

ロナウドの入団は多くの点で、ペレスが〝銀河系軍団〟戦略と名づけた、世界屈指のスター選手をクラブに引き入れようとする戦略への回帰を示すものだった。この銀河系軍団主義が頂点に達したのは、世界中に名の知れた28歳のデイビッド・ベッカムが、すでにスター選手であふれていたチームに加わったときだった。当時チームには、ブラジル出身のロベルト・カルロスやロナウド・ルイス・ナザリオ・ジ・リマ（通常、単にロナウドと呼ばれる。ポルトガルのクリスティアーノ・ロナウドと混同しないように)、フランスのジネディーヌ・ジダン、ポルトガルのルイス・フィーゴ、スペインのフォワード選手ラウル、同じくスペイン出身のゴールキーパーのイケル・カシージャスなどが在籍していた。ベッカムの入団会見には、１０００人以上の報道陣が押し寄せた。現地時間の午後11時に会見が開かれたのは、ベッカムの人気がとくに高かったアジア地域の夜のニュース放送に合わせたからだ(イギリス大衆紙『サン』は、ベッカムの移籍に動揺したイギリスのファンのために、ヘルプラインを設けた)[4]。スター重視戦略はクラブの思想に深く浸透していたので、レアル・マドリードの幹部はプレゼンテーションで、その年にクラブが獲得したスターの名前にちなんで各シーズンを呼んでいたという。たとえば、２００1年がジダン、２００2年がロナウド、２００3年がベッカムという具合に。

ペレスの手法によって、思いもよらぬ多額の収入がフィールドの外でももたらされるようになり、レアル・マドリードは毎年目覚ましい成長を続けて、世界一の高収入をあげるサッカークラブになった。同クラブは１９０2年に設立され、１９２0年にスペイン国王から〝王の《ロイヤル》〟(スペイン語で〝レアル〟)という名を授けられた。ホームのベルナベウ・スタジアムの試合には毎回8万人もの熱狂的サポーターがつめかけ、世界中に1億人のファンがいると見積もられていた。レアル・マドリードが世界にその名をとどろかせたのは、１９５0年代にヨーロッピアン・カップ(訳注:UEFAチャンピオンズ・リーグのかつての通称)で、初の5連覇を果たしたときだった。しかしクラブは１９７0年代に下り坂になり、20年間も不振が続いた。２００0年、クラブの会長に立候補したペレスは、スーパースターのフィーゴを宿敵FCバルセロナから引き抜くことを公約に掲げた(レアル・マドリードはクラブ会員が所有権をもち、会長は4年ごとにクラブ会員によって選出される)。会長職当選後、ペレスは公約を守っただけではなく、専門の経営者チームと協力してクラブの危うい財政状況を立て直し、世界中にそのブランドを広めた。ペレスの就任2シーズン目に、レアル・マドリードはサッカークラブにとって最も権威ある国際大会のUEFAチャンピオンズ・リーグで優勝した。ところが、翌シーズン以降の成績は、大きな期待を完全に裏切る結果に終わった。

3シーズン連続の無冠という前代未聞の成績に終わったクラブは、2006-2007のシーズンに会長に就任したラモン・カルデロンのもとで、銀河系軍団戦略の規模を縮小した。「マスコミ対応がうまい選手は必ずしも必要ではない。チームに貢献する選手が必要だ」。カルデロンは当時、銀河系軍団戦略に対して、とくにベッカムに対してあからさまな嫌味を込めて、著者のインタビューに答えた。「スター選手を特別視せずに、チーム全体を重要視する」。インタビューに答えたもうひとりのクラブ幹部もカルデロンに同意した。「あのモデルは最初とてもうまくいっていた。レアル・マドリードは国際サッカーのスタンダードになった。しかし、競技面では苦労することになった」。カルデロンの側近は、次のようにひときわ鋭い分析をしてみせた。「サッカークラブ運営の極意は、ビジネスとスポーツの間のバランスのとり方にある。フロレンティーノ・ペレスの時代は、マーケティングばかり重視して、スポーツのほうを十分に注視しなかった。ペレスの掲げた、才能豊かなトップ選手を集めサッカーの〝ショービジネス〟の側面を際立たせるという構想は、とても革新的だった。実に見応えのあるショーになった。けれども、チームの管理はとてつもなく難しかった。スター選手のオンパレードは、こちらの手に余る事態を生み出した。強烈な自負心、スター選手に対して果たすべきクラブ側の義務、脚光を浴びることができない選手の心に生まれる嫉妬。だから今は、バランスを保つように努めている」。

ところが、カルデロンはこの〝脱・銀河系軍団〟戦略を最後までやり遂げることができなかった。予算案可決投票で不正操作を行ったかどで、2009年に辞職に追い込まれたのだ。数カ月もしないうちに、ペレスが会長に返り咲いた。しかも、復帰後にはじめて放った最強の一手、クリスティアーノ・ロナウドの獲得とともに、銀河系軍団主義も華々しく戻ってきた。会長に復職して2度目のチャンスを手に入れたペレスに対して、今や敵も味方も思うところは同じだった――ペレスが世界のスーパースター選手に行った投資は、スター獲得競争が激化している昨今、フィールドの内外で今後も効果をあげることができるのだろうか。

◆――スーパースターに富が集中する

ここで一番重要な問題――「一流の人材に賭けることは理に適っているのか」――は、多岐にわたるエンターテインメント企業の運営方法の核心に触れる問題であり、企業のブロックバスター戦略を考えるうえで不可欠な問題である。確かに、プロのサッカークラブは一般企業とはかけ離れている。会員がクラブを所有し、会員が選出した会長が率いるレアル・マドリードのようなクラブなら、なおさらそうだ。だからといって、人材の採用と管理に際してサッカークラブが直面する課題と、その他エンターテインメント企業が直面する課題がまったく異なるわけではない。それどころか、サッカークラブから、とくに自由市場の原理を妨げる規制が比較的少ないヨーロッパのクラブチームからは、効果的な人材管理の戦略をふんだんに学べる（アメリカのサッカー、バスケットボール、アメリカンフットボール、野球のプロチームの場合は、十分な競争力をつけられるように、成績不振チームに富と才能を再分配することになっている）。ヨーロッパのサッカークラブは市場経済によって営まれる。それは、その他エンターテインメント業界の企業に影響を及ぼす経済と同じ種類のものだ。ヨーロッパのトップリーグのクラブでさえ、財政状況や名声は各クラブによって大きく異なる。よって、スーパースター選手を獲得できる力があるかどうかも、各クラブによって大きく異なる。

レアル・マドリードは、今やあらゆるスポーツの中で世界最大のプロチームであり、スーパースター獲得戦略にチームの命運を賭してきた。その手法は、一流の人材に多額を投資する映画スタジオやテレビ放送網、その他メディア事業に近い。実をいうと、そうしたメディア事業に実際に触発されたのだ。「自分たちをコンテンツ制作者とみなすようになった[5]」と、ある幹部はペレスの最初の任期を思い起こしていった。もうひとりの幹部は、映画事業と直接比較しながら言い添えた。「選手と試合――それがコンテンツにあたる。わたしたちが売ろうとする〝映画〟の主演が、たとえばトム・クルーズだったら、価値は上がる」。コンテンツ活用の成功モデルを理解しようとして、ディズニーの映画スタジオがいかにして大ヒット作品を市場に送り出したのか、クラブの幹部たちは詳しく調べた。「レアル・マドリードを変身させるために、専門家の慣行に逆らいもした」と、ペレスの側近が明かした。「サッカーは100年以上続いているから、ゲームのルールを変えるにはしばらく時間がかかるんだよ」。

ペレスの手法に含まれる英知を評価するには、レアル・マドリードのようなコンテンツ制作者が、クリエイティブな人材を求めて競い合う市場に見られる重要な特徴を[6]、まず把握する必要がある。ひとつ目の特徴として、その分野で頂点をきわめたごくわずかなパフォーマーやクリエイティブ人材（プロのスポーツ選手、一流の映画スター、ベストセラー作家、グラミー賞受賞の人気歌手など）が桁違いの高報酬を得るのに対して、同じ分野で同じ仕事をするその他大勢の人たちは、生計を立てるのがやっとだという点があげられる。この世界の〝もつ者〟と〝もたざる者〟の違いには、愕然とさせられる。1000万ドルを超えるクリスティアーノ・ロナウドの年俸は、まさにその好例だ。ハリウッドの報酬も、格差をくっきりと浮き彫りにする。映画『ケーブルガイ』で異常に熱心なケーブル修理工を演じたジム・キャリーが、1995年に俳優としてはじめて2000万ドルのギャラを要求した話はよく知られている[7]。トム・クルーズは、『ミッション：インポッシブル』で7000万ドル以上――興行収入総額の22パーセント――を、その続編では9200万ドル以上を稼いだといわれている[8]。映画俳優がほぼ全員加入する映画俳優組合の大半は、こんなに幸運ではない[9]。組合員の3分の2は、年収が1000ドルにも満たない（この金額は間違いではない。本当に年収なのだ）。

エンターテイナーやアスリート、その他のクリエイティブな仕事に従事する人たちが所属するチーム内でも、くっきりと差が際立つこともある。ベッカムが2007年にレアル・マドリードを退団してロサンゼルス・ギャラクシーに入団した際[10]、週当たり10万ドル（ボーナスは含まれない）の報酬を保証するという契約を結んだ。これに対して、年俸2万ドルに満たないチームメイトもいた。選ばれたわずかなスターは、ほかの収入源のおかげでさらに有利になる。

たとえば、サッカーやバスケットボール、テニスなどスポーツの世界では、CM出演依頼は頂点をきわめたごく少数のプレーヤーに集中する。

2つ目の特徴は、スーパースターの収入は通常、絶対的基準というより相対的パフォーマンスで決まるという点だ。つまり、同じ分野のほかの人たちと比べてどうなのか、ということだ。この特徴は、おそらくスポーツの世界で最も顕著だろう。誰もが認める優れたテニス選手、ラファエル・ナダルを取り上げてみよう。ロジャー・フェデラーは、ナダルが世界ランキング1位の座を獲得するのを何年も阻んだ。もしフェデラーがいなかったら、ナダルはさらに何百万ドルもの賞金とCM出演料を獲得できたかもしれない。問題は、ナダルのテニスの質ではなく、フェデラーのパフォーマンスと比べたときの（近年は、ノバク・ジョコビッチのパフォーマンスと比べたときの）ナダルのパフォーマンスの質だった。

なぜ、「ひとり勝ちの市場」が出現するのか

このような特徴をもつ市場のことを、経済学者のロバート・フランクとフィリップ・クックは〝ひとり勝ちの市場〟と名づけて、世に知られるようになった。しかし2人が著書で述べているように、〝頂上付近にいる者が不相応に大きな取り分を獲得する市場〟といったほうが、この状況を表すにはふさわしいかもしれない。このような市場では、頂上にいるごく少数の人たち、つまりスーパースターの労力[11]が、生産物の価値を動かす要因となる。ペレスのような経営

陣は、ひとり勝ちの構造を身をもって知っている。クリスティアーノ・ロナウド級のスターを引きつけるには、かなりの額を支払う必要があるからだ。それでも疑問は残る。クリエイティブな人材がひしめく世界で、ひとり勝ちの市場が生まれて存続するのはどうしてなのだろうか。スポーツでもショービジネスでも、大きなチャンスをつかめるならただ働き同然でもいいという人たちが果てしなく列をなしているというのに。ソロ歌手や作家、画家のように、一個人が作品に対して責任のある場合はもちろんのこと、クリエイティブな仕事に従事する人たちが一丸となって、サッカーの試合や映画などひとつのエンターテインメントをつくり出す場合[12]でも、ロナウドのようなスポーツ選手やトム・クルーズのような俳優に何億ドルもの報酬を出そうとするのは、どうしてなのだろうか[13]。

まずひとつ目の（それに明々白々な）見解として、商品がたとえチームでつくるものだとしても、創造性あふれるひとりの人物が商品の成功に多大な影響力をもつという点があげられる。ロナウドは、アマチュア選手が、それどころかプロ選手でも夢見てやまないプレイを生み出せる。俊敏で巧みな技をもち、あり得ない位置からゴールを決める才能は世界屈指だ。ロナウドはそのアシストとゴールにより、レアル・マドリードにとってかけがえのない価値をもつ存在となっている。ロナウドのプレイは試合で勝利を呼び込むことも多い。とくにUEFAチャンピオンズ・リーグなどで勝利すれば、クラブはかなりの賞金も獲得できる。しかし、純然たる才能だけが、ロナウドがチームにとって大きな価値をもつ理由ではない。創造性あふれるひとりの人材が成功に及ぼす影響は、なかなか立証しづらい。スポーツ以外の世界では、とくにそれが当てはまる。たとえば、トム・クルーズに、マーク・ウォールバーグに、チャニング・テイタムに匹敵する演技ができる俳優がいないとは、断言できないだろう。

この点から、トップを占める少数精鋭が高報酬を得る2つ目の理由がわかる。彼らは、マーケターがいう〝製品属性〟になるのだ。現代の大スターの多くは、彼ら自身がブランドであり、消費者の意思決定過程において、決定要因の役割を果たすことが多い。ある俳優が、ミュージシャンが、スポーツ選手が関与しているというだけで、消費者の注目や購入の選択に影響を与えることになる。ロナウドがピッチでボールをとらえて駆けめぐれば何かが起こるはず——と、そのプレイは大衆の間に彼を見たいという気持ちを起こさせる。それが、クラブのチケット売上げにも、広告主の注目にもつながる。同じように、トム・クルーズの人気絶頂時に、大勢のファンが彼の映画というだけで押しかけたのは、彼の主演映画なら面白いに違いないと期待したからだ。また消費者がスーパースターのかかわるブランドすべてのファンになることもある。ロサンゼルス・ギャラクシーがデイビッド・ベッカムに破格の好条件で入団契約を申し入れたとき、クラブの経営陣はベッカムの入団によって、チームに注目や新規ファンを集めたい、ユニフォームやその他ブランド名の入った商品の販売を増やしたいと望んだだけではなかったはずだ。北米のメジャー・リーグ・サッカーの全体的な注目度も上げたいと望んでいたはずだ。創造的な逸材は商品をつくり上げるだけではない。多くの点からいって、彼ら自身がまさしく商品なのだ。

ごく少数のプロアスリートやミュージシャン、映画スター、その他パフォーマーの名前を知っているだけで、多くの消費者はすっかり満足するものだ。消費者は普通、洗剤でも飲料でも歯磨き粉でも、消費財のごく少数のブランド名しか覚えるつもりはない。ちょうどそれと同じことだ。筋金入りのファンにとっては信じがたいかもしれないが、ほとんどの消費者は、トップスター以外の者に向けるエネルギーも時間も持ち合わせていないだけなのだ。そのうえ、人は勝者に引かれるものだから[14]、最高の（あるいは単に一番目立つ）パフォーマーが事実上、チームメイトやライバルよりも優位に立つことになる。

ひとり勝ちによる影響がとくにエンターテインメント市場で顕著なのは、引く手あまたのクリエイティブな人材のパフォーマンスも、少額で再生可能だからだ。書籍や映画、ビデオ、テレビ、レコードなどのメディアにより、消費者は創造的な活動をこなす世界有数の人たちに簡単に触れることができる。このデジタル時代、最高のパフォーマーは文字通り世界中のどこにでも同時に存在しうるのだ。たとえばスーパースターのジェイ・Zのレコードの生産や配信費用は、多くの人にとっては価値の低い無名のラッパーのレコードにかかる費用とそう変わらないのだから、トップクラスの人材による市場の支配は避けられない。ならば、エンターテインメント業界の大スターが交渉の席で大きな力を行使したとしても、何ら不思議はない。

エンターテインメント企業が現在味わっている苦悩は、ある程度自業自得だといえる。映画の配役やミュージシャンとのレコーディング契約、アスリートとのスポンサー契約などの人材採用に責任を負う者は、たとえ仕事に必要ないとわかっていても、一流のパフォーマーを採用して安全策を取りたくなるものだ。間違いを犯すことをおそれて、彼らは〝名前〟を雇う。そうした人たちを非難するのは難しい。世界に名だたるサッカークラブの経営者が、才能ある期待の新人ではなく実績あるスター選手を入団させたからといって、あるいは配役担当者が、あまり名の知られていない俳優ではなく、華々しい活躍をしてきた一流の俳優を製作費1億ドルの映画に起用したからといって、彼らを責められるだろうか。たとえ無名の俳優を起用して出演料を低く抑えることができても、失敗の不安が常につきまとう。映画の興行成績がつまずけば、〝最高の人材を雇わなかった〟人物が、結局は非難を受けることになる。たとえ不振の原因が終了直前に決められたゴールのような不運のせいであっても、負けが込んだシーズンを終えて、サッカークラブの会長が「来シーズンも、今シーズンとまったく同じチームで戦う」と宣言するには、勇気がいる。多くの経営陣は、何か行動を起こさなくてはいけないと感じる。そこで自然と、名のあるスターや実績ある勝者を当て込むという行動に及ぶのだ。

スター人気への依存は、業界で商品のマーケティングをしている人たちにも見られる(15)。彼らも、スターの存在に振り回される。たとえばウィル・スミスやレオナルド・ディカプリオの主演映画を、公開初日に多くのスクリーンで上映してもらうように映画館主に売り込むことは、無名俳優の映画を売り込む場合より容易だとスタジオは感じるだろう。上映スクリーンの数は興行収入を押し上げる大きな要因になるので、映画館主側の反応は、ウィル・スミスやディカプリオが間違いなく客を呼べる俳優だという見方を強めることにもなる。同様に、広告主がベッカムをもてはやす――衣料小売りのH&Mは、2012年のスーパーボウル中継のCMで、下着とタトゥーだけを身にまとった姿で登場させた――おかげで、ベッカムは絶え間なく脚光を浴びることができるし、彼のブランドは強化されて、CM出演料もアップする。パフォーマーの私生活さえ一役買う。そもそもイギリスでは、元スパイス・ガールズのメンバーとの関係が大きく取り沙汰されたために、サッカーファン以外の間でもベッカムの名前が広く知られるようになった。ほかの一流サッカー選手と比べて、当初は少しだけ有利に働いたこの種の出来事が、やがて高禄を食《は》める、ベッカムブランドを中心としたキャリアの構築につながっていった。パフォーマーは往々にして、世間の注目を浴びるほど、ますますスターになっていくのだ。

ひとり勝ちの市場が現れる理由は、熱烈な音楽ファンでも本の読者でも、大勢の買い手が、あるパフォーマーのサービスをほかのパフォーマーのサービスより少し高値で買う（または少し注意を傾ける）ことも厭わないからだ。けれども、トップパフォーマーに報酬が集中する場合は、ある特定の勝者に格別に興味を抱く、少数の裕福な買い手が拍車をかけていることもある。(16) 彼らの影響により、パフォーマーの報酬はたちまち、その分野でも最高額に押し上げられる。潤沢な資金をもつヨーロッパのサッカークラブの会長が、まさにこの例に当てはまる。あるスター選手を獲得するとファンに約束したりすれば、結果として選手の移籍金はきわめて高額になる。会長に選出されたら、フィーゴをレアル・マドリードに移籍させると公約に掲げたペレスは、フィーゴが当時所属していたFCバルセロナに、移籍金を吊り上げる正当性を与えたのも同然だった。

クリエイティブなコンテンツに投資してブロックバスター狙う場合と同じ力が、やはりスーパースターへの投資を促しているのは明らかだ。エンターテインメント企業の経営陣にとって、トップクラスの人材への依存を控えることは、多くの理由から難しい。それに、信じられない妙技を披露できるとか、耳目を集められるということが誰の目にも明らかになるほど、そうした人物を採用したいと思う人たちは、売れそうな原稿をめぐる争いと同種の争奪戦に巻き込まれることになる。このような現象は、やがてひときわ顕著になるだろう。

商品がさらに広範囲にリリースされ、映画やテレビ、その他メディアの海外市場が成長していることから、世界に訴える魅力をもった、ごく一部の選ばれたスーパースターに関心が集中する一方だ。スポーツの世界では、追加収入源（チケットの売上げしかない場合に対して）としてテレビやその他メディアの役割が大きくなり、トップの業績を誇るチームの収入を、ときにはスター選手であふれるチームの収入を大いに伸ばしている。CM／広告契約（訳注：企業が販売促進のために、有名なスポーツ選手と肖像権や商品化権の独占契約を結ぶこと）による収入の伸びも、スター選手に報酬が集中する傾向を助長している。スーパースターのCM出演料が、給与や賞金を上回ることも多々あるという。少数ではあるが、頂点に立つ選手よりも多くのCM／広告契約料を受け取る選手もいる。合法的決定（ヨーロッパのサッカーリーグにおけるフリーエージェント制度の導入など）や社会の大きな変化（世間がセレブリティにかつてないほど夢中になる現象など）も、ひとり勝ちの効果に拍車をかけている。また、大ヒットで生み出される収益が大きくなるにつれて、そのヒットの背後にいる一流のクリエイティブな人材の報酬も、やはり高騰する。

◆――スーパースター獲得戦略のメリット――収益の窓口が増える

エンターテインメント企業を率いる者にとって、これは厳しい状況だ。少数のスーパースターに支配された市場でクリエイティブな人材に投資し管理するにあたり、経営陣がとるべき最善策とはどのようなものだろうか。実のところ、現代のエンターテインメント業界において、スーパースターの重要性に合った戦略をもたなければ、ほとんどのコンテンツ制作者は事業の成功も永続もおぼつかない。つまり、トップクラスの人材がエンターテインメント経済で果たす支配的な役割を無視することなど、断じてできない。それでも、人材戦略の可能性は幅広く存在する。

レアル・マドリードは、早期人材育成よりも、絶頂期の――そのため交渉力もある――スター選手の獲得に専念することを選んだ、コンテンツ制作者の模範例だ。著者はこれを、「スーパースター獲得」モデルと呼んでいる。「われわれは、売り手というよりも買い手だ」と、かつてレアル・マドリードのある幹部は表現した。２０００年以降の全シーズンにおいて、レアル・マドリードは他チームに選手を放出して得た金額より、選手獲得に費やした金額のほうがはるかに多い[17]。たとえば、２００９‐２０１０年のシーズンは、選手獲得に何と3億７０００万ドルも費やしたのに対して、選手放出により得た金額はわずか1億２５００万ドルだった。選手の取引に関していえば、２億５０００万ドル近い損失を出している。

ペレスは着任直後からこの戦略を貫いた[18]。フィーゴの７０００万ドルを超える移籍金を調達するにあたり、ペレスは個人的にローンを組んだ。レアル・マドリードは当時の練習場の売却益を、翌シーズン以降にほかの複数のスター選手獲得《ギャラクティコス》にあてた。ペレスが期待したのは、スターの獲得により自己強化の傾向（ビジネスコンサルタントの言葉を借りれば、「好循環」）を引き起こすことだった。そうすれば、スター選手たちがチームの成績を向上させるのみならず、新たなファンを生み出して、スポンサーや広告主の目に触れる機会が多くなり、世界屈指のクラブとしてのブランドを確立できると踏んだのだ。そしてあっぱれにも、ペレスはそれを成し遂げた。レアル・マドリードの華やかなブランド価値はその後、チケット販売やテレビ放映権、スポンサーシップ、マーチャンダイジングなどの多様な収入源でチームを潤した。それが、引き続きスーパースターを入団させるリソースをクラブにもたらした。このアプローチの背景にありチームの中核をなしたのは、あるクラブの幹部が述べたように、「最高の選手は採算が取れる」(19)というものだった。

ブロックバスター戦略との関連性は明らかだ。商品の支持者になりそうな人が増えるほど、活用できる収益の窓口が増えるほど、企業は商品に対する多額の投資を正当化できるようになる。この場合、商品とはピッチに立つ選手たちだ。20世紀半ば、レアル・マドリードは最高の選手を獲得するために、もっと単純な仕組みに頼った。スタジアムの規模を大きくしたのだ。1943年に会長に選出されたベルナベウは、当時スペイン最大の競技場を建設して7万5000人を収容可能にするとともに、資金調達のためにファンに債権を売った。試合のために基本となる最大の〝流通チャネル〟――当時はテレビのようなマスメディアは存在しなかったので、スタジアムでの経験を指す――を築くことで、レアル・マドリードは引く手あまたの選手たちに投資する体制を整えた。2000年代のはじめ頃には、スタジアムでの試合観戦をはじめとして、テレビ放送、レアル・マドリード独自のテレビ局、オンライン・チャネル、公式ウェブサイト、クラブのブランド商品を売るストアといった媒体に至るまで、クラブの戦略にいくつものチャネルが含まれるようになった。レアル・マドリードは、クラブの中核となるコンテンツを活用すべく、マーケティングの基盤全体を構築したのだ。個人の肖像権から得られる収入の半分をクラブに差し出すようスター選手に求めることもあった。

レアル・マドリードの収益の内訳を見れば、スーパースター重視の戦略が過去10年間でチームの収益をどれほど伸ばしたかよくわかる。ペレスにとって会長就任後初のシーズンにあたる2000-2001年の収益は、およそ1億2500万ドルだったのに対し、最初の任期の最後のシーズンにあたる2005-2006年の終わりには、3億5500万ドルにまで伸びた。スポンサーシップやマーチャンダイジング、その他マーケティング収入が、3500万ドルから1億4000万ドルと、この期間の収益源の中では最も急激な伸びを見せた。これは、放映権や試合当日の収益、世界4位の国際試合賞金獲得額などよりも多い。2004-2005シーズンまでに、レアル・マドリードは収益面では世界一のクラブに成長し、マンチェスター・ユナイテッド、ユベントス、ACミランをもしのぐほどになった。2010年、クリスティアーノ・ロナウドがレアル・マドリードで最初のシーズンを終える頃、総収益は6億ドル以上にも達していた。[20] 2012年現在、レアル・マドリードはまだその地位を守っている。

スター個人がマーケティング収入を桁外れに伸ばすこともある。一例をあげれば、2003年のベッカム入団会見後の週末、レアル・マドリードはイギリスだけで、1枚平均80ドルのジャージをおよそ35万枚売り上げた。[21] ほんの数日のうちにマーチャンダイジングで3000万ドル近くの収入を得たことになる。1カ月後、レアル・マドリードはベッカムのアジアでの人気に乗じて、中国、香港、タイ、日本と17日間かけてツアーを敢行し、1000万ドル近い儲けをあげた。ほぼ一夜のうちに、ベッカムのアジアでの人気は、クラブにとって大きな財産となった。もっとも、ファンの中にはベッカムのサッカーの能力よりも、彼の容姿とセレブリティとしての地位に魅力を感じた人たちもいたかもしれない。

レアル・マドリードが〝サッカー・マネーリーグ〟に上り詰めたことから学べる重要な教訓があるとすれば、精彩を欠くパフォーマンスのせいで試合に負けても、スーパースター重視の戦略をとっていれば、コンテンツ制作者に害が及ばないということだろう。理論上は、スター選手を獲得すれば、トロフィーの数が増え賞金を荒稼ぎできるはずだ。2011年のUEFAチャンピオンズ・リーグの優勝チームには、7000万ドルの賞金が与えられた。[22] だがスーパースターがトロフィーを持ち帰らなくても、クラブの収入は必ずしも悪影響を受けない。レアル・マドリードは2002年以降チャンピオンズ・リーグで優勝を果たしておらず（訳注：本書執筆後の2013-2014シーズンでは優勝）、全般的にフィールドでは好成績をあげていないが、クラブはそれでも収入ランキングのトップに上り詰めてその座を保った。

勝利と敗北の違いがほんの紙一重ならば、安定した収入源をもつことがとくに重要になる。ベッカムがレアル・マドリードでプレイした最後のシーズン――ベッカムはこのとき、入団後はじめてリーガ・エスパニョーラでの優勝を経験した――で、チームはまさに瀬戸際の攻防を繰り広げており、最後の4試合のうち3試合までも、試合開始後90分（よって試合終了ぎりぎり）に敗北を免れた。一方、宿敵FCバルセロナは終了直前にゴールを許してポイントを落とした。時として、運が大きな違いを生み出すこともある。それならば、マーケティング収入を促進するトップクラスの人材がいなければ、サッカークラブの――どんなエンターテインメント事業でもそうだが――収支決算の数字は大きく上下する可能性があるだろう。

レアル・マドリードと同じように、ハリウッドの大手スタジオもやはりスーパースター獲得モデルを頼りにしている。大手スタジオは実績のあるスターに、しかも理想としては幅広い観客の心をつかみ、〝稼げる〟という定評のあるスターに勝負を賭けることを好む。つまり、それまでの主演映画が高い興行成績をあげている俳優ということだ。「みんな、トム・クルーズの『ミッション：インポッシブル』を観たがった」と、アラン・ホーンは語った。「もしトムの役を共演者のジェレミー・レナーが演じて、トムが出ていなかったら、映画の魅力は異なるものになっていただろう」。大作の配役を決めるとき、テレビ放送網の幹部もほとんど同じアプローチをとる。チャーリー・シーンが人気番組『チャーリー・シーンのハーパー★ボーイズ』を、ドラッグによる問題行動から降板に追い込まれたとき、ワーナー・ブラザーズ幹部は金に糸目をつけず、彼の後釜として、アシュトン・カッチャーと1エピソード当たりの出演料70万ドルで契約したといわれている。[23]

コンテンツ制作者は多種多様な顧客に対応する。サッカークラブはファンとスポンサーに、テレビ放送網は視聴者と広告主に、交響楽団や歌劇場は後援者と寄付者に、という具合だ。スーパースター獲得モデルはファンにもスポンサーにも当の人材にも、納得のいく恩恵をもたらすことができる。多くのファンは、世界最高峰のパフォーマーを見ることができればうれしいはずだ。広告主は、自社ブランドが世界市場に到達すれば満足するはずだ。才能ある選手にとっても、スターが大勢いるチームに所属できれば現実的なメリットがある。「このチームでは、責任はさまざまな選手の間で分担される」[24]と、かつてブラジルのロナウドは明かした。「ほかではたいてい、チームのスターとして全責任が僕の肩にのしかかった」。バスケットのスーパースター選手、レブロン・ジェームズも、その点は十分承知している。スーパースターのドウェイン・ウェイドやクリス・ボッシュと一緒にプレイしたいという希望は、レブロンがNBAのクリーブランド・キャバリアーズからマイアミ・ヒートに移った大きな理由だった。レアル・マドリードで以前スポーツ担当ゼネラル・マネージャーを務め、自身もかつて選手として活躍したホルヘ・バルダーノも、同じことを指摘している。「世界でも有数の選手が、自分と同じように優れた選手とともにレアル・マドリードでプレイしたいと望む。[25] チームに入団した選手は、名声においても、サッカー選手としての満足感においても、自分が一歩抜きんでていることを知っている」。

◆スーパースター獲得戦略のデメリット――獲得費用の高騰

その一方で、スーパースター獲得戦略には重大なマイナス面もある。ひとつ目は、人気選手の獲得にあたり、コンテンツ制作者はとかく微妙なバランスを取ることが求められるという点だ。レアル・マドリードにとって、新たなスター選手は世界中のファンを引きつけるかもしれないが、既存ファンを遠ざけることにもなる。仮にレアル・マドリードが、たとえば日本の女子学生のベッカム熱、ロナウド熱に過度におもねった場合、あるいは〝ブランドを濫用〟した場合、マスコミなどに露出が過ぎるか商業主義が行き過ぎているとみなされた場合などは、忠実なファンを落胆させるおそれがある。コアな（たいてい忠実な）ファンからのサポートを維持することは、たとえそのファンたちが成長市場ではないとしても、きわめて重要になる。何といっても、世界中の何百万人もの人たちがテレビで観戦したり、ほかのメディアを通して消費したりという経験を生み出すうえで、そのファンたちは一役買っているのだ。「こうしたファンたちは、ショーの一部であり、ブランドの一部である[26]」と、レアル・マドリードのある幹部は指摘した。

2つ目は、スター選手のブランドがやがてクラブのブランドの影を薄くして、顧客基盤を制御できなくなるおそれがあるという点だ。レアル・マドリードが世界最高峰のスーパースターを入団させて新たなファンを得たとしても、その一部はお目当てのスター選手が退団した途端に、クラブのファンを返上するかもしれない。そこで、選手のファンをクラブのファンに変えることがクラブの課題となる。しかし、それは決して容易なことではない。

3つ目は、個々の才能に頼ることは、そもそも危険をはらんでいるという点だ。スポーツでは、シーズンを終わらせる、それどころかキャリアを終わらせる怪我を負うおそれは常につきまとうものだ。スーパースターの怪我はとくに深刻な影響を及ぼしかねない。

4つ目は、何人ものスター選手から成るチームを成功に導くことは、えてして難しいという点だ。ペレスの最初の任期中、ロッカールームでの緊迫した空気が、レアル・マドリードに暗雲を招いたとされている。会長に再任されたペレスはこの種の問題を避けようとして、2010年に「特別な存在」と自称してはばからないもうひとりのスター、ジョゼ・モウリーニョを監督に雇った。モウリーニョは注目を一手に引き受ける役割を果たしているが、スター選手と膨れ上がった自尊心をまとめてひとつのチームに仕立て上げることにかけては、達人である。

スーパースター獲得モデルの最大の問題点は、いうまでもなくスターの高額な費用だ。とくにスターの獲得競争が激化すると、次いで入札合戦が起こり、このモデルにとって大きな負担となる。レアル・マドリードの経営陣は身をもってこれを経験した。「ライバルたちは、わがクラブのビジネス面での成功要因を見て取り、追いつこうとしている」。2007年、カルデロンの顧問団のひとりがそう明かした。「ほかのコンテンツ・ビジネスと同じように、われわれのビジネスも有用な人材を入手できるかどうかにかかっている。それに、次のジダン、次のベッカム、銀河系軍団《ギャラクティコ》の戦士になれるタイプの選手を見つけられるとは、買えるとはかぎらない」。この問題は、チェルシーFCのロマン・アブラモビッチや、マンチェスター・シティのシェイク・マンスールなどの裕福なクラブオーナーのせいで悪化している。彼らはクラブの財政状況などほとんどおかまいなしに、選手を引き抜く。その結果、選手の移籍金と年俸は全般的に高騰している。

スター入札合戦が激しさを増していることも、レアル・マドリードがかなりの負債に苦しんでいる要因のひとつである。(27) それでも、スーパースター選手を原動力として、今後も収入の伸びが高騰するスター選手関連の支出を上回るかぎり、スーパースター獲得モデルはペレス会長指揮下のクラブでは役立つだろうし、クラブのバランスシートを改善に導くことができるだろう。サッカークラブの経営陣が目を光らせる測定基準のひとつに、収入に対する人件費の比率がある。レアル・マドリードでは、ペレス会長の最初の任期中、この比率が90パーセントに達した。(28) クラブは当時、成長の道をがむしゃらに模索していた。2005年以降、この比率は50

パーセント以下という健全な数値に落ち着いているという。だからといって、クラブが大きなリスクを負っていないわけではないが、スターに頼る戦略を今すぐ放棄するようなことがあれば、レアル・マドリードの財政的厳しさはさらに増すだけだろう。

コラム❹ 日本人選手の世界での活躍

鳩山玲人

日本のサッカー業界からも、世界最高峰のプロサッカーリーグのひとつとされるセリエA（イタリアのプロサッカーリーグ）で活躍している。かつては、ペルージャの中田英寿選手、今ではACミランの本田圭佑選手や同じくセリエAのインテルナツィオナーレ・ミラノの長友佑都選手が高額な報酬を得ている事例は記憶に新しい。

また、よりわかりやすい事例として米国のMLB（大リーグ）がある。日本のプロ野球の北海道日本ハムファイターズのダルビッシュ有選手が2012年にMLBのテキサス・レンジャーズと6年総額6000万ドルで契約したとされ、また東北楽天イーグルスの田中将大選手は、2014年に同じくMLBのニューヨーク・ヤンキースと7年総額1億5500万ドルで契約したとされている。

◆──レアルと対極にあるボカ・ジュニアーズの「人材開発戦略」

スーパースター獲得モデルだけが、人材投資の唯一の方法というわけではない。実は海外のサッカーを見渡すと、独自の強さを備えたもうひとつのモデルが見つかる。アルゼンチンの喧騒の中で見つけた伝統あるクラブは、レアル・マドリードと同様に会員所有のクラブで、数多くの栄誉に浴してきたスポーツチームのひとつである。しかしそのビジネス戦略は、レアル・マドリードとは天と地ほどの隔たりがある。

イギリスの『オブザーバー』紙が読者に「死ぬ前にすべきスポーツ関連事項50」について尋ねたところ、(29)第1位はあっけなく決まった。ボカ・ジュニアーズと、同じ都市を拠点にするライバルのリーベル・プレートとの試合を、ラ・ボンボネーラ（「キャンディボックス」とか「チョコレートボックス」の意味）の愛称で知られるボカのホーム・スタジアムで観戦することだった。『ワールド・サッカー・マガジン』誌の編集者、ギャビン・ハミルトンは次のような記事で世界中のサッカーファンの心を捉えた。

ボカ・ジュニアーズとリーベル・プレート間のライバル意識は、アルゼンチンで、ひょっとすると全ラテンアメリカのサッカーで、最も激しいかもしれない。試合は、色彩と騒音とエネルギーとが入り乱れている。ブエノスアイレスには世界のどの都市よりもサッカーチームが集中している。リーベルとボカはそのトップの2チームだ。ボカはもともと波止場地域が発祥の地なので、サポーターは昔からワーキングクラスが多い。リーベルはリーグ草創期に波止場地域を離れて、高所得者層が住む地域に移った。ファン層には少々裕福な人が多く、そのためチームには百万長者《ミリオナリオス》のニックネームがある。……ダービーマッチの日、「スタジアムは」筋金入りのファンであふれかえる。……試合にかける情熱の炎はこのように燃え上がり、ここを越えるところなど世界のどこにもない。(30)

ボカで活躍したスター選手、ファン・ロマン・リケルメ(31)も同じ意見だ。「ラ・ボンボネーラのフィールドは、日曜日になると文字通り動くんだ。あの雰囲気は世界中どこを探したって味わえない。……俺が知るかぎり世界でもあそこだけだ、ファンが試合の最初から最後まで歌っていて、スタジアムが動くのは」。スタジアムはサポーターの重みで揺れるだけではなく心臓のように鼓動する、とファンはよくいっていた。

ボカ・ジュニアーズは、サッカー好きのアルゼンチンでも最も人気を博するクラブだ(32)。人口４０００万人のうち、サッカーに関心がないという人は10人中わずか2人しかいない。サッカー好きの人の40パーセントは、ボカのファンを名乗る。「われわれは、こんな小さな国にしては大きすぎるクラブだ」と、２００６年にクラブのマウリシオ・マクリ会長は著者のインタビューで語った。クラブの記録は確かに目を見張るものだった。１９０５年にブエノスアイレスのラ・ボカ地区のイタリア系移民によって設立されてから、１世紀の間にアルゼンチンのリーグで22回優勝し、国際試合ではコパ・リベルタドーレス（欧州チャンピオンズ・リーグの南米版）の5回、インターコンチネンタルカップ（クラブチームの世界選手権大会）の3回を含む、合計16回の優勝――イタリアのACミランと同数――を誇る。結果として、ボカは常にサッカークラブの世界ランキングで上位に入っていた。それどころか、2005年の1月、国際サッカー連盟（FIFA）のランキングでは、マンチェスター・ユナイテッドを抑えて、ボカ・ジュニアーズが世界第1位のクラブとなった。

このような記録を打ち立てた1世紀の間に、クラブは何十人ものスター選手を育成した。ボカの名高いユースアカデミー、ラ・カンテラ（「採石場」）は、類まれな才能をもつ選手たちを養成する場所だ。2006年より前の10シーズンでは、ユース出身選手が毎年平均して8人、ボカのトップチームでデビューを果たした。その多くはのちに、潤沢な資金をもつヨーロッパのサッカーリーグへ移籍した。サッカー史上、世界でも屈指の選手と広く認められているディエゴ・アルマンド・マラドーナも、アルヘンティノス・ジュニアーズで選手としてのキャリアを歩み始めたが、1981年にボカ・ジュニアーズに移った。マラドーナはその後ヨーロッパのFCバルセロナ、ナポリ、セビージャなどでプレイして、1995年にボカに戻り、1997年に引退するまでボカでプレイした。ほかにもユース出身でスーパースターに成長した選手には、リケルメ、ワルテル・サムエル、カルロス・テベスなどがおり、みなボカでキャリアを始めて、のちにヨーロッパに移った。

マクリは1996年にボカ・ジュニアーズの会長に選出され、その4年後も8年後も再選された。2006年、今後会長には立候補しないと発表し、休職を要求するとともに、ブエノスアイレス市長選に打って出る意思を明らかにした。ボカの会長としての11年間、マクリはその存在感を示した。たとえば、ボカの純資産を、1億2000万アルゼンチン・ペソ強（アメリカドルにして当時のレートでおよそ4000万ドル）とそれまでの10倍に増やし、クラブの年間収入を、7500万ペソ弱（およそ2500万ドル）とそれまでのほぼ3倍に増やした。しかし、フィールド内外で好成績をあげたにもかかわらず、マクリは終始課題に直面していた。ボカの財政破綻を防ぐだけではなく、5万人を超えるクラブ会員、世界各国の500万人のファン、選手にコーチ、理事会など、クラブの多種多様な支持者たちを満足させる必要があったのだ。

会長を務めた最後の年、マクリはとくに厄介な決断を迫られた。ヨーロッパのいくつかのトップクラブから、フェルナンド・ガゴとロドリゴ・パラシオの2選手に関心があるという知らせを受けたのだ。この2人はまだ若いながらひときわ優秀で、チームが国内外で今後も成功を収めるうえで、頼りになる選手だとみなされていた。当時FCバルセロナの会長だったジョアン・ラポルタは、ガゴに夢中《ガガ》であると公言してはばからず、この20歳のミッドフィルダーをスペインに連れて行くとマクリに対して言い放った。ところがラポルタがガゴを獲得する前に、レアル・マドリードのカルデロン会長が突然割り込み、2600万ドルの移籍金を提示した。当のガゴもこの争いに加わって、自分はマドリードのほうがいいとマスコミに表明した。「レアル・マドリードとバルセロナだったら、僕は白シャツのほうを選ぶ」といったのだ。

ラポルタ会長は、リーベル・プレートとのダービーマッチでそのプレイを目の当たりにしてから、パラシオにも関心を寄せていた。ラポルタから2200万ドルを提示されたこの24歳のストライカーは、ヨーロッパクラブの移籍にあまり乗り気ではなかった。その証拠に、「僕はここで満足している」とはっきり述べたのだ。[33] けれども、エージェントを通じて、ボカ・ジュニアーズにとどまるなら、チームメイトよりかなり高い報酬を求めるとの旨を表明した。

どちらの選手に対するオファーも、その年度にクラブが被るはずの損失を一掃して余りある金額だった。「ひとりも選手を売りに出さないか、別の方法で収入を増やすかしないと、今年300万ドルの損失を出すことは必至である」と、ボカのゼネラル・マネージャーは意見を呈した。高まる圧力とサポーターの「金よりタイトルを」の要求にさらされたマクリは、この問題の難しさを十分に認識していた。「どのような決断を下そうとも、大きな不満を抱くサポーターは必ずいる」。

◆才能豊かな人材を売る販売事業が主な収益源

ボカ・ジュニアーズはひとりの、または複数の選手を売るべきだろうか。ボカのファンにとってはつらいかもしれないが、答えは「イエス」だ。クラブには、ほかに選択肢がない。ボカ・ジュニアーズは、選手の売却をもとに発展する「人材開発」モデルを運用しているのだ。レアル・マドリードと同じように、ボカもサッカーの試合をつくり出して、それをファンと広告主に〝販売する〟ビジネスを営んでいる。だが、レアル・マドリードとは異なり、選手を育成して、それを資金のあるクラブに〝販売する〟ビジネスも営んでいる。ボカの財政状況にざっと目を通しただけでも、会計簿の帳尻を合わせるには、ひときわ才能豊かな選手を、しかもその選手の能力がピークに達するかなり前に、定期的にほかのチームに売るよりほかに術がないことがわかる。マクリが会長を務めた10年あまりの間[34]、フィールドでは絶好調で順調な増収が見られたが、ひとりも選手を売りに出さなかったとしたら、2000万ドル近い純損失を抱えていたとされる。その代わり、選手の売却で6000万ドルの純利益をあげており、これが営業収益の3分の1近くを占めていた。真実は動かしがたい。ボカは1年か2年に少なくともひとりの主力選手を売りに出さなければ、万年赤字クラブだ。

同じことが、アルゼンチンのほとんどのクラブだけではなく、やはり世界レベルの選手を次々と輩出するブラジルのクラブにも、それどころか南米全体に当てはまる。南米のトップクラブは、ヨーロッパのトップクラブとフィールドでは互角の勝負なのに、南米はヨーロッパと比べて金回りが良くない。サッカーが人気スポーツだという点では引けを取らないが、南米のサッカー市場がわずか20億ドル相当なのに対して、ヨーロッパのサッカー市場は170億ドルにも相当する。

南米の景気はヨーロッパよりもはるかに悪く、それを裏づける証拠として放映権があげられる。アルゼンチンでは2006年、サッカーの試合がテレビ放映権から得た収入は、3000万ドルを少し上回る程度で、「ヨーロッパの主な市場の［放映権から得られる］収入のほんの一部の額」にしかならない、とマクリはズバリと指摘した。またこの額は、アルゼンチンのクラブが選手売却で得られる収入の3分の1にも満たない。ボカ・ジュニアーズとリーベル・プレートの二大人気クラブがそれぞれ、放映権料の8分の1を受け取るが、それでもヨーロッパのクラブと比べると、格段に不利な立場に置かれていた。同年、レアル・マドリードが単独で放映権から得た収入は9000万ドルだった。[35] しかもこれは、クラブがさらに実入りのいい新契約を締結する前の話で、新契約により、年間2億ドル以上の放映権収入がもたらされることになった。

同様に、ブラジルのサッカー界も、選手を売りに出さなければたちまち消滅してしまうだろう。[36] そのうえこの市場は、その他スポーツやエンターテインメントの世界と同じように、ひとり勝ちの構造をもつ。何百人もの選手が毎年売られるが、2006年の移籍金総額のほぼ半分は、ひとりの選手によって占められていた――フォワードのスター選手ロビーニョで、サントスから、お察しの通りレアル・マドリードに移籍した。南米のクラブは、国際試合の点でもひどく不利な立場に置かれている。コパ・リベルタドーレスの賞金は、たとえばUEFAチャンピオンズ・リーグの上位入賞チームが受け取る賞金と比べると、ごくわずかな金額にすぎない。

ならば、レアル・マドリードがフェルナンド・ガゴに、年俸350万ドルを提示したという噂も、少しも驚くにあたらない。[37] ボカの年俸の14倍相当だ。こんな莫大な格差を突きつけられたら、ボカには選手をクラブにつなぎとめておく術などなきに等しい。「移籍は結局、クラブにとっても選手本人にとっても必要なことだとわかる」と、ボカのゼネラル・マネージャーは著者に明かした。「ボカは、若手選手には年俸10万ドル、喝さいを浴びるスター選手でも50万ドルしか払えない。ヨーロッパのクラブなら、この10倍は稼げる」。

これと同じ不均衡は、エンターテインメントのほかの領域にも深刻な影響を及ぼしている。中小規模の映画やテレビ制作会社は、人気俳優を起用したくても、大手スタジオに太刀打ちできないのだ。中小の〝インディーズ系〟レーベルも、大手レコード・レーベルの交渉力に対抗しようとすると、同じ悩みを抱えることになる。ここで最大のポイントとなるのは、このような不均衡を引き起こす要因に対して、個々の企業はほとんどなす術がないという点だ。まさにサッカーがその好例だ。南米とヨーロッパの経済的格差のために、南米クラブは選手の〝輸出〟に頼らざるを得ない。スーパースター選手が全盛期にアルゼンチンやブラジルでプレイする状況を思い描くことは難しい（ブラジルの若手スター選手、ネイマールはこの趨勢に逆らおうとしているように思えたが、やはりヨーロッパのクラブからの誘いをいつまでも断ることはできなかった。2013年6月、FCバルセロナへの移籍に合意した）。スター選手がヨーロッパに移り、移籍金が南米に流れ込むという人材開発モデルは、ボカ・ジュニアーズのようなクラブが取るべき当然の選択に思われる。

「人材製造所」としてのブランド確立が成功のカギ

よくいわれるように、背景が戦略を決定する。世界最大のメディア市場が、映画の人材を引きつける最大の磁場、ハリウッドを生み出したことは偶然ではない。巨大な国内市場で活動するということは、ハリウッドのスタジオが高額予算の作品を引き受けられるということであり、外国の競合相手と効率的に競争できるということだ。海外に流通基盤を築くにあたり、競合相手より有利なスタートを切れるということだ。同様に、小さな国内市場での活動は、人材獲得をめぐる国際的な競争で、ボカ・ジュニアーズをかなり不利な立場に追いやる。おそらくボカに関して特筆に値すべきは、ヨーロッパのクラブと何とか張り合っているという点だろう。

ボカ・ジュニアーズの成功の秘訣はどこにあるのだろうか。ひとつ目として、レアル・マドリードと同じように、ボカもブランディング構築モデルを確立したことがあげられる。しかも順当にいけば、このモデルは次に示すように、自らを強化する役割を果たす。まず、クラブは将来性のある若手選手を見定めてクラブに引き入れ、鳴り物入りのシステムを用いてその選手たちをプロに育て上げる。選ばれた少数のスーパースターのほとんどが、ゆくゆくはヨーロッパの資金潤沢なクラブに売られる。その結果として生まれたリソースは、クラブに戻ってくる。また、最高峰の選手がいるというお墨つきを得られて、ボカが世界レベルの人材育成機関であるというブランドが築かれる。すると、今度はクラブ自身がこの循環を再生できるようになる。ボカがこのモデルをうまく実行に移すことができれば、人材〝製造所〟としての有効性と評判は、やがて一層高まるだろう。

2つ目は、この人材開発戦略の各段階を実行するにあたり、有望な若手選手の発掘から、その選手たちを買い手になりそうな相手にお披露目するときまで、ボカ・ジュニアーズは格好の好位置につけているということだ。アルゼンチン国民がサッカーに夢中なおかげで、ボカは入団選手の大規模な基盤を確保できるうえに、アルゼンチンには、才能あるアスリートがプロのサッカー選手を目指すことを支援する風土がある。ボカは絶大な人気を誇るので、若手選手の多くはクラブのファンだ。ほかのクラブが選手の気を引こうとしても、機会があれば、ボカ・ジュニアーズのほうを選ぶ可能性が高い。数年前に同クラブのユースを訪れたとき、ある若手選手が話してくれた。「僕たちはボカファンなので、昔からボカでプレイすることを夢見ていました。ボカは僕たちの生きがいです」。

サッカーの世界で崇拝されているマラドーナは、ボカの下部組織出身ではないのだが、クラブの成功の象徴になっている。「史上最高のサッカー選手は、ボカの出身であるべきだ」と、ボカの創立100周年記念刊行物は明言した。現役時代はとっくに過去の話だというのに、マラドーナはマクリの会長在任中、常にキーパーソンだった。スタジアムのプライベート・ボックス席を抜け出して、マラドーナがボカに声援を送る姿がよく見られた。史上最高のスターが自分を励ましていると考えただけで、気持ちが奮い立たない若手選手など、この世にいないだろう。

入団した若手選手に成功をつかむための絶好の機会が与えられるのは、ボカがとりもなおさず人材の有力な輸出業者であるためだ。スター選手が盛んに放出されるので、空席が生じて新人選手にチャンスが与えられる。マクリがガゴとパラシオの移籍の可能性を検討していた頃、登録選手名簿20人のうち8人はユース出身者だった。ボカ・ジュニアーズの選手はホーム・スタジアムで、世界で最も熱狂的なファンの応援を受ける。クラブの筋金入りのファンは、〝ラ・ヌメロ12〟（〝12番目の選手〟の意味）として知られている。対戦相手を罵って、脅威を感じさせるほどの体験を生み出すので、ホームのボカは間違いなく有利になる。ボカは国際大会でも主力チームなので、選手たちは激戦の経験を得るとともに、潜在的買い手である他クラブの目に留まる機会も増える。さらに、ボカと同じ町のリーベル・プレートとは世界中に知れ渡るライバル関係をもつ。FCバルセロナがガゴを欲しいと思ったのは、リーベル・プレートからダービーマッチの招待状を受け取って観戦した直後だった。

ボカの経営者は何年にもわたり、スーパースター選手製造所というクラブの位置づけを強固にしようと、最大限の努力を重ねてきた。新人選手をさらに体系的に養成することを誓ったマクリは、ラ・カンテラへの投資を増やしたり、クラブのスカウト活動の人脈を強化したり、ユースのクラブハウスをボカのトップチームの練習場の隣に設置するなどした。2006年頃には、12歳から16歳までの若手選手120人を擁するまでになり、大部分の選手は費用が一切かからないクラブの寮で生活していた。選手は全員、まず10カ月のプログラムに登録する。その間に期待に添う力を見せた選手には、再登録の声がかかった。フィールドでの練習のほかにも、教育には一貫して力を入れた。選手たちには通学が義務づけられ、数学と英語については補習授業も受けた。「30人のうち3人しかトップチームにいけない」と、ユースのあるコーチは切り出した。「心理的バランスは、世界的スターになろうとする選手にとってきわめて重要だ。キャリアを積んでいくうちに直面するプレッシャーについて、選手たちに覚悟させる必要がある。教育はそうした人格形成において重要な役割を果たす」。

◆──エンタメ業界の至るところで見つかる人材開発モデル

人材開発モデルはエンターテインメント業界の至るところで見つかる。『サタデー・ナイト・ライブ』（SNL）は、毎週深夜に放送されるNBCの長寿番組だ。この番組がコメディアン志望者に対して果たす役割は、ボカ・ジュニアーズがプロのサッカー選手を目指す者たちに対して果たす役割と同じだ。SNLへの出演は、テレビや映画の仕事への足がかりとなることが多い。この番組でキャリアを始めた大勢の俳優たちの中には、ジミー・ファロン、ウィル・フェレル、ティナ・フェイ、エディ・マーフィー、ビル・マーレイ、コナン・オブライエン、エイミー・ポーラー、クリス・ロックなどがいる。SNLの製作責任者であるローン・マイケルズは、才能を見抜く目があることで知られている。彼の決定がキャリアの成否すら左右しうる。SNLの成功とその出演者たちによって、マイケルズはNBCユニバーサルの中心人物になった。

ディズニーが運営するケーブルテレビ専門チャンネル、ディズニー・チャンネルは、創作活動の人材製造所ともいえる特筆に値する事例だ。『ミッキー・マウス・クラブ』は、ディズニー・チャンネルが1983年に開局したときに始まった番組で、クリスティーナ・アギレラ、ライアン・ゴズリング、シャイア・ラブーフ、ブリトニー・スピアーズ、ジャスティン・ティンバーレイクなどのスターを輩出した。最近では、マイリー・サイラス、ザック・エフロン、ヴァネッサ・ハジェンズ、セレーナ・ゴメスなどの10代のアイドルたちに、最初に名声を手にするチャンスを与えた。ショービジネスで仕事をしたいと願う多くの子どもたちは、ディズニー・チャンネルの出演者に選ばれることを夢見ており、チャンネルは毎年公開オーディションを開いて、何千人もの有望な候補者を集めている。(38) ところがこのような候補者たちの存在は、その子たちの夢を食い物にする家内工業を多数生み出すようになった。たとえば、ディズニーに紹介すると騙るキャスティング・エージェント、キャストになるチャンスを高められると謳う子ども向けイベント、〝ディズニーのお墨つきなど少しもない〟俳優が指導する俳優養成所など、キャスティングにまつわる疑わしい行為が報告されている。

若手俳優がこのチャンネルによってスターにつくり上げられるたびに、そして元子役のスターがその後テレビや映画、音楽、ミュージカルの世界に進出して大成功を収めるたびに、人材を発掘する組織としてディズニー・チャンネルのブランドは強化され、候補者を次から次へと新たに引きつけるようになる。

聡明な経営者なら、自社の人材開発力を活かし、育成した人材が選ぶ次の段階から自社が恩恵を受ける方法を見つけるものだ。実際のところ、人材開発の取り組みを長期間にわたり維持するには、それしかない。たとえばディズニーの経営陣はディズニー・チャンネルを、出演する若手スターたちがディズニーという組織全体の中でキャリアを伸ばすための跳躍台とみなしている。ウォルト・ディズニー・ピクチャーズが、コンサート映画『ハンナ・モンタナ　ザ・コンサート3D』を、マイリー・サイラスと彼女が番組で演じた役をもとに製作したのも、偶然ではない。サイラスは、ディズニーのレコード・レーベル、ハリウッド・レコードに所属する大スターのひとりでもあった（サイラスは2012年の夏にこのレーベルから脱退した）。ディズニーの幹部は、どの子がスターになる可能性を秘めているのか素質をよく見きわめ、どんな仕事ぶりなのか（たとえば、何百ものセリフを暗記できるかどうか、難しいダンスナンバーを踊れるかなど）についての情報を豊富に収集できるので、その子たちを速やかに、確信をもってほかの企画に採用できる。そのうえディズニーの幹部は、どの番組に若手俳優を起用するか――または、ある俳優のためにどんな企画を用意するのか――管理しているので、子役スターのブランドを形成できる唯一の立場にいる。

音楽業界では、人材開発に費やした労力に大きな見返りが得られるように、レコード会社はアーティストとの契約を再構築した。「360度」または「全権」契約は、レコード会社に対して、レコード音楽、コンサートチケット、マーチャンダイジング、商業ライセンシング、スポンサーシップ、CM／広告契約など、アーティストの全収入源から一定の取り分を認めるものだ。レコード音楽の売上高に対してのみ一定の取り分が認められた従来の契約から、大きく躍進することになった。

2007年、レディー・ガガもインタースコープとの全権契約に合意している。ガガの驚異的な成功を考えれば、レーベルはこの契約を決して後悔しないだろう。トロイ・カーターもこの契約のメリットを認めた。「レコード会社がマーケティングに費用をかけなかったら、ガガは2万人もの観客の前でパフォーマンスする立場になれただろうか[39]」と、少しひねった表現で意見を述べた。A&Mオクトーンの幹部も、同社のアーティスト開発戦略と一致するので、諸手をあげて新しい契約を支持する。ディーナーはアーティストを、レコード音楽の売り手としてだけではなく、ブランドとみなす。さらに、そのブランド構築に対して、レーベルは見返りを受けるべきだとも考えている。ボクセンバウムも同意見だ。「全権契約というのは実際、レコード業界のビジネスモデルが本来こうあるべきだったという姿をよく反映している。レーベルが良い仕事をするというのは、歌やアルバムを売ることだけじゃない。アーティストを売り込んで、そのアーティストのブランドを築くことも含まれる」。

ボカ・ジュニアーズやほかのサッカーチームは、人材開発にかけた労力の見返りとして、もっと直接的な恩恵を受けている。選手をほかのチームに売るたびに儲けを得られるのだ。ボカも抜け目なく、命綱ともいえるこの収入源を守ってきた。たとえば、チームは若手選手とその保護者に対して、プロ生活を通して選手の所有権をボカに与えるという契約に署名を求める。各クラブは契約を確実に結ぶためならどんな苦労も厭わない。とはいえ、ヨーロッパのチームがまだ年若い選手を勧誘しようとして、親に仕事の斡旋までする現状において、これはなかなか容易ではない。またボカは、選手に対するエージェントの影響力を弱めようと努めてきた。エージェントの手数料（150万ドルまで）と第三者による選手の所有権（選手の価値の20パーセントまで）に限度を定めて、エージェントの稼げる金額に制限を設けた。

ボカ・ジュニアーズは最終的に、移籍金3400万ドルで合意して、2006年にフェルナンド・ガゴをレアル・マドリードに売った。[40] 一方、パラシオはチームに残留した。パラシオを売らないという決定から、ボカが選手の所有権の大部分を求める事情も透けて見える。実はボカは、パラシオの所有権の一部（17・5パーセント）しかもたない。残りは以前パラシオが所属していたクラブと、多くの個人投資家のものだ。つまり、パラシオが移籍したとしても、移籍金の大半はボカの懐に入らないということだ。こうした決定に絡む複雑な事情については、ボカの元会長マウリシオ・マクリの言葉がよく言い表している。マクリがブエノスアイレス市長に当選して数カ月後にインタビューを行った。サッカークラブと市の運営では、どちらのほうが難しいか質問すると、こんな答えが返ってきた。「サッカークラブだね。間違いなく」。

開発と獲得の適切なバランスを探るFCバルセロナ

さらにいえば、世知に長けた経営者なら、人材投資法と会社の全般的ビジネスモデルとを一致させる方法を見つけるはずだ。レアル・マドリードとボカ・ジュニアーズは、企業の人材投資方法の両極端な例を示している。大方のエンターテインメント企業は、スーパースター獲得モデルと人材開発モデルの中間に位置するはずだ。人材の開発と獲得の最適なバランスを見つけることが、何にも増して重要となる。

海外サッカーの3つ目の事例となるFCバルセロナ――ファンからは〝バルサ〟の愛称で呼ばれる――が、ちょうどその良い例を授けてくれる。クラブは現在、〝サッカー・マネーリーグ〟つまり収入ランキングで、レアル・マドリードに次いで2位の座にある。(41) 一部のサッカーファンは、FCバルセロナがフィールドの内外で世界の強豪クラブを凌駕する道を見出したのは、クラブが若手を育成してきたからだと考えたがる。だが現実は、往々にしてもう少し複雑なのだ。

FCバルセロナが人材開発で高い評判を呼ぶのも当然だ。2011年のチャンピオンズ・リーグでマンチェスター・ユナイテッドを破ったとき、普段サッカーにそれほど注目しない『ニューズウィーク』誌も、表紙をその勝利に捧げた。ジョゼップ・〝ペップ〟・グアルディオラ監督が、リオネル・メッシ、アンドレス・イニエスタ、シャビなどのスター選手たちに胴上げされている写真を背景にして、「バルサ！　史上最高のサッカーチームか？」と大きな文字が躍っていた。記事はべた褒めだった。

〝美しい試合〟を愛する者たちにとって、バルサの猛攻撃は……並外れたスキルで魅せてラフプレイなどほとんどない、チームの本領が発揮されたサッカーであった。バルセロナはボールの支配に（あるいはめったになかったが、ボールの支配を失ったときに取り戻すことに）集中して、選手たちは絶え間ない、滑らかな動きで断続的にボールを動かし、正確で短いパスで構成された複雑な舞踏のように攻撃した。(42)

このような試合運びは、FCバルセロナのユースアカデミー、ラ・マシアに負うところが大きい。(43)このときの決勝戦の先発メンバーのうち、7人までもユース出身者だった。FIFAの歴史上はじめてのことだが、この選手たちのうち3人が、FIFAの選ぶ世界ランキング上位5人に入っていた。トップの栄誉に浴したのは――誰もが欲しがるFIFAバロンドールのこと――メッシだった。FCバルセロナ会長サンドロ・ロセイはクラブのアカデミーについて、「申し分のないサッカースキルを身につけた、われわれのクラブの価値観を抱き、われわれのクラブにふさわしい選手――つまり、チームを第一に考え、他人を尊重し、成功しても謙虚さを忘れず、回復力《レジリエンス》のある選手を生み出す」ところだと表現した。ユースの使命は、毎年ひとりか2人の選手をトップチームに入団させることだった。2011年の夏までに、560人以上の選手がアカデミーに在籍して、そのうち14パーセントがFCバルセロナの一軍でデビューを果たし、30パーセントがほかのプロチームでプレイした。クラブ史上最も成功を収めた監督とされるグアルディオラも、ラ・マシア出身の選手だった。

リオネル・メッシは間違いなく、このユースアカデミー出身者の中で最大のスターだ。メッシは13歳のときにアルゼンチンを離れて、成長障害の治療に必要な薬代を負担してくれるサッカークラブを見つけようとした（メッシの現在の身長は約170センチで、ほかの選手よりもかなり低い）。今や、FIFAバロンドールを3回も受賞して、2012年には40年ぶりに、歴年最多ゴール記録を更新した。メッシにはスター性も備わっている。2011年4月にフェイスブックを始めたとき[44]（メッシは「すごくワクワクするよ！ これからはフェイスブックでみんなともっと深くつながれる」と書き込んだ）、7時間もしないうちに700万人近いファンを獲得して、テニスのスター選手ロジャー・フェデラーを瞬く間に抜き去った。多くのサッカーファンはメッシを、世界で最も優秀な選手とみなしている——FCバルセロナが彼を売りに出すことは、当分なさそうだ。

一見すると、FCバルセロナの人材開発重視の方針は、確かにボカ・ジュニアーズと似ているように思える。バルセロナはユースプログラムに多額の投資をしている[45]。2011年、アカデミーは、チームの練習場につくられた1200万ドルの新施設に移った。現在、年間予算約2500万ドルで運営され、80人以上が生活できる部屋も完備する。新施設完成直後にユースアカデミーを訪問したとき、ラ・マシアとラ・カンテラが驚くほど似ていることに気づいた。ボカと同じようにFCバルセロナも、きわめて前途有望な若者をアカデミーに居住させている。若者たちは一緒に勉強したり、食事をしたり、ビデオゲームをしたり、レジャー活動に参加したりする。もちろんサッカーの練習も。ユース選手は毎週、90分の試合をひとつこなし、8時間近く練習する。短いパスを素早く数多く回す、鋭いポジショニング感覚を身につける、といった独特のプレイスタイルをクラブは選手に教え込む。「クラブのスタイルをしっかり理解してもらいたいと考えている。そうすれば、8歳から18歳までのこのチームは、全員が同じシステムでプレイできる」と、責任者のカルレス・フォルゲラは話した。スカウトチームは若い才能を、カタルーニャやスペインのほかの地域、海外にも探し求める。選手を選り抜くにあたり、フォルゲラのいう「回復力《レジリエンス》こそ、成功の最高の予測材料」という信念のもとに、アカデミーは心身両方の強さを重視している。またボカと同様に、FCバルセロナも教育に大いに力を入れる。「半数以上の少年がプロにはなれないことを、わたしたちは承知している」と、フォルゲラ。「だからこそ、教育を授けることが何よりも大切になる」[46]。

とはいえ、誤解してはいけない。FCバルセロナの成功が若手の育成重視と深く関連する一方で、クラブはスーパースター獲得にも巨額を投じているのだ。クラブの幹部はそうとは認めたがらないかもしれない。たとえば最近、「外部からの人材獲得か内部での育成かという選択において[47]、われわれはこれまで後者を選択してきた」と、クラブCFOが明言したが、数字は異なるストーリーを物語っている。2011年夏までの5シーズンで、FCバルセロナは選手の売却によりおよそ2億3000万ドルを懐にしたが、選手の獲得には5億4000万ドルを費やした[48]。選手取引における平均損失額は、ひとり当たり6000万ドルとなる。この数字はレアル・マドリードとマンチェスター・シティを下回る。同じ期間に、両クラブとも選手取引で7億ドルを超える赤字を出しており、スーパースターに多額を費やすクラブに数えられている。しかし、FCバルセロナのこの数字は、マンチェスター・ユナイテッドとチェルシーFCを上回る。サッカー通はこれに驚くかもしれない。億万長者のロマン・アブラモビッチをオーナーに抱き、無責任に高額の移籍金を提示するクラブの典型とみなされがちなチェルシーFCだが、実際にはこの5年間、選手取引に関してFCバルセロナより、確かに赤字は小さいのだ。どちらかといえば、バルセロナは人材獲得に関してほかのクラブに劣らず積極的である。クラブが莫大な金額をつぎ込んだ選手には、1億ドル近くをかけたズラタン・イブラヒモビッチ、5000万ドルのダビド・ビジャとダニエウ・アウベスなどがいる。「優れたチームでも、ひっきりなしに新顔に投資することで成功を助長する必要がある」と、ひとりの幹部は明かした。

FCバルセロナはスーパースターを手厚くもてなす。その証拠に、同クラブは世界一報酬の高いスポーツチームとして評価されている。(49) ESPNによると、バルセロナの選手の2011年平均年俸額は800万ドル（週給にすると15万ドル以上）で、レアル・マドリードの740万ドル、ニューヨーク・ヤンキースの680万ドル、ロサンゼルス・レイカーズの650万ドルがあとに続く。ヨーロッパのサッカーチームも、ESPNのリストに登場する。チェルシーが600万ドルで6位に入り、マンチェスター・シティが580万ドルで10位、マンチェスター・ユナイテッドが510万ドルで16位に入った。人材獲得と報酬にこれほど高額がつぎ込まれるのでは、FCバルセロナのCFOがクラブの負債返却について頭を悩ませるのも無理はない。「額が大きすぎてクラブは将来を決めることができない」(50)と、負債について言及した。

サッカー業界の景気や複雑な規制のせいで、FCバルセロナは若手選手を長期契約や、テレビや映画より低い報酬に縛りつけることが難しかったのかもしれない。だからといって、この場合も重要なポイントは変わらない。スーパースター育成に成功したにもかかわらず、FCバルセロナはやはり、ひとり勝ち市場での人材獲得競争という現実からは逃れられない。多くの一流エンターテインメント企業と同じようにFCバルセロナも、リスクも報酬も大きいスーパースター獲得ゲームに参加している。「常勝というわけにはいかないのだから、浮き沈みの激しい世界でクラブのモデルを継続させることがわれわれの課題となる」[51]と、CFOは述べた。

人材の開発と獲得との適切なバランスに、FCバルセロナはほかのスポーツチームよりも近づき、あと少しで見つけられるところにいるのかもしれない。だが、両方に投資するということは、クラブのコスト管理が厄介になるということでもある。クラブの試合成績が低迷したとき、バルセロナのモデルで苦境に立ち向かえるのか、今のところわからない。クラブの経営陣は最近、選手獲得に費やす金額を抑えたいといっていたが、賢明な一歩だろう。それに加えて、レアル・マドリードのようなクラブとフィールドの外でも張り合えるように、バルセロナはマーケティング活動を増やす必要がある。マドリードのようなクラブは、フィールド内の成績にそれほど頼らずとも収入を増やせるし、他クラブに先んじて世界市場ですでに利益を得ている。

◆マンU・ファーガソンのポートフォリオを意識した人材投資法

すべてのスポーツの主要なプロチームで、長い間世界規模で事業を築いてきたチームの筆頭がマンチェスター・ユナイテッドであることに、議論の余地はない。[52]そのブランド価値は20億ドルを超えると見積もられる。FCバルセロナは2011年の欧州チャンピオンズ・リーグ決勝を制したかもしれないが、マンチェスター・ユナイテッドは過去25年にわたり、フィールド内外でバルセロナよりはるかに安定した記録を残してきた。そのマーケティング活動は広く称賛を浴びている。レアル・マドリードの経営陣はかつて、マンチェスター・ユナイテッドの取り組み方をお手本にしたと明言したことがある。(53) しかし、クラブが達成した偉業は、ひとりの人物の功績によるところが大きい。(54) アレックス・ファーガソンだ。イギリスのサッカー史上最も成果をあげた監督で、2012-2013年のシーズン末に引退した（クラブの元CEOデイヴィッド・ギルは、ファーガソンの引退前に話を聞いたとき、「スティーブ・ジョブズはアップルそのものだった。サー・アレックス・ファーガソンはマンチェスター・ユナイテッドそのものだ」といっていた）。ファーガソンの人材管理法をもらさず取り上げるには丸1冊の本が必要になるが、ここで取り上げるべきことは、きわめて巧みで、非常にバランスの取れたポートフォリオの人材投資法をファーガソンが用いていた、という点だろう。

第1に、FCバルセロナよりもその傾向が顕著かもしれないが、マンチェスター・ユナイテッドの成功は、若手育成重視の賜物である。1986年に着任したファーガソン監督は、ただちにユースプログラムの改革に取りかかった。新たに2つの〃一流研究機関〃を創設し、多数のスカウトを採用して、とびきり才能のある若者を連れてくるように要求した。そうして才能を認められ採用されたのが、13歳のほっそりした少年、ライアン・ギグスだった。ギグスはその後、イギリスサッカー史上屈指の選手に成長して、引退までずっとファーガソン監督のもとでプレイした。デイビッド・ベッカムも、マンチェスター・ユナイテッドのユースプログラムの産物である。チームの新施設を訪問したとき、著者はファーガソンに話を聞いた。「新任監督の99パーセントが最初に考えるのは、チームに必ず勝利を収めさせることだ――自分が留任するためにも。そこで彼らは、経験ある選手を、たいがいはよそのクラブからチームに引き入れる。しかしわたしが思うに、サッカークラブの構造を築くことが大切なんだ。サッカーチームだけではなくてね。それには土台が必要だ」。そういってから、付け加えた。「若手選手が一軍チームにたどり着くのを見るほど、うれしいことはない」。

第2に、ファーガソンは一貫して、長期を見据えていた。ほかの監督なら、年齢が高めの選手から目先の利益を得たいという気持ちに駆られるようなときでも、ファーガソンはためらうことなく、チーム再建という骨の折れる仕事に着手した。時間による選手の価値というものを強く意識して決断を下したファーガソンは、選手を3つの層に分類した。「30歳以上の選手、大体22歳から30歳までの選手、それに入団してくる若手選手。若手選手は成長の途中なので、そのうち年長の選手がかつて打ち立てた基準を満たすようになると考えられる」。人材開発プロセスを管理するうえで、選手を切ることは避けられない。「一番つらいのは、それまで素晴らしい働きをしてきた選手を辞めさせることだ」と、ファーガソンは明かした。「しかし、あらゆる証拠はフィールド上にある。変化を、衰えを見つけたら、2年たった時点でどうなっているだろうかと、自らに問いかけなくてはならない」。

第3に、ファーガソンはやはり、移籍市場を自らに有利に働かせる方法にかけても抜かりはなかった。イギリスのプレミア・リーグで5回の優勝を果たした過去10年の間(55)、マンチェスター・ユナイテッドが支払った移籍金は、チェルシー、マンチェスター・シティ、リバプールなどの主だったライバルクラブよりも少ない。これはファーガソンが、スターになると見込んだ22歳以下の選手を中心に獲得していたからだ。この年齢層は、マンチェスター・ユナイテッドの移籍者の中で、ライバルクラブよりもはるかに高い比率を占めていた。そのうえ、クラブが若手選手を重視したこともあり、受け取った移籍金はほとんどのライバルクラブより多く、その金も有効に活用された。たとえば、ベッカムやディフェンダーのヤープ・スタムなど話題を集めた移籍から得た金は、前途有望な、しかし当時ほとんど実績のなかった2人の選手に投資した。クリスティアーノ・ロナウド（フロレンティーノ・ペレスにとって、やがて目に入れても痛くない存在になる）と、イギリス出身のウェイン・ルーニーだ。その才能が開花するには数年を要したが、2人ともやがて、プレミア・リーグでほかの選手をはるかに凌駕する活躍を見せるようになった。またときには、ファーガソンは大枚をはたいて、高名なスーパースターを買い入れた。2012年、マンチェスター・ユナイテッドは、オランダ出身のストライカーで28歳のロビン・ファン・ペルシを、3500万ドルの移籍金で獲得した。

ファーガソンの戦略が示すように、ポートフォリオを意識した人材投資法は、競争の激しい市場でも、エンターテインメント企業の存続と発展に役立つ。終始一貫して、スーパースターの育成と獲得との間に適切なバランスを取ろうとしてきたこともあり、普通なら短い監督生命をファーガソンは永らえた[56]——どころか、それ以上を成し遂げた。2012-2013年のシーズンは、マンチェスター・ユナイテッドを率いて26年目となった。ヨーロッパのプロサッカーリーグの現役監督として最長在任期間だ（2番目に長い監督はファーガソンより10年短いので、まったく勝負にならなかった）。エンターテインメント企業の幹部なら、この半分の在任期間でも御の字だろう。エンターテインメントのどんな分野であれ、ひとり勝ちの人材市場で競うならば、ファーガソンを手本にしたほうが賢明といえる。

第4章 スーパースターは自らの力をどのように行使するか【映画&スポーツ業界】

How Superstars Use Their Powers

SUMMARY

ブロックバスター戦略における最大の勝者はスターその人

鳩山玲人

ここでは、ブロックバスター戦略の中にいるスターやスター選手が、「商品」や「ブランド」そのものになっていくことを説明している。スターは生きている人間そのものだ。スターは、自分の出演映画のストラテジーを決め、それにあった特徴を備えた映画に合わせて、（恋愛、ハードボイルド、コメディ等）出演映画の方針を定め、スターとしてのブランドを築いていく。スターその人に高額な商品価値が出てくることになる。加えて、スターにも、年齢というものがあり、ライフサイクルを運営する様子は、商品ライフサイクルを運営するのときわめて似ている。その横にはエージェントが「プロダクト・マネージャー」や「ブランドの管理者」になっている構造を示している。

また、スターへの対価の支払い方法も多様化してきている。コマーシャル契約の高額報酬だけではなく、ライセンス契約、場合によっては、企業の収益のレベニューシェア、株式付与という形態も出てきており、ビジネスとして発達してきている現状が明かされる。

スターの座が危うくなっていたトム・クルーズとの業界困惑の契約

２００６年11月、映画スターのトム・クルーズと、彼の長年のビジネス・パートナーでベテランプロデューサーのポーラ・ワグナーは、ハリー・スローンのオフィスに足を踏み入れた。[1] スローンは当時、映画スタジオのメトロ・ゴールドウィン・メイヤー（ＭＧＭ）の会長兼ＣＥＯで、オフィスはロサンゼルスのセンチュリー・シティにあった。３人はパートナーシップをまとめるために顔を合わせたのだが、その内容は多くのハリウッド関係者を驚かせることになった。クルーズとワグナーは、ユナイテッド・アーティスツという、ＭＧＭ所属でほとんど活動していないスタジオを経営するという契約に署名したのだ。クルーズとワグナーとスローンの３人は、ユニークで強力な組み合わせとなった。クルーズは、１９８３年の『卒業白書』出演から、かれこれ四半世紀にわたりハリウッドで大スターの座を占めてきた。ベテランプロデューサーのワグナーは１９８０年、一流のタレントエージェンシーであるクリエイティブ・アーティスト・エージェンシーに、初の女性エージェントのひとりとして入社した。それ以来ずっとクルーズのキャリアを慎重に導いてきた。スローンは、１９９０年代に設立した会社をヨーロッパ大陸で２番目の放送会社に育て上げ、創立から15年たった頃、その会社を26億ドルで売却したことでよく知られていた。

ＭＧＭとの契約が結ばれたのは、トム・クルーズのスーパースターとしての立場にはじめて疑問が呈されたときだった。ファンも業界関係者もあっけにとられたクルーズの度重なる言動に、メディアの注目がちょうど集まっているところだった。たとえば、それまで1年半の間、クルーズは有名トーク番組『オプラ・ウィンフリー・ショー』で、当時婚約者だったケイティ・ホームズへの愛を叫びながら、ソファに飛び乗ったり、これから産まれる自分の赤ん坊の胎盤を食べるつもりだと公言したり、ブルック・シールズが産後うつに対処するため薬物を服用したことに対して、激しい非難の言葉を浴びせたり、サイエントロジーはエセ科学だと指摘したドイツ人記者に食ってかかったりするなどの行動に及んだ。スローンがこの前例のない申し出をするちょうど2カ月前、バイアコムの会長サムナー・レッドストーンは、普通なら考えられないほど唐突に、しかも公に、クルーズとワグナーの2人と、バイアコム・スタジオひいては傘下のパラマウント・ピクチャーズとの間に14年続いた関係に終止符を打つ、と発表した。トムたちとバイアコムとのパートナーシップは当初大きな成果をあげて、『ザ・ファーム　法律事務所』、『デイズ・オブ・サンダー』、『ミッション：インポッシブル』などのブロックバスターを生み出し、クルーズはハリウッドでも最も信頼できる、稼げる俳優と見られるようになった。だが、レッドストーンはクルーズの物議を醸した行動に対し、不愉快でありスタジオに損失を与えるとの見方を募らせたのだ。

　レッドストーンは新聞のインタビューで、『ミッション：インポッシブル』シリーズ3作目のチケット売上げが期待外れなのは、クルーズの奇行のせいだと述べた。ワグナーは素早く反論した。「トム・クルーズは、10カ月間でパラマウントに10億ドル近い金額をもたらした[2]」として、パラマウントの最新出演作『ミッション：インポッシブル3』と『宇宙戦争』の2作品の興行収入を示した。それでもレッドストーンは年間1000万ドルのプロダクション契約の更新を拒み、クルーズとワグナーに対して、パラマウントのスタジオ内にあるオフィスを明け渡すように求めた。「これはトムの演技力とはまったく関係がない、彼は素晴らしい俳優だ」(3)と、レッドストーンは『ウォールストリート・ジャーナル』紙に述べた。「けれども、自ら作品の息の根を止めて会社の収益に損害を与えるような人物は、スタジオにいるべきではない」。

スローンが申し入れたパートナーシップはクルーズに、反撃の機会と彼を疑う者たちが間違いだと証明する機会を与えた。しかし、スローンが〝実験〟と呼んだこのパートナーシップは、ほかの理由からも注目に値する。クルーズとワグナーには、ユナイテッド・アーティスツの方向性について、比較的自由裁量が認められたのだ。たとえば、6000万ドル未満の映画の企画なら、MGMの承認を受けなくてもゴーサインを出すことができた。また、少なくとも5年間に年間6本まで映画をつくることができた。全作品の配給と当初の資金調達はMGMが行い、スタジオは収入の7パーセントから15パーセントの間で配給手数料を受け取る。引き換えに、MGMは2人に対して資金提供を求めることなく、ユナイテッド・アーティスツの株式の3分の1を与えた。プロデューサーとしての腕は一流だが幹部職の経験はないワグナーがCEOの役割を担い、日常業務を監視する責任を与えられた。クルーズは公式な肩書はなかったものの、積極的に映画を選び、俳優たちと仕事をすることが期待された。最も意外な点は、クルーズにユナイテッド・アーティスツの映画への出演義務が課されなかったことだろう。そのため、彼は依然としてほかのスタジオの映画に自由に出演し製作できた。

「スターの呪い」──客が呼べても高額の出演料で利益が出ない

かつてグローバルなメディア企業を経営した立派な実績をもちながら、伝統はあるが、長年不振が続くMGMスタジオの救済に乗り出した聡明で円熟した経営幹部ハリー・スローンは、いったい何を考えていたのだろうか。クルーズとワグナーとの新パートナーシップにより、いちかばちかで一流俳優主演のブロックバスター作品を生み出そうとしたのだろうか。それともスローンは常軌を逸してしまったのだろうか。

ユナイテッド・アーティスツの契約が発表されたとき、業界観測筋の多くはスローンの行動に対して、クルーズがソファに飛び乗った一件と同じくらい困惑を覚えた。しかしハリウッドの激しい人材獲得争いと、その他エンターテインメント分野におけるスターの役割の変化をよく観察すると、スローンは結局それほど常軌を逸していたわけではないとわかる。それどころか、根本的な問題を解決しようとした試みともいえる──スタジオや雇い主の企業の利益を損ねるほど、影響力のあるスターの力が強まり、映画業界を含めたエンターテインメント業界全体がむしばまれているという問題だ。

この実験は最終的に、関係者の望んだ結果にはならなかったし、今から考えると、違う方法で取り組むべきだったのかもしれない。それに知っての通り、クルーズのトラブルはその後も続く。それでも、この異例のパートナーシップから学べることは多い。

スローンの動機と、彼の申し出がクルーズを引きつけた理由を理解するために――それに、経営陣が将来スーパースターとどんな関係を築くことになるのか、この契約から読み解くためにも――映画業界の歴史を少し振り返ってみるといいかもしれない。MGM創立の1924年当時、創設者のルイス・B・メイヤーとスタジオ経営陣仲間はハリウッドで権力をほしいままにしていた。その頃、いわゆる「スタジオ・システム」のもとで、MGMを含めた7つのスタジオが自社の映画を上映する映画館を所有するとともに、映画製作を独占しており、俳優をはじめとして監督、脚本家、セットデザイナー、フィルム編集者などを定額給の従業員として扱っていた。

現在のわたしたちには想像しがたいが、ビング・クロスビー、ベティ・デイヴィス、オリヴィア・デ・ハヴィランド、ボブ・ホープ、ジョン・ウェインなどのスターたちは、厳格で包括的な契約に署名することが要求されていた。彼らは基本的にスタジオの所有物だった。契約期間は通常7年で、スタジオが要求する映画と広報活動すべてに参加するように定められていた。(4) スタジオはスターに同じような役柄ばかり与えて、スクリーン上の人格に基づいた広報活動を展開し、所属スターの公的人格をつくり上げた。契約には、スタジオがスターの公的イメージを詳細まで管理できると定められた条項が多々あり、そのイメージを利用してスターの人気を高め、興行収入を増やそうとしたのだ。スタジオがスターのインタビュー内容を作成し、「モラル条項」によって、公の場でのコメントや写真撮影のポーズ、さらには恋人までもが指示されていた。スタジオの命令で、スターはその容貌、髪の色、名前、経歴の詳細まで変えることもあった。

昔のスターたちがそこまでしたのはすべて給与のためだった。だがその額は、現在のトップ俳優の莫大な報酬にはるかに及ばない。たとえば1947年、最も人気のあったスターには、映画1本当たり10万ドル弱、インフレに合わせて調整すると、現在の水準でおよそ90万ドルが支給された。かなりの額だが、現代の大スターが要求できる何百万ドルもの出演料にはほど遠い。契約が切れるまで昇給はないので、たとえ大スターでも何年も同じ給与所得に縛られることになった。しかも、俳優が仕事を遂行できなかった場合、理由のいかんにかかわらず、スタジオはいわゆる延長条項を行使して、自動的に契約を延長できることになっていた。

このスタジオ・システムは、訴訟によって停止に追い込まれた[5]。1944年、カリフォルニアの裁判所はワーナー・ブラザーズに対して、延長条項をめぐる争いで敗訴の判決を下し、この条項の本質を奴隷制になぞらえた。このときの判決が転換点となり、間もなくスタジオからスターに権力が移るようになった。1950年代に入ると、スタジオはプロジェクト単位で俳優を雇うようになり、エージェントとマネージャーの力を借りながら、スターは新たに手に入れた力を活用するようになった。その後何十年にもわたり、映画界の大スターの給与も特典も天井知らずとなった。場合によってスタジオのトップは、スターが設立した製作会社――ごく一部の例としては、リース・ウィザースプーンのパシフィック・スタンダード、ブラッド・ピットのプランBエンターテインメント、ウィル・スミスのオーバーブルック・エンターテインメントなど――と「ファースト・ルック」契約を交わすこともあった。これは、追加手数料とスタジオ撮影所内のオフィススペースを利用する権利などをスターに与える代わりに、そのスターが進める映画の製作権または配給権を、スタジオが優先的に得られるという契約だ。

2000年代半ば頃、スターとスタジオの主導権争いは映画スタジオの採算性に貢献しないことが、一層はっきりしてきた。2001年から2005年までの配役決定について1200件以上を調べた著者のリサーチから、一流俳優の主演映画は確かに大きな興行収入をもたらすが、出演料の高騰のせいで、スターがもたらした利益も一掃されるとわかった。(6) 結局スタジオには、それほど有名でない俳優を起用した場合の利益と同じほどしか残らない。言い換えれば、当のスターたちが、自分がもたらした余剰分から一番多くを得たということだ。仮にスタジオがジョニー・デップを主演に据えたおかげで2000万ドルの増益となったとしても、デップが同額の報酬を要求したら、スタジオの損益にはまったく貢献しない。これは数多いリサーチの1件にすぎないが、映画業界に関するほかの学術的調査も、「スーパースターの呪い」ともいうべきこの現象を裏づけている。(7)

MGMを2005年に引き継いだとき、ハリー・スローンも難しい状況に直面していることに気づいた。一握りのスターが強い力をもつようになり、スターを出演させるために、スタジオは法外な料金を支払わなければならなかったのだ。さらに悪いことに、スローンが着任する頃には、かつて勢力を誇ったMGM――『風と共に去りぬ』、『オズの魔法使』をはじめ、大ヒットの名作が多数ある――は、ワーナー・ブラザーズなどの大手スタジオに大差をつけられており、対抗するリソースに窮していた。それを物語るように、スローンがトム・クルーズに接触する前の数年間にMGMが公開した主な映画――2004年に『バーバーショップ2』、2005年に、『悪魔の棲む家』、2006年に『ピンクパンサー』――のどれも、全米興行収入が1億ドルを超えなかったし、スタジオの映画は1作もトップ10に入らなかった。(8) 一方でクルーズはこの期間、1億ドルを超える映画に毎年出演していた。

スローンによると、この実験は基本的に「スタジオとスターのインセンティブを一致させる」試みだったという。[9] スローンは、MGMのような中小スタジオとの仕事をクルーズ級のスター俳優にとって魅力的にしようとした。だが、スローンには大手企業ほどの映画製作予算も、俳優の出演料も払えなかったので、スターに何か別のことを申し出る必要があった。そこでスローンはクルーズに、前払い金ではなくて、クルーズとワグナーがやりたい企画を追求する自由と、スタジオの持ち株により将来大金が手に入るという約束を申し出た。

目立った活動をしていないユナイテッド・アーティスツを、自らの実験材料に選んだスローンの選択は妥当だった。[10] 1919年、当時のハリウッドの大スター、チャーリー・チャップリン、ダグラス・フェアバンクス、メアリー・ピックフォード、D・W・グリフィスの4人が設立したユナイテッド・アーティスツは、「スターが築いた会社」として知られていた。このスタジオが特筆に値するのは、映画製作者と俳優に対して、創作の自由と映画の管理を認め、映画があげた利益を彼らにも分配したことだった。この合意について、ある映画業界関係者は「入院患者が精神病院を占拠した」と冗談を飛ばした。

スローンの実験は結果的に期待外れだったと、広くみなされている。クルーズとワグナーは、ユナイテッド・アーティスツの名のもとでわずか2作品しか製作しなかった。『ワルキューレ』は、全世界で2億ドルの興行収入をあげたもののわずかな利益にとどまり、『大いなる陰謀』は評判を集めることもできなかった。業界観測筋の中には、契約条項に失敗の原因があったと指摘する者もいた。クルーズがスタジオ幹部として意欲的かどうかわからなかったのだから、どんな映画を製作すべきかスローンが発言権をもつべきだったのではないかというのだ。また、当時クルーズが世間の不評を買っていたことを考えると、彼を選択したことがそもそもの間違いだという者もいた。両者の指摘はもっともだ。だがスローンは、クルーズのような名声を得たスターは、内容に制限が多ければ契約を結ぼうとしないと考えたに違いない。おそらくスローンは、持ち株保有とプロジェクト決定の自由裁量というインセンティブを、クルーズがユナイテッド・アーティスツに着目する動機にしたいと思ったのだろう。スローンにはそれよりほかに、一流のスターを引きつける術も、見込みのあるプロジェクトもなかったのだ。クルーズのトラブルがMGMに有利に働く、つまりクルーズに大手スタジオとの契約がひとつもない状況だからこそ、ユナイテッド・アーティスツに興味を示すかもしれないと、スローンは思ったのだろう。衰退しつつあるスタジオの運命をよみがえらせるために大胆なことをしなくては、と思ったのかもしれない。たとえそうだとしても、スローンは違う契約内容を要求することもできたはずだ。たとえば、クルーズがメインストリームの映画をつくるという条項を織り込むこともできたかもしれない。よく知られている話だが、クルーズが次のプロジェクトとして、人気映画『ターミネーター』の次回作を選ぶことをスローンは期待していた。

この実験はある点に関しては成功を収めた。スローンの主な目標のひとつは、外部の投資家を呼び込んで資金を調達し、クルーズのスターとしての価値に信頼を置くビジネスパートナーと良好な関係を築くことだった。スローンはスタジオのためにクルーズの力を利用しようとした。しかもそれはうまくいった。MGMの資金調達に難儀しているとき、ユナイテッド・アーティスツはクルーズのおかげで、5億ドルの融資を受けられたのだ。結果としてスローンの実験は、MGMにとってとくに大きなプラス面は生み出さなかったが、スローンとユナイテッド・アーティスツにとって、ほとんどマイナス面ももたらさなかった。もう少し運が良ければ、これはハリウッドにおけるコラボレーションの新モデルの先駆けになったかもしれない。

エンターテインメント企業と創造的人材のこの種のパートナーシップを実用化するためには、コラボレーションが当のスーパースターの目標達成にも資するものでなくてはならない。それには、スローンの言葉によれば、きちんと「インセンティブを一致させる」必要がある。そこで、今後の動向を把握するためには、一流俳優が報酬の不確実な長期パートナーシップから何を得られるか、俳優がパーソナルブランドを築き利益を得る労力とこうしたパートナーシップとをどのように一致させることができるか、検討を加える必要がある。言い換えれば、いったいどんな理由からクルーズはスローンに「イエス」と答えたのだろうか。またほかのエンターテインメントの分野で活躍する一流の人たちは、どんな理由でコラボレーションに応じているのだろうか。部外者にはとくに意味がないように思われるかもしれないが、聡明なスターとその顧問役がいかにパーソナルブランドを管理するかについて、とりわけどんな機会をいつ追うべきかについては、明快なロジックが存在する。実は、こうした抜かりのないスターたちの選択が、エンターテインメント企業にとって実に厄介な問題を引き起こしている。企業が一流のスターに頼るほど、企業の採算性は損なわれるおそれがあるのだ。

その理由と形態を検討するにあたり、著名人のCM／広告契約がわかりやすい背景を提供してくれる。近年アメリカで放送された広告の10〜20パーセントは、著名人を起用して商品やブランドを推奨してもらう形態で、その割合はアジア諸国の倍にあたる。人気の高い著名人はこの契約で高額を得られる。CM／広告契約は、エンターテインメント界では、スターの主な収入源になっているという。

ウィンブルドン優勝後、コート外でも成功するマリア・シャラポワ

2004年7月、マリア・シャラポワは世界で最も権威あるテニスのウィンブルドン選手権で、同大会の女性最年少優勝者の記録に迫る17歳という若さで優勝した。(11) 予想外の勝利だったというだけでは、控えめにすぎるだろう。何しろその年、ウィンブルドンに参加した時点のシャラポワの世界ランクは15位で、せいぜい優勝の望みが薄い対抗馬くらいにしかみなされていなかった。それよりも、試合後のほうが驚嘆に値するかもしれない。その2年後、シャラポワは推定年俸2500万ドルで、女性アスリートの中で世界最高年俸となったのだ。(12) コート外での成功の秘密は何だったのだろうか。シャラポワのエージェントであるマックス・アイゼンバッドは、見た目は『ザ・エージェント』のトム・クルーズとはいえなくても、トムが演じたエージェントの知恵と情熱、ファイトは間違いなく備えていた。スーパースターのブランド構築に何が必要なのか、豊富な知識も備えていた。

「その日、マリアの人生は一変した。それに、わたしの人生も」。アイゼンバッドは、ウィンブルドンの勝利が生み出したとてつもない影響を思い出して語った。「優勝したとき、実は目が腫れるほど泣いたんだ」。当時まだ32歳だったアイゼンバッドは、勤務先である一流スポーツ・

エージェンシーのＩＭＧがシャラポワと契約して以来、彼女のキャリアをずっと導いてきた。契約時、シャラポワはまだ11歳だった。「マックスは半分家族で、半分エージェントなの」と、シャラポワはインタビューで語った。早い時期から、アイゼンバッドはシャラポワのコートでの活躍を支えてきただけではなく、企業のスポンサーとの関係構築やビジネス上でのアドバイスについても力を注いできた。しかし、シャラポワが２００４年７月にグランドスラムで優勝するとは、アイゼンバッドでさえ思いもよらなかった。

「準決勝は、優勝候補のひとり、リンゼイ・ダベンポートだった」と、アイゼンバッドは思い起こした。「最初、ダベンポートはシャラポワを圧倒していた。ダベンポートが第１セットを６-２で取って、第２セットは雨で中断された。……もう終わったと思ったし、ダベンポートのエージェントからも慰めの言葉をかけられたよ。それから２時間後に試合が再開されたとき、シャラポワは調子を取り戻していた――それどころか絶好調だった！　シャラポワは第２セットを７-６で取り、第３セットは６-１で勝った。その２日後、決勝でセリーナ・ウィリアムズと対戦した。ほっそりした少女が、身体能力が圧倒的に高い、強力なチャンピオンと対峙した。第１セットを６-１で取ったが、そのまま調子を保てるとは思わなかった。ところが彼女はやり遂げたんだ。実に素晴らしい勝利だった」。

シャラポワは２００６年、全米オープンで２つ目のグランドスラム優勝を果たした（「このときは勝てると思っていた」とシャラポワは振り返った）。その頃にはもう、世界最高年俸の女性アスリートとなり、男子テニス選手最高年俸のロジャー・フェデラーを抑えて、アスリート全体で世界10位に位置していた[13]。ナイキ、モトローラ、キヤノン、タグ・ホイヤー、ペプシ、ランドローバーなどのブランドとのCM／広告契約から得た収入は、1800万ドルをゆうに超えたと見積もられる。(14) しかも、1年のうち2週間半しか、こうしたスポンサーシップとの活動にかかわる時間が取れなかったにもかかわらず、これほどの金額を稼いだ。

自らを売り叩いているという感覚を生み出すことなく、シャラポワは莫大な収入を得た。その点で、やはりブロンドでロシア出身の女子テニス選手、アンナ・クルニコワとは異なる。クルニコワはテニスの成績よりも、多くの男性雑誌で披露した肌も露わな姿の写真と、「跳ね返るのはボールだけ」という謳い文句の下着広告で有名になった。かといって、シャラポワもそのモデル並みの容姿に頼らなかったというわけではない。「現実を甘く見るのはよしたほうがいい。シャラポワは身長180センチでブロンド、とても魅力的な女性だ。それは彼女が多くの耳目を集める理由のひとつだ」と、アイゼンバッドは認める。

だが、最初のグランドスラム大会優勝以来、〝チーム・シャラポワ〟（本人とアイゼンバッドだけではなく、IMGのほかの担当者数名）は、彼女のブランド構築においても、CM／広告契約を幅広いポートフォリオでもち成果を得ることにおいても、見事な成果をあげてきた。

◆製品と同様にスターにもライフサイクルがある

クリエイティブな人材のキャリアを考えるうえで、「人材ライフサイクル」というレンズを通して見ることもひとつの方法である。人材ライフサイクルは、クリエイティブな仕事をする人のブランドが、時間とともにどのように変化するか示すものだ。他分野の経済を専門にするマーケターは、「製品ライフサイクル」を戦略的意思決定の指針とすることが多い。これは、製品を導入して成長を迎え、成熟して衰退するまで、製品は予測可能な段階を経るという考え方が基本になる。各段階において異なる戦略的問題に直面することも、マーケターは承知している。人材はそれぞれの段階を経るものなので、しかもエンターテインメント業界では、商品をつくる人が商品そのもの（あるいは切っても切れない一部）になることが多いので、人材ライフサイクルを調べることはきわめて有効である。

人材ライフサイクルについては、2つの特徴がすぐに頭に浮かぶ。ひとつは、どんな成功であれ、成功の確率が低いこと。もうひとつは、エンターテインメント業界のキャリアは比較的短いということだ。プロのテニス選手や俳優、ミュージシャン、その他エンターテイナーを目指す人のほとんどは、その職業に就くことさえできない。実際に成功を手にした人でも、その分野でトップまたはその付近にとどまる期間は、えてして短い。とくにほかの専門的職業、たとえば医師や弁護士、会計士、コンサルタントなどと比べると、この傾向は顕著だ。エンターテインメントの世界のキャリアについて考えると、シャラポワやクルーズ、レディー・ガガなど、影響力をもつごく少数のスターといった、大成功を収めた人ばかり思いつくものだ。ところが現実は、多くのパフォーマーが現れては消えて、長期間にわたりトップにとどまることができるのは、ほんの一握りの人だけだ。この事実は、クリエイティブな人材にとっても、その人材に勝負を賭けるエンターテインメント企業の経営陣にとっても、深刻な問題となる。

人材の価値が時間とともにどのように変化するか、異なる部門でさらに詳しく調べると、そ

図表4-1　イギリスのプレミア・リーグでプレイする、サッカー選手のライフサイクル

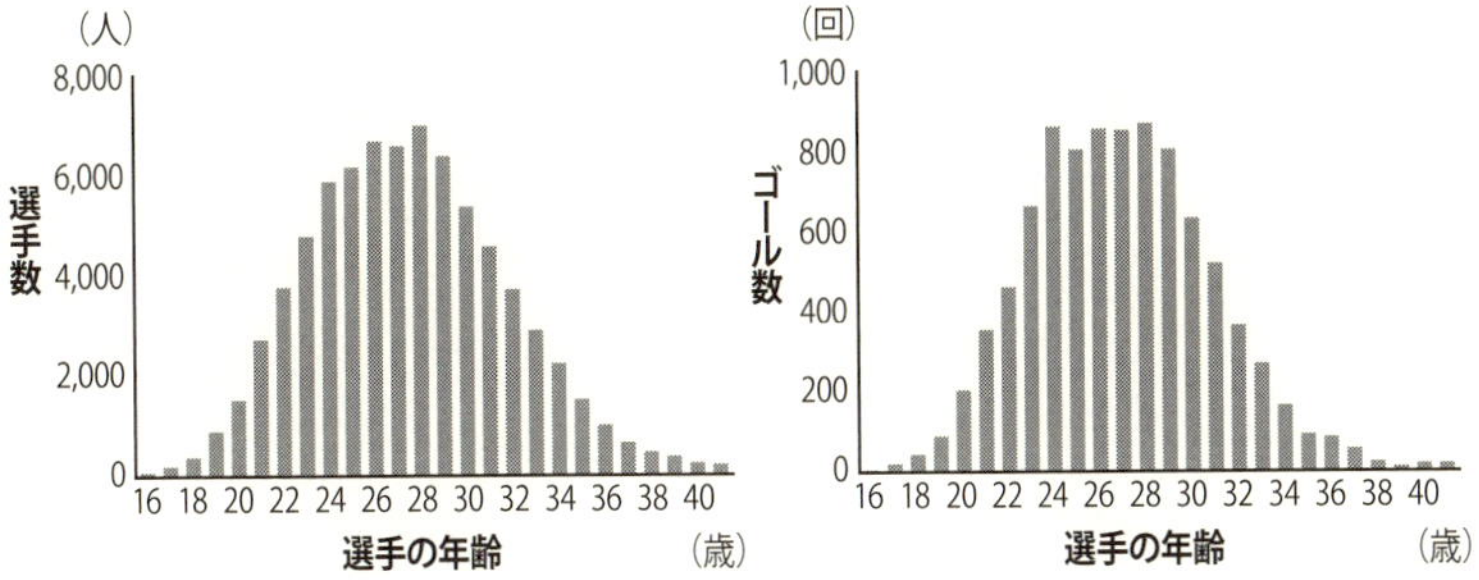

左のグラフは、2001−2002年から2010−2011年までの10シーズンの間に、イギリスのプレミア・リーグでプレイを開始した全選手の年齢を示す[15]。右のグラフは、同じ期間の試合でゴールを決めた選手の年齢を示す。

の結果がベルカーブと似ていることがわかる。

つまり、クリエイティブな人材による創造的経済への貢献は一般的にいって、時間とともに上昇して、その後下降するのだ。この傾向は、ミュージシャンのCD売上高であれ、映画スターの演技を観にくる観客数であれ、モデルの写真撮影が生み出す利益であれ、〝価値〟についてどう定義しようと変わらない。図表4−1〜3のグラフが示すように、そうしたベルカーブはエンターテインメントの世界の至るところで見られる。たとえば、イギリスのプレミア・リーグでプレイを始めたときの選手の年齢、その選手たちが決めた全ゴールとその年齢、グランドスラム大会で決勝に進出したテニス選手の年齢、テニス世界ランキング1位の選手の年齢。さらに、ハリウッド映画に出演した俳優の映画公開時の年齢と、映画があげた世界興行収入とその出演俳優の年齢について検討しても、ベルカーブはやはり見られる。

図表4-2　プロテニス選手のライフサイクル

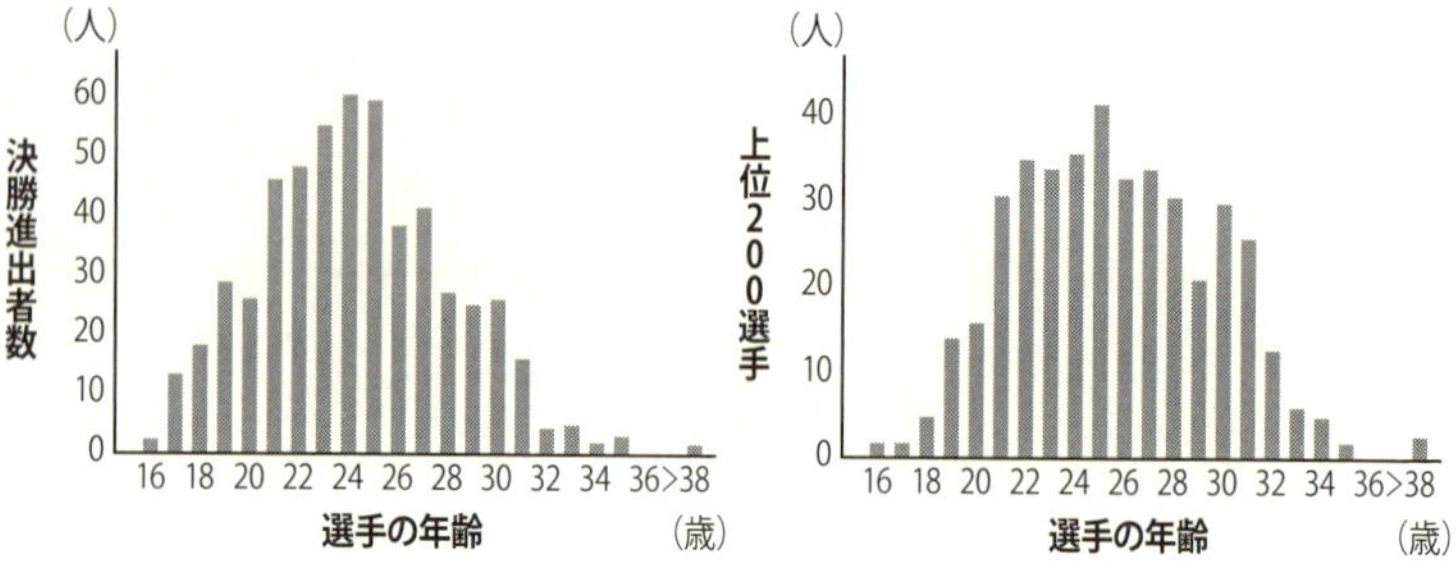

左のグラフは、1980年から2012年までのグランドスラム大会（全豪オープン、全仏オープン、全米オープン、ウィンブルドン選手権）で決勝に進出した男女選手全員の年齢を示す[16]。右のグラフは、2012年9月時点で、男子プロテニス協会（ATP）と女子プロテニス協会（WTA）のランキング上位200名の年齢を示す。

図表4-3　ハリウッド映画スターのライフサイクル

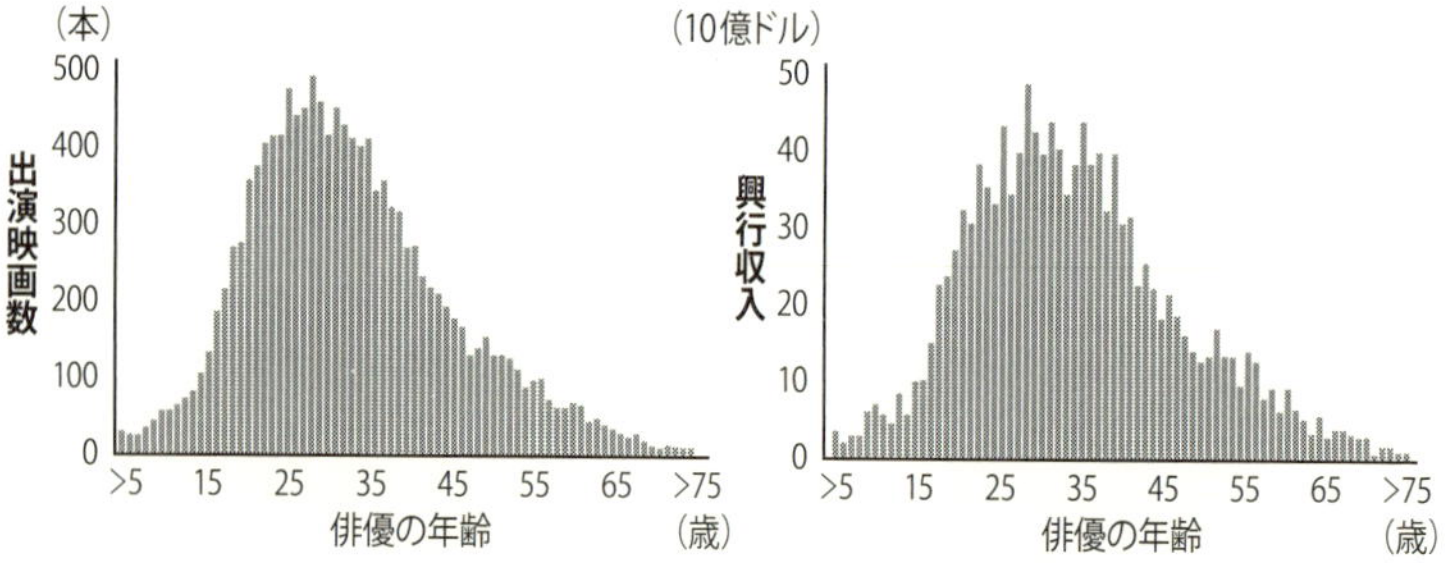

ハリウッドのデータを追うサイト、boxofficemojo.comに掲載された675人の映画俳優のデータをもとに[17]、左のグラフは、その俳優たちが出演した1300本を超える映画が公開されたときの、彼らの年齢を示す。右のグラフは、その映画の全世界興行収入について、やはり俳優の年齢別に示している。データは2012年6月に収集したもの。

コラム5 老化・寿命と無縁のキャラクタービジネスは無敵だ

鳩山玲人

スター選手には人間であるがゆえの年齢の変化や寿命があるが、キャラクターは、創作物なので、年を取らない。それだけでなく、50年、100年といった長期のキャラクターブランド戦略の構築が可能で、長い時間をかけて「商品」力、「ブランド」力を構築していくことができる。サンリオのハローキティ、ディズニーのミッキー・マウス、アイコニックス・ブランドグループのスヌーピーなどが代表例といえる。

CM／広告契約による「価値の創造」と「価値の獲得」

しかし、ある分野の大まかな趨勢が予測できるとしても、個人のキャリアは千差万別だ。アスリートやエンターテイナーの現在の価値を定量化することは容易ではない。ましてや長期間にわたる道筋を予測することなどできやしない。

それはひとつに、宇宙の法則を無視しているかのような少数のパフォーマーがいるからだ。たとえば、マンチェスター・ユナイテッドのライアン・ギグス（20歳以上年下のチームメイトもいる中で、40歳まで現役として活躍）、マリア・シャラポワ（若くしてグランドスラム初優勝を成し遂げた）、メリル・ストリープにジョージ・クルーニー（年齢を重ねても、スターとしての力が衰えない）などがそうだろう。しかし、通説をものともしないこうした人たちはさておき、エンターテイナーの価値を評価することが難しいのには、もっと根本的な理由がある。

そのひとつの要因は、早くに勝利を収めた者は、さらなる成功に対して有利な立場にあるという点だ。要するに、経済学者のいう「経路依存性」や「正のフィードバック」[18]のことだ。配役担当ディレクターが映画俳優を選ぶ場合を思い描いてほしい。小さな役のオーディションを受ける何百人もの無名俳優を見分けようとするとき、ディレクターにはおそらく判断材料がほとんどない。ところが、ある俳優が1、2度選ばれて、期待に添う仕事をしたとなると、以降もその俳優が引き立てられる十分な理由となる。結果として、ほかの俳優と比べて（仮に違いがあったとしても）ほんのわずかの強みに基づく決定が、幸運な勝者としての豊かなキャリアにつながり、ほかの何百人もの志願者のチャンスをつぶすことになるかもしれないのだ。

スポーツでも、早い時期に起きた一見小さな出来事が、その後のキャリアに大きな影を投げかけることがある。西シベリアの工業都市で生まれたシャラポワは、1986年のチェルノブイリ原子力発電所の事故が起きなかったら、テニスでトップに上り詰める機会はなかったかもしれない。この事故のせいで、シャラポワの両親は西シベリアに移ることを余儀なくされ、やがて黒海のリゾート都市ソチに移ったのだが、幼かったシャラポワはそこでテニスをする機会を得た。その後、もしシャラポワと父親が、幸運にもモスクワで、伝説的テニス選手のマルチナ・ナブラチロワが訪れていたテニス教室に参加する機会がなかったら、ナブラチロワが当時6歳だったシャラポワのプレイに目をとどめて、父親のユーリに娘の才能を伸ばすように勧めることはなかっただろう。ユーリ・シャラポワのほうも、IMGアカデミーのひとつであるフロリダのニック・ボロテリー・テニスアカデミーで、娘に世界レベルの指導を受けさせようとは思わなかっただろう。

同じことは、舞台裏で働く人たちにも当てはまる。1999年にIMGに入社したアイゼンバッドは、研修の一環としてニック・ボロテリー・テニスアカデミーに派遣された。そこで幼いマリア・シャラポワと出会わなければ――「僕はすぐに、その子が特別だとわかった」という――アイゼンバッドは、現在のような一流のエージェントになっていなかったかもしれない。IMGに入ったのがもう少し遅かったら、別のエージェントが、将来ウィンブルドンで優勝するその少女と、すでに絆を築いていたかもしれない。

また同じように、トム・クルーズはポーラ・ワグナーがエージェントを始めたばかりの頃のクライアントのひとりだった。ワグナーはやがて、デミ・ムーア、ヴァル・キルマー、ケヴィン・ベーコンなどの俳優や、監督のオリバー・ストーンなどにもキャリアの助言をするようになった。もし2人が出会わなければ、クルーズもワグナーも現在のような輝かしいキャリアを築いていたかどうかわからない。

スーパースターやそのエージェント、マネージャーたちが自力で成功をつかんだのではないとか、最初の頃に幸運をつかんだあとはいつも順風満帆だった、というわけではない。アイゼンバッドもワグナーもきわめて有能なエージェントだし、シャラポワもクルーズも、仕事に対する専心ぶり、不撓不屈の精神、飛び抜けて安定した実績で知られている。シャラポワは3度目、やがて4度目のグランドスラム優勝を成し遂げて、グランドスラム4大会をすべて制した史上10人目の女性となり、女子テニス生涯獲得賞金の上位に位置している。

一方クルーズは、少なくとも1億ドルの興行収入を集める映画に、俳優の中で一番多く主演している。[19] 要は、大スターでさえ、とくにキャリアの早い時期には自ら道を切り拓く必要があるということだ。さらに、アーティストやアスリートの客観的な資質は、その資質がどのような方法で評価されるにしても、成功の予測材料にはあまり役立たないということだ。

本物の才能はまぎれもなく貴重な資産であるが、クリエイティブな仕事に就く人にとって、成功を収めてスーパースターになるかまったく無名のままでいるかの差は、本当に紙一重でしかない。サッカーの世界では、ボカ・ジュニアーズのユースアカデミーに入学することが、選手の全キャリアにとてつもない違いをもたらすことがある。音楽の世界でも、レーベルに契約を切られた、切られそうになったスターの話は山ほどある。アリシア・キーズ、50セント、ケイティ・ペリーは、そうした経験をした大勢のミュージシャンの氷山の一角にすぎない。その強烈な才能にもかかわらず、レディー・ガガも同じ憂き目に遭っている。デフ・ジャム・レコードのトップ・プロデューサー、L・A・リードと交わしたレコード契約をわずか3カ月で打ち切られたのだ。そのあとようやく、ヴィンセント・ハーバートのストリームライン・レコードに落ち着くことになる。スーパースターになる才能を秘めながら、単に幸運に恵まれなかったか、2度目のチャンスが与えられなかったせいで、まだ無名のままの無数の人たちについては、思いをめぐらすしかない。

エンターテイナーの価値を評価するうえで、もうひとつの複雑な要因は、商品がチームでつくられる場合、個人ひとりの貢献を切り離すことが難しいという点だ。これは、いわゆるOリングの理論のせいだ。この名称は、スペースシャトルのチャレンジャー号の爆発を引き起こしたとされる、不具合のあった一部品に由来する。この理論をクリエイティブな産業との関係において最初に述べたのは、経済学者リチャード・ケーブスだ[20]。エンターテインメント商品の質は、ある基準に達した働きをするあらゆる投入資本——働き手全員——によって決まる、とケーブスは指摘した。たとえばオーケストラなら、音程の外れた演奏者ひとりがいれば、全体の演奏を台無しにしかねない。映画なら、多くの業界関係者が証言するように、別々に演じると素晴らしい演技をする2人の俳優が、映画で共演すると、才能を発揮できないこともある。これは、音楽でも映画でもサッカーの試合でも、ある商品に対してチームのメンバーのひとりがいくら貢献しても、その商品の出来は生産に携わるほかの人たちの力量に左右されるということを示唆している。

エンターテインメント商品の成功と失敗の原因特定は、ほとんど不可能な場合が多い。人気俳優の主演映画が興行収入記録を達成しても、その俳優がチケットの大量販売をもたらしたということにはならない（けれども、たとえばジェレミー・レナーが初主演した『ボーン・レガシー』の世界興行収入は、シリーズ1作目から主演を務めたマット・デイモンが最後に主演した『ボーン・アルティメイタム』より、1億5000万ドル以上も少なかったことを考えると、確かにそう結論づけたくなる）。同様に、あるサッカー選手のチーム登録が、たまたまクラブの成績が急に好転した時期と一致したからといって、その新しい選手が好成績をもたらしたことにはならない。映画やサッカーの試合のようなエンターテインメント商品は、組み立てたり組み立て直したりできない一度かぎりの品物なので、ほかの説明の可能性をすべて否定することが難しいのだ。

最後にもうひとつ複雑な要因としてあげられるのは、エンターテイナーは多種多様な理由でスーパースターになる可能性があるという点だ。マリア・シャラポワのキャリアからもわかるように、スターの地位というものは一元的には捉えられない。シャラポワが女性アスリート最高年俸者になったとき、何人かの女子テニス選手は試合でシャラポワよりも好成績を残していたので、別の要因が絡んで彼女の報酬を押し上げたに違いない。シャラポワの容姿、勝利を求める不屈の精神、アイゼンバッドによる慎重なブランド管理――このすべてが絡んでいたのだ。

トム・クルーズのキャリアはこの点を違った形で説明するのに役立つ。クルーズはアカデミー賞を受賞したことがなく、批評家から名優にあげられることはないかもしれない。それでも、20年以上にわたり、最も観客を呼べる俳優のひとりだった。最近だと、演技力で称賛を得たジェニファー・ローレンスが好例だ（『世界にひとつのプレイブック』で、アカデミー主演女優賞をはじめとして、数多くの賞を受賞した）。演技力のみならず、アカデミー賞を受賞したときの親しみやすいスピーチ（登壇するとき派手に転んでしまった）と舞台裏での魅力的なインタビューも、大勢の人から評価された。この両方が、ジェニファー・ローレンスのスターとしての地位をさらに高めた。

パフォーマーの価値は評価も予測も難しいにもかかわらず、多くのスターはキャリア管理に役立てようとして、同業者と比べると自分はどの程度なのか、何とかして見極めようとする。その判断基準が正確であるほど、スターたちは繰り返し直面する二律背反にうまく対処できる――つまり、ビジネススクールでよく使われる用語でいえば、スターたちは〝価値の創造〟に着手すべきときと、〝価値の獲得〟に乗り出すべきときを判断する必要がある。スポンサーシップに関するスターの選択が、このジレンマの説明に役立つ。CM／広告契約によって、パフォーマーはブランドを築くこと（価値の創造）も、そしてそのブランドを活用すること（価値の獲得）もできるし、両者を交えることもできる。スターはほんのかぎられた時間しかスポンサーシップ活動に関与できないので、CM／広告契約のタイプを自ら選ぶことは非常に難しい。

では、映画俳優が数ある役柄の中からひとつを選ぶとき、自分のキャリアに資する役柄を正確に選んで成功に結びつけるためには、どのような観点をもったらいいのだろうか。演技力をさらに磨くために、または本格派俳優としてのブランド構築に役立つ役柄や、ひとつのジャンルで同じような役柄に終始しないようにと考えて受ける役柄もある（価値の創造）。一方で、それほど取り組みがいかなくても、メジャーな映画に主演することで、高報酬を得られ稼げるスターとしての地位をもたらす役柄もある（価値の獲得）。

この二律背反にどのように取り組むかは、おそらく俳優の人材ライフサイクルによって決まってくるだろう。キャリアを積み始めたばかりの段階なら、自分のブランドを築く役を選択するかもしれない。キャリアを積んで円熟に達した段階なら、すでに築き上げたブランドを活かせる役を演じたいと思うかもしれない。これは曲がりなりにも、プロダクト・マネージャーが製品ライフサイクルによって意思決定する方法と一致する。

◆ブランド構築を主眼に据えたマリア・シャラポワの人材ライフサイクル管理

チーム・シャラポワの人材ライフサイクルの管理法から、多くのことが学べる。ごく早い段階では、主にシャラポワのブランド構築に役立つCM／広告契約が選ばれた。ウィンブルドン優勝後の最初の契約が、シャラポワのブランド認知と将来のチャンスに与える影響が大きいことをアイゼンバッドは十分に承知していた。「国際的な一流企業との大口契約を、すかさず発表することが大事だと思っていた」と、アイゼンバッドは明かした。そこでウィンブルドン選手権から時を置かずに、彼らはモトローラと契約を結んだ。「これが基調となった」。アイゼンバッドは振り返った。「それからキヤノンとタグ・ホイヤーが続いた。すべてが思い通りに進み始めたんだ」。

モトローラとの複数年の国際契約は、まるで天からの贈り物に思われた。優勝直後に、世界中の何百万人もの視聴者がテレビで見守る中、シャラポワはノーブランドの携帯電話で母親にかけたが、一向につながらなかった。折よく、モトローラは携帯電話の新型モデル、レーザーの発売準備をしているところで、マーケティング担当部門の責任者はエンドーサー（訳註：商品を推奨する著名人）を探していた。契約は確かに魅力的だったが、アイゼンバッドは、これを上回る契約料を示したほかの契約を何十件と断っていた。チーム・シャラポワが強調したい特質を象徴する企業とシャラポワとを結びつけたほうが好ましいと考えたのだ。アイゼンバッドの言によると、「クールで、いかしていて、しかもチャンピオン」というシャラポワの特質のことだ。

申し出を比較検討するとき、アイゼンバッドは各契約のタイミングも考慮した。とりわけ、シャラポワのキャリアにとって絶好のタイミングで終了するCM／広告契約を探した。「この種の契約で一番大切なのは、いくらもらえるかということではなく、いつ終了するかということだ」。ウィンブルドン優勝直後の数カ月の間に短期契約を探していたのは、シャラポワがさらに好位置につけて最高額の報酬を要求できるようになったときに向けて、すでに準備に取りかかっていたからだ。やがて、日本限定の高額な1年契約を、ペプシおよび（何と、まだ自動車の免許取得前だったというのに）ホンダと結んだ。その後チーム・シャラポワは、慎重に築き上げたブランドから価値を獲得できるチャンスのほうに軸足を移した。コルゲート・パーモリーブ、サマンサタバサ、ランドローバーなどの数々のブランドとの契約により、シャラポワ自身のブランド形成も好影響を受ける一方で、彼女は自分が収めた成功から利益を得られるようになった。

エンターテインメント事業で創造的仕事に就く人たちは、どのプロジェクトが短期的、長期的目標に一致するのか、よく考える必要がある。一例をあげると、俳優のウィル・スミスは映画で演じる役柄について、とくに綿密な計算のうえで選択することで知られている。[21] シットコム『ベルエアのフレッシュ・プリンス』などテレビの世界から、1990年代に映画の世界に転向してから（当時、このような転向は今と比べて一般的ではなかった）、スミスはエージェントとともに過去の映画の興行成績を入念に分析した。そして、成功率が最も高いのは、特殊効果、ラブストーリー、エイリアンといった特徴を備えた映画だと考え、出演映画の方針を定めた。さらに、実績のある、尊敬に値する俳優を共演者に選んで、脇を固めた。たとえば、『インディペンデンス・デイ』ではビル・プルマンとジェフ・ゴールドブラム、『メン・イン・ブラック』ではトミー・リー・ジョーンズ、『エネミー・オブ・アメリカ』ではジーン・ハックマンという具合だ。こうした俳優陣のおかげで、次々とヒットを飛ばしながら、スミスは本格派俳優としてのブランドを築くことができた。

人間をブランドとして管理することは、当然ながら、〝正真正銘の〟商品を管理する場合とは明らかに異なる。パフォーマーは〝売る〟ことを望むのであって、〝売り尽くす〟ことを望むわけではないので、キャリアのどの段階にいても、ブランド投資に難色を示す可能性がある。何といっても、彼らはその後もずっと、自らの選択で創造したパーソナルブランドとともに生きていかなくてはならないのだ。たとえば、ほんの1日か2日働けば何百万ドルも稼ぐことができても、シャラポワはいつも、ニキビに効果のある洗顔料のCM／広告契約には難色を示した。

エージェント（音楽業界などではマネージャー）が、この過程で重要な役割を果たすことが多い。パフォーマーが「商品」や「ブランド」なら、エージェントは「プロダクト・マネージャー」や「ブランドの管理者」だ。ほとんどのスーパースターは、エージェントやその他仲介者にスターを起用したい企業とのまとめ役を頼み、その他種々のビジネス関連事項を管理してもらっている。

シャラポワのエージェンシーであるＩＭＧは、エンターテインメントの世界で大きな影響力をもつ。ＩＭＧは何百人ものアスリートや芸能人、作家、ファッションモデルに加えて、テレビ放映権やイベント、文化施設などの代理人も務める。ＩＭＧのエージェントは、何十人もの幹部からなるグローバルな販売チームの支援を受けており、幹部たちは同社を代表して法人顧客との契約を行う。「収益アップを図り、多国籍企業との提携で顧客のブランド構築を担うエージェントの職務を、わが社のセールスパーソンは補佐している」と、ＩＭＧの販売部門幹部のひとりが話してくれた。「わたしたちは、意思決定の責任者を知っている。ＣＭＯ、スポンサーのトップ、ＣＭ／広告契約担当者――そうした人たちと良好な関係を築くために、不断の努力を怠らない。優れたエージェンシーであるためには誰を知っているかが大切になる……それに、その人たちの〝心に訴えるもの《ホットボタン》〟が何なのか知ることも」。エージェントとセールスパーソンの報酬方式は、エンターテインメント業界全体で極秘事項として厳重に伏せられているが、ＩＭＧのようなエージェンシーは、アスリートの獲得賞金の平均10パーセント、アスリートのＣＭ／広告契約収入の20パーセントを受け取ると見られている。[22] したがってエージェントも、代理を務めるスターと同じように、ＣＭ／広告契約から得られる価値の創造と獲得との正しいバランスを見つけたいと考えるはずだ。

映画スターがスタジオの力になり、観客を呼び込んで興行収入を後押しするように、著名人のＣＭ／広告契約も企業の財務実績を上向きにすることは、おびただしい証拠からも明らかだ。著者が実施したアスリートの何百件ものＣＭ／広告契約調査[23]から、多様な消費財カテゴリーのブランドの売上高が、広告宣伝費やその他売上高増加の貢献要因を考慮したあとでも、CM／広告契約開始後の半年の間に、平均して4パーセント上昇したことがわかった（4パーセントは大した数字に見えないかもしれないが、そこそこ売れている消費者ブランドなら、売上げが何千万ドルも伸びることもある）。調査対象のうち数件のブランドは、エンドーサーと組んでから20パーセント以上も売上高が伸びた。カテゴリー内の他ブランドに対する波及《スピルオーバー》効果はかぎられていたので、CM／広告契約の力が与《くみ》して競合相手より優位に立ったと思われる。アスリートのCM／広告契約がブランドの株式市場価格さえ押し上げることも、調査からわかっている。CM／広告契約が発表された日、その企業の株価はたいてい25パーセント近く上昇した。しかも、スーパースターに投資した場合のリターンを裏づけるように、優勝記録をもつアスリートはとくに効果をあげるエンドーサーになる。その証拠に、アスリートが大きな勝利をあげるたびに、CM／広告契約を交わした企業の売上高も株価も上昇したことが、著者の調査から明らかになった。

◆──より優位な契約を求めるスターたちの闘い

したがって、かつてないほどの高報酬を得られる位置につけたスーパースターが、エージェントに発破をかけられて、さらに報酬を求める方向に走ったとしても、しごく当然なのである。これがとくに当てはまるのは、キャリアをかなり積んだ段階にいるスターたちだ。すでに財を成しているので、多少のリスクを冒す余裕があるのだ。配役担当ディレクターや人材スカウト、エンドーサーを探すマーケターなど人材に投資する人たちは、この力関係を肝に銘じて、事業目的に合った取引をするよう尽力すべきである。これはあらゆる分野に当てはまるが、エンターテインメントの世界では絶対に必要なことだ。成功の確率がきわめて低いからこそ、人材ライフサイクルがきわめて短いからこそ、そしてスーパースターが見込める報酬がきわめて高いからこそ、投資する側は、正確に見きわめなくてはならないというとてつもないプレッシャーにさらされる。

クリエイティブな人材を雇う企業は、取引の価値とリスクをじっくり考えるべきである。たいていの場合、人材の価値——およびその人材が要求できる料金——は、最初上昇して、次に下降に転じる。それに対して、人材取引にかかわるリスクは、図表4-4が示すように逆の動きを見せる。クリエイティブな仕事に就く人がライフサイクルの段階を経るにしたがって、その人に投資するときに伴うリスクは、最初減少して、あとから上昇に転じる。サッカーの世界を考えてみよう。選手がまだ若いうちは、将来スター選手になるかどうか予測が難しいが、時間がたつにつれて、選手の可能性は目に見えて明らかになり、その選手の獲得を目指すクラブのリスクは減少する。選手が年齢を重ねて怪我を負う確率が高くなると、その選手の獲得に伴うリスクは再び上昇する。

エンターテインメント企業がそうした人材との交渉で優位に立てるかどうかは、彼らがキャリアのどの段階にいるかによってある程度決まる。『サタデー・ナイト・ライブ』の幹部が厳格な契約を志望者の若いコメディアンたちに提示したとき、ひとりを除く全員が署名したという

図表4-4　人材ライフサイクル

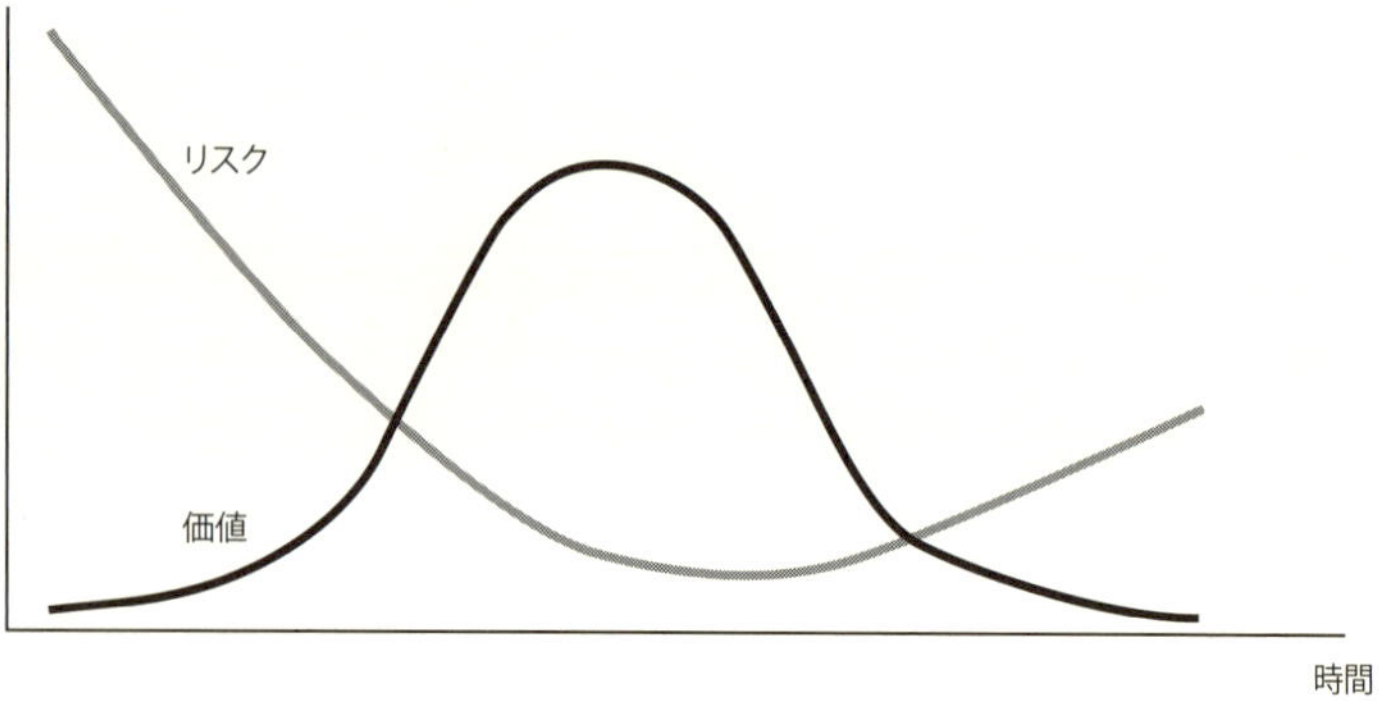

話が、これをよく物語っていた。エージェントとマネージャーから署名しないほうがいいといわれていたにもかかわらず、伝説的な番組に出られるかもしれないという誘惑に抗《あらが》えなかったのだ。「あなたたちは彼らの目の前で夢をちらつかせているんだ[24]」と、ひとりのマネージャーがピーター・ボグダノヴィッチに向かっていった。「『これからＳＮＬのオーディションだ』といわれたら、もう彼らは聞く耳をもたない。……わたしは口を酸っぱくして言い続けたんだ、『それが先例になってしまう。そんなことをさせてはダメだ』と。彼らはもう吹けば飛ぶような存在だ。ただ働きも同然だ」。

成功を収めた俳優は、キャリアの後半に主導権を握るようになる。人気番組『フレンズ』の主演俳優６人は、７年の契約期間が切れる２０００年を待って、新契約の交渉に臨んだ。６ケタを下回る額から、ひとつのエピソードにつきおよそ75万ドルにまで出演料を引き上げた話は有名だ。一丸となってことにあたるという６人の決意が、当時としては破格の出演料を要求するうえで役立った。「彼らの主張はこうだった。『全員に同じ出演料を払うこと。全員出演か、誰も出演しないかだ』」。NBCを代表してこの交渉に深くかかわったガース・アンサーが、当時を振り返り語った。

音楽業界では、大手イベントプロモーション会社のライブ・ネイションが、アーティストのキャリア・ステージに応じて、この種の契約をあつらえている。従来は、「プロモーターがアーティストに［支払い］、ひとつか2つの会場で演奏してもらい、アーティストがツアーのためのチームを［募集する］──つまり、アーティストが事実上、トラックやバス、クルーやサポート・ミュージシャン、それにダンサーまで手配して、ホテル代や交通費を払う」というやり方だった。ライブ・ネイションの世界ツアー部門CEOのアーサー・フォーゲルが、かつてそう話してくれたことがある。これは今でも業界の基準だ。一般的に、契約のリスクの大半はアーティストが負う。だが、ライブ・ネイションは現在、世界ツアーでも会場を満杯にできるほどのアーティストに対しては、〝純益取引〟を交渉することが多い。アーティストが純利益の一定の割合を受け取り、プロモーターが全費用の責任を負うという取引だ。これは賢明なやり方だろう。ライブ・ネイションは、実績も名声もあるアーティスト──本質的にリスクの低い賭け──に価値あるサービスを提供できるし、同時に高額の報酬を共有できるからだ。レディー・ガガでさえ、モンスター・ボール・ツアーの最初の会場20カ所以上でチケットを完売し実績を証明してから、ようやく純益取引の資格を得られた。レディー・ガガはこの取引の契約期間中、ゆうに2億ドルを超える収益をあげ、モンスター・ボール・ツアーは近年まれに見るほどの巨利を得たツアーとなった。ライブ・ネイションはこの取引に少しも後悔していない。

クリエイティブな仕事に就く人たちが何を要求するか、キャリアのどの時点で妥協するか予測することは、エンターテインメント業界の幹部が絶えず直面する難題である。よく練られた計画でも、商品がいきなりヒットしたり、関連するスターが力を得たりするとうまくいかないことがある。「ハリウッドは、契約期間の途中で再交渉しようとする人がいることで悪名高い」と、アンサーは指摘した。ABCの『モダン・ファミリー』の成人の出演者は、2012年、まさにそうした行動に及んだ。[25] 出演料を上げようと目論んで、製作会社の20世紀FOXを提訴したのだ。全員が複数年の契約期間の途中で、しかも1エピソードにつき何十万ドルもの昇給がすでに各人に提示されていたというのに。そこそこの成功を収めたパフォーマーですら、契約の途中で金額を吊り上げようとすることがある。アンサーの話では、「『1990年代にヒットしたテレビ番組』『セブンス・ヘブン』に出演していた女の子のマネージャーから電話がかかってきたことがある。『あなた方が1エピソード当たり7万ドルしか出さないので、あの子は悲嘆にくれています』というんだ。その子はまだ7歳だった。つまりその、いったい誰がこんな筋書きを書いてるんだ?」」。

以前にも増して、エンターテインメントのあらゆる領域で、スーパースターたちが画期的な契約を求めるようになりつつある。収益の分配や提携企業の株式などを契約に含めるよう主張することが多い。

映画『ソーシャル・ネットワーク』でジャスティン・ティンバーレイクが演じた、ショーン・パーカーの言葉が印象的だ。「100万ドルなんてクールじゃない。……何がクールかって?

10億ドルだよ」。CM／広告契約の前払い契約金は、スーパースターたちの富にいくらかプラスをもたらすにすぎない。

何といっても、ナイキのマイケル・ジョーダンのモデルだけで、毎年何十億ドルもの収益があがると伝えられているのだ。そんな大きなビジネスのほんの一部でも所有できたらどうだろう？　スーパースターたちは、次第にそれを狙うようになってきた。ラッパーの50セントがビタミンウォーターと結んだCM／広告契約に、業界の内部関係者から称賛の声が寄せられている。[26]この飲料ブランドが人気を博してコカ・コーラに売却される前に、彼は株式分配の契約交渉を行っていた。この契約だけで1億ドルをはるかに超える利益を得たといわれている。

こうした成功例に刺激を受けて、IMGとシャラポワもこの種のチャンスを狙っている。これまで最も注目を集めた契約は、長年スポンサーだったナイキと交わした7000万ドルの8年契約だ。[27]シャラポワ自身もデザインに協力した洋服の売上高から、一定の割合を受け取ることになっている。

エンターテインメント業界のスターがやすやすと手に入れる高報酬から、ずば抜けた才能のパフォーマーであふれる、活気に満ちた激しい競争市場が生み出される。一流のパフォーマーに頼る企業は、市場できわめて優位な立場を得られる。だが、本物のスーパースターは、その力を行使してかつてないほど莫大な報酬を手中に収め、自ら付加した価値の大半を獲得できる。結果として、最大の勝者となるのは、支払う側の企業ではなくスーパースターのほうなのだ。

第5章

デジタル技術はブロックバスターの優位に終焉をもたらすか

【IT業界】

Will Digital Technology End the Dominance of Blockbusters?

SUMMARY

ロングテール vs ブロックバスター

嶋山玲人

インターネットの登場、デジタル技術の進化によりあらゆる「コンテンツ」のヒットのつくり方、あるいは「商品の売れ方」が変化するとされてきた。とくに「ロングテール理論」では、ニッチのコンテンツが力をつけ、消費者の好みがより自分にあったものを選択し、消費が分散化していくだろうと語られる。既存の事業のディスラプションモデル（破壊型）の企業として、ユーチューブ、ネットフリックス、アマゾン、アップル（iTunes）等の企業が、ロングテールと位置づけられ、もてはやされた。そしてメガヒット型の「ブロックバスターコンテンツ」には不利になっていくのではないかという問題提起もあった。

しかし、現実には、iTunesの売上げのほとんどはヒット曲で埋め尽くされ、ユーチューブやネットフリックスでも「ブロックバスターコンテンツ」に消費者が集まっている。また、広告収入を集められるのも、優良なヒットコンテンツをもっているフールーであり、むしろインターネットやデジタル技術の進化は、これまで以上に大がかりなブロックバスターやブランドの集中化を招くことになってきているといえる。

◆なぜ、ユーチューブは有料コンテンツに進出したのか

2006年に『タイム』誌で「今年最大の発明」と呼ばれた企業が、わずか3年後にある雑誌から「テクノロジーにおける過去10年間の10大失敗」と名指しされるほど運命が一変したのは、どうしてなのだろうか。(1) ユーチューブのコンテンツ部門グローバル責任者ロバート・キンクルの胸には、その答えがあった。2011年10月、キンクルはオンライン動画の世界に――おそらく一般的なテレビの世界にも――革命をもたらすはずの計画に、最後の仕上げを加えているところだった。キンクルとそのチームは、オリジナルのコンテンツをもつ100以上の〝チャンネル〟をユーチューブに開設するという構想を抱いていた。クリエイティブなコミュニティに揺さぶりをかけて動かそうと、事前に1億ドルといわれる資金を用意して、プロデューサーや俳優、ミュージシャン、コメディアンなどに新素材を募る企画を立てていた。

これはユーチューブにとって大躍進だった。ユーチューブは、2005年に創設された。何百万人という一般ユーザーがビデオを自由にアップロードしシェアし視聴することを可能にして、名声を築いてきた。

グーグルは創設してわずか1年あまりのユーチューブを、10億6500万ドルという開いた口がふさがらないような金額で買収した。「デジタル・メディア・エンターテインメントの世界

は、今ちょうど過渡期にある」(2)と、共同創設者で当時CEOだったチャド・ハーリーは述べた。「ユーザーは今や、何を見たいのか、いつ見たいのかについて主導権を握っている。ユーザーが、トップに上り詰めるもの、面白いものはどれか決定する」。2011年頃、ユーチューブはネット動画の世界で巨大な存在となっていた。月間ユーザー数が世界で800万人を超え、1日に300万回以上も再生された。「自分で放送する」という同サイトのモットーに添って、ユーザーは毎分48時間分の動画を新たにアップロードした。

ところが、視聴者や再生回数を増やして大成功を収めたにもかかわらず、ユーチューブは悪戦苦闘していた。同社が著作権法に従わないとして、メディア企業の激しい怒りを買ったのだ。広告主も、ユーザーが作成した膨大な量のコンテンツに対して警戒を緩めなかった。(3)たとえば2008年、ユーチューブで広告収入を生み出した動画は、推定でわずか3パーセントから10パーセントしかなかった。しかも、一般的アメリカ人が1日に4時間から5時間はテレビを観ているのに対して、ユーザーに人気を博していたとはいえ、ユーチューブの一般的なユーザーがサイトで過ごす時間は、1日たった15分にとどまっていた。(4)

ビデオレンタル会社のネットフリックスで映画やテレビのスタジオと契約交渉にあたっていたキンクルは、引き抜かれてユーチューブに入社した直後、ストリーミング形式の映画レンタル事業の強化に力を注いだ。このサービスは2010年はじめに発表され、ユーチューブにとって有料コンテンツ分野への初進出となった。同社はサンダンス映画祭でライブストリーミングするなどして売り出したが、ライバルのiTunesストアやネットフリックスに対抗するまでには至らなかった。

その後、ユーチューブの希望は新設の「ユーチューブ・オリジナル・チャンネル」に託された。このチャンネルのコンセプト自体は、目新しいものではなかった。たとえばアソーシエイテッド・プレス、CBS、ワーナー・ブラザーズなど定評のあるメディア企業や、ユーチューブの人気投稿者たちが、ユーチューブの「パートナー・プログラム」にもとづき開設した独自のチャンネルで、すでに映像を提供して広告収入をユーチューブと分け合っていた。(5)「これこそまさに、わたしたちがユーチューブをプラットフォームとして見ている証だ。チャンネルは、お気に入りのコンテンツを視聴者が手際よく見つけられるようにする。視聴者にとってコンテンツをぐっと身近なものにする」。ユーチューブのエンターテインメント部門責任者アレックス・カルロスはインタビューでそう語った。とはいえ、キンクルやカルロス、その同僚たちも、潤沢な資金を投入した新規構想が、定評ある作家やディレクター、プロデューサーらの背中を押して、オリジナルのコンテンツを創作してくれるようになればと望んでいた。「わたしたちが手がけているのは委託チャンネルなんだ」(6)とキンクルは明言した。「こちらはチャンネルの内容を指図したりしない。確かにそれなりの要請はある……しかし、内容一つひとつについて、わたしたちが意思決定を行うことはない」。

「クリエイティブなコミュニティに向かって、ここに大勢が集える場所があると知らせるなんて、とてつもないチャンスに思える」とカルロス。アイデア実現の一助となるようにと、コンテンツ・クリエイターは将来の広告収入の取り分と引き換えに、前払い金の形で数百万ドルまで融資の申し込みが認められた。その代わり、チャンネルの所有者は毎週定められた最低限の時間数を番組編成にあてる必要があった。カルロスの説明によればコンテンツ制作者は「1年間にわたり、20時間から60時間までのコンテンツ」をアップロードすることが求められた。カルロスはさらに続けた。「コンテンツはオリジナルでなくてはならない。だからこそ資金提供しているわけだが、チャンネル所有者の声を代弁するキュレーテッド・コンテンツを含めることもできるし、公文書館のようなコンテンツでもかまわない」。制作者は所有権を保持するが、ユーチューブはコンテンツに対して1年間の独占権を有する。「こちらが配信を担当して、クリエイターはそれ以外のすべてに責任をもつ。どこで視聴者を見つけてもいい。彼らの仕事は、自分のチャンネルの番組編成を行うことと、視聴者数を増やすことだ」。

テレビの発展を思い浮かべながら、キンクルは意見を述べた。「世間はブロードキャスティング（訳注：不特定多数の視聴者を対象にした放送）からナローキャスティング（訳注：特定の地域や年齢層、階層など少数の視聴者を対象にした放送）に移っていった[7]……これからもその方向に進んでいき、ますますニッチに時間がかけられるようになるだろう。というのも、これからはさらに対象者を絞って配信できるようになるからだ」。キンクルの考えでは、ニッチ・コンテンツが好まれるのは「そのほうがどっぷり浸れる」からだという。「たとえば、ケーブルテレビに乗馬専門チャンネルはない[8]。乗馬愛好者はたくさんいるし、その人たちに売り込みたい広告主もたくさんいるのに、［従来のテレビには］そんなチャンネルはない。コストがかかるからだ。番組を24時間365日分、継ぎ目なく編成しなくてはならないし、地上から送信した信号を増幅するためのトランスポンダーが衛星に必要になる。インターネットならすべてがオンデマンドなので、24時間365日分の番組編成をする必要がない。必要なのはせいぜい数時間分だ」。カルロスもこれにうなずいた。「対象を絞ったコンテンツで、わたしたちが重点的に取り組めるタイプのものがたくさんある。その大半は、普通のテレビのインフラでは決して日の目を見ないだろう。特化しすぎているからだ。でも、ユーチューブなら難なくなじむ」。

無料で入手したアマチュア動画を幅広く取り揃えることで長く知られていたユーチューブが、いったいどうしてコンテンツ開発に高額を投じる方針に切り替えたのだろうか。ニッチ・チャンネルにあてた多額の投資から、手堅いリターンを得られる可能性はあるのだろうか。また、テレビは現在のユーチューブに似てくるのだろうか。この先は、誰もがコンテンツ制作者になり、何百万とはいわないまでも、何千人かのニッチにコンテンツを合わせるようになるのだろうか。

◆ニッチ・コンテンツが盛り上がる中、ブロックバスター戦略は有効か

こうした疑問は、エンターテインメントの世界で白熱した議論を呼んだ問題の核心をついている――デジタル技術はブロックバスターの終焉を、ひいてはブロックバスター戦略の有効性の終焉を告げるのかどうかという問題だ。ユーチューブのような有力サイトがもたらしたオンライン・チャネルの隆盛は、エンターテインメント・ビジネスの〝古い〟ルールがやがて当てはまらなくなる兆候だという者もいる。

ところが現実はそれほど単純ではない。それどころか、エンターテインメントの未来についい

てユーチューブが浮き彫りにした教訓から判断すると、古いルールは以前にも増して当てはまるようになる可能性がある。消費者の行動には法則が存在することがわかっている。その法則は、ユーチューブが継続可能なビジネスモデルを見つけようとする中で直面した大きな課題を解き明かすとともに、ポピュラーカルチャーの多数の企業が経験する困難を正確に予測する。エンターテインメント業界の経営者はひとり残らず、この法則を肝に銘じるべきだ。(9) この法則から、ブロックバスターが重要でなくなるどころか、一段と重要な価値を帯びることが明らかになるからだ。

その理由を突き止めるためには、まず基本から始めることにしよう。そもそもネット動画が登場したわけは？　答えは簡単だ。コストが抑えられるからだ。デジタル技術の進歩は、主に2つの方法でビジネスにかかるコストを削減する。まず、デジタル化は商品の販売にかかるコストを抑える。具体的にいえば、新たな技術は、商品の流通と代金の回収に際して、売り手が負担するコストを削減する。これは経済学者が「取引コスト」と呼ぶものだ。多様性を追加する、選択肢や価格を消費者に伝える、品揃えを管理するといった活動について考えてみればいい。このような業務は、従来の環境と比べてデジタル化された環境のほうが、コストはかからないものだ。オンライン小売業者は実店舗と違って、陳列棚のスペースという制限に直面することはない。さらに、ネットビジネスはレコメンデーション・エンジンなどの技術を利用して、品揃えを効果的に管理できる。

次に、デジタル化は商品の購入にかかるコストを抑える。売り手を探し出し取引を完了させる際に買い手が負担するコストは、「探索コスト」と呼ばれることが多い。これには、好みに合う商品を探す、価格やその他特徴に関する情報を入手する、取引にかかわる、といった活動が含まれる。電子市場なら、買い手がこの種の業務をこなすときにかける〝労力〟を大幅に抑えられる。たとえば、検索エンジンを利用してたちまちコンテンツを見つけ出し、ワンクリックでオンライン取引を終了させ（毎回クレジットカードの情報を入力しなくてすむ）、難なく自宅配送を依頼できる。

取引と探索にかかる費用の削減は、ほぼすべての業界に何らかの形で影響を与える。だが、エンターテインメントの領域は、広まる一方のデジタル技術によってすっかり変わってしまった。この領域では、ビジネスにかかるもうひとつのコスト、すなわち商品の生産と再生産にかかるコストも、デジタル技術で抑えられるからだ。カメラや、映像の合成技術、編集ソフトが進歩したおかげで、プロの映画製作者は複雑な技術的効果を用いて、かつては想像もできなかったか、少なくとも予算的に手が届かなかった場面を撮影できるようになった。同様に、ミュージシャンを志す者は、ノートパソコンとマイクだけで歌を録音できるうえに、以前なら専門のレコーディングスタジオでしか望めなかった品質も、ごくわずかなコストで得られるようになった。エンターテインメント商品の多くは、テレビ番組やレコード音楽、書籍、スポーツの名場面まで、完全にデジタル化が可能だ。そのため、格安で無数に再生産し、デジタル・チャネルを通して（現物を出荷するのではなく）安く配信することもできるようになる。残念なことに、エンターテインメント商品のもつこの特徴は、違法な流通も大量に引き起こす。一般人でもエンターテインメント商品を廉価で記録し共有できる技術が、海賊版の製造も容易にしているからだ。

しかし、デジタル技術の影響がエンターテインメント業界で強く感じられる理由は、それだけではない。もうひとつの要因として、消費者がクリエイティブな商品を選ぶ際、客観的品質よりも好みが優先されるという点があげられる。商品に対する主観的嗜好によって購入行動が促される場合、デジタル事業に関連づけられるようなツール、たとえばレコメンデーション・エンジンや協調フィルタリングなどが、好みの商品を見つけるうえで役に立つ。エンターテインメント商品の消費者には、掘り出し物を探すことに熱心なファンも多い。デジタル・チャネルではおしなべて取引と探索にかかる費用が安くすむおかげで、消費者はますます夢中になる。音楽好きの人はユーチューブで未知の曲と出合い、スポーツ好きの人はネットで統計を調べ、本好きの人はネットで拾い読みする。一方で、歯磨き粉や電球といった実用品を買う場合は、購入プロセスがあまり楽しく感じられない。

デジタル技術のおかげで、エンターテインメント業界は今、自分の手で何かを生み出して広めようとするアマチュアや部外者であふれている。しかも、彼らの目的は必ずしも利益ではない。何百万人もの人が音楽で、出版で、映画で、その他クリエイティブな業界で〝大きなこと〟を成し遂げたいと夢見ている。生産や流通のコストが格安になり、これまで市場への参入を阻んできた壁が低くなったため、今やティーンエージャーが自費出版で何百万人の読者を得ることも、駆け出しのプログラマーがモバイルゲームを開発して販売することも、あまりいけてるとはいえない韓国のポップスターが、動物にヒントを得たダンスをしながら富裕層の生活についてラップで歌うビデオで世界を席巻することも、すべて可能になった。

ネットビジネスのコスト低減化が、ネット動画の世界でどのようにユーチューブの成長をもたらしたのかは容易に見て取れる。

これは同様に、本の世界で（その他多くの消費財でも）アマゾンの、音楽の世界ではｉＴｕｎｅｓストアやスポティファイ、ラプソディの成長に勢いを与えた。こうしたオンライン小売業者はいずれも、コンテンツ制作者に新たな可能性をもたらす。それはひとつには、従来の実店舗やアナログのアグリゲーターとは違い、彼らには無限の陳列空間があるので、消費者が無数の選択肢の中をくまなく探せるからである。もうひとつは、オンライン小売業者は時間も費用もかけずに、グローバルな市場を席巻する――２０１２年、ユーチューブには８億人のユーザーがいて、その７割がアメリカ以外のユーザーだと述べた[10]――ことができるので、さまざまなプラットフォームでコンテンツを購入できるからだ。

カルロスはユーチューブを「次世代のプラットフォーム」の一例と表現して、「地理的な制約もなく、アクセスに特別な機器も必要ない。スクリーンはポケットの中にも、オフィスの机の上にも、自宅のリビングルームにも持ち込める」とした。カルロスは、コスト低減により促進される動画配信の〝第３の波〟についても述べた。「ブロードキャストが第１の波で、ごく一般的なコンテンツが一般的な視聴者に向けて提供された。１９７０年代後半から80年代前半にかけて、今度はケーブルテレビが登場し、消費者は多くのチャンネルを利用できるようになった。ＭＴＶは音楽のために、ＣＮＮはニュースのために、ＥＳＰＮはスポーツのために生み出された。でも、ケーブルテレビのチャンネルを新設するにはまだ、インフラとその他支出に理解を示す多数の視聴者が必要になる。ユーチューブでは今、第３の波を経験している。特定の視聴者に向けて、彼らのためにあつらえた、現代のメディアではサービスが十分に行き渡らない分野のコンテンツを授ける機会が訪れている。世界の視聴者を手元に置けば、特定の人たちに訴える、狭いニッチなチャンネルを築き上げられる」。

◆ロングテールの真実「テールは長くなるが、太くならない」

これほど制限がない世界において、少数精鋭のブロックバスターとスーパースターに勝負をかけるというアドバイスは時代遅れで浅はかだ――と、思われるかもしれない。いずれにせよ、それが、ベストセラーになった『ロングテール』（早川書房、"The Long Tail: Why the Future of Business Is Selling Less of More"）の中核をなす考えであることは確かだ。[11] 同書は2006年、当時『ワイアード』誌の編集者だったクリス・アンダーソンにより上梓された。アンダーソンの主張によれば、自分の好みにぴったり合った商品を見つけて入手できるならば、消費者はヒット商品からそちらに乗り換える。よって、賢明な企業はブロックバスターに頼らずに、「ロングテール」による利益を重視するようになる。ロングテールとはつまり、実店舗のチャネルで提供すると採算が合わない、ニッチ向けに提供する商品のことだ。アンダーソンは、「最小公分母のモードから切り替えて、ニッチに取り組む方法を見つけた企業が繁栄する」と明言する。この考えは多くの業界で受け入れられた。たとえば、当時グーグルのCEOだったエリック・シュミットは、アンダーソンの信念は「グーグルの戦略的思考に深大《しんだい》なる影響を及ぼした」[12]と――同書の背表紙で――述べた。またアナリストや業界観測筋に対して、ネットフリックスは自らをロングテール企業だと誇らしげに称した。

オンラインビジネスのほうがアナログ・ビジネスよりはるかに多様性を提供できることに、異を唱える者はいない。取引コストが軽減し、選択に対して物理的制約がなくなるなら、商品の品揃えを飛躍的に増やせる。だからこそ、アップルのｉＴｕｎｅｓストアは何百万というアルバムや曲を、アマゾンは何十万というアルバムを提供できる。それに対して、レコード店の最大店舗でさえ、店頭に置けるのは一般的に1万タイトルほどにすぎない。同様に、ネットフリックスのＤＶＤのタイトル総数は数十万規模なのに対して、リアル店舗ではたいてい2000枚ほどのＤＶＤしか店頭に置けない。そのうえ、従来のテレビに居場所が見つからない映像をユーザーが共有できるようになったことで、ユーチューブはオンライン動画にもロングテールを生み出した。

その基本原則を説明するために、図表5-1のグラフを見てほしい。ある分野（たとえばレコード、書籍、ビデオなど）で販売可能な全商品を販売数量順に示したものだ。網かけ部分がロングテールを表す。これはつまり、オンラインで購入できるが、ごく少数しか売れないので、リアル店舗やその他アナログ・チャネルで販売しても採算が取れない商品のことを指す。

ここまでは問題ない。ところがアンダーソンは自著で、需要の伸びに関して大胆な予測も行っている。オンライン・チャネルが、需要曲線を変化させることになると主張するのだ。アンダーソンの見解によると、消費者は、大衆向けにつくられた商品よりも、個人の興味に合ったニッチ商品を高く評価するので、ネット小売業により後者が見つけやすくなると、消費者の購買はそれに応じて変化するようになる。言い換えれば、消費は曲線のヘッドからテールにや

図表5-1　ロングテール理論

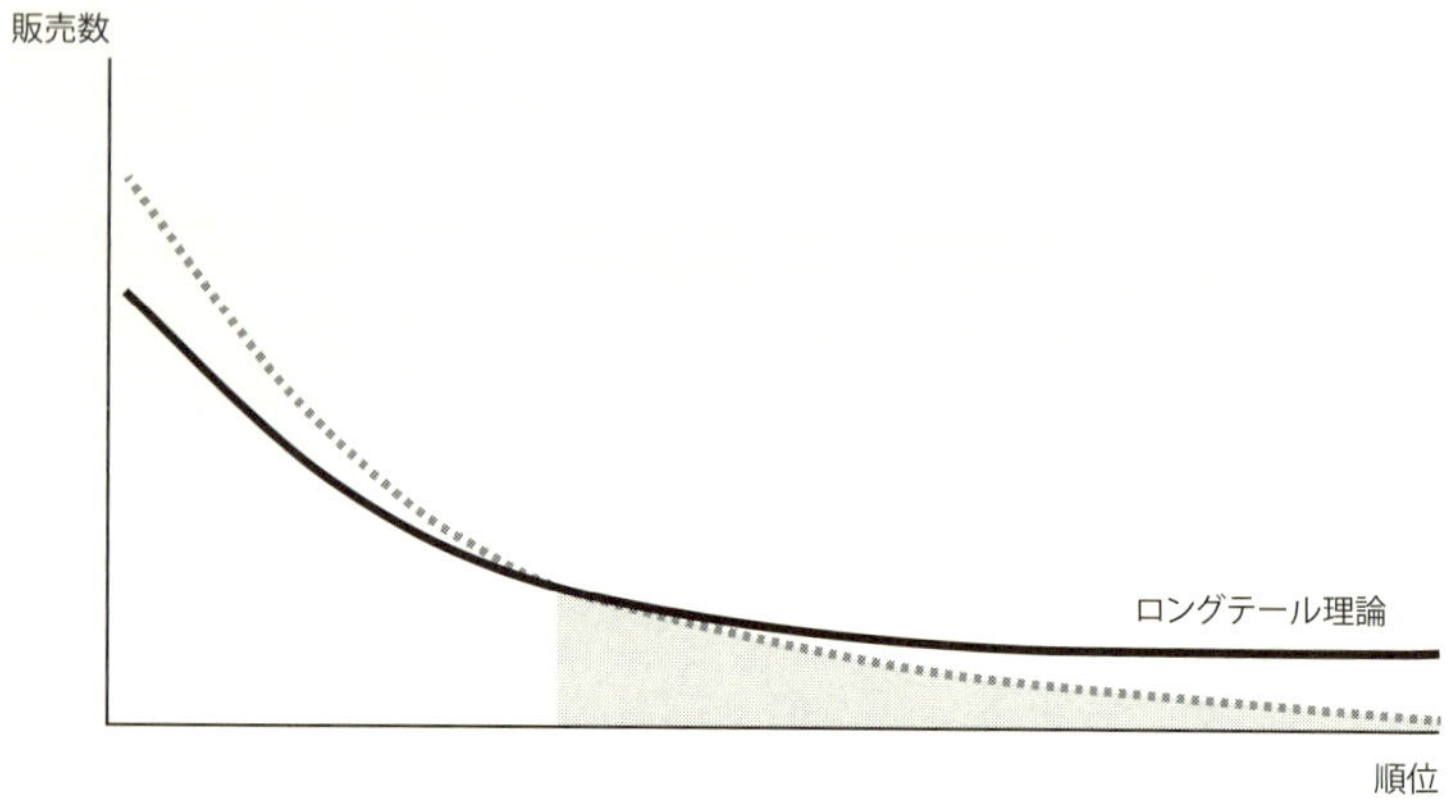

がて移行する。つまり、知られていなかった商品を入手できるようになるので、テールは着実に長くなっていくだけではなく、消費者が自分の好みに合った商品を見つけられるようになるので、テールは太くなっていく。異なる表現を用いれば、カタログや検索、レコメンデーション・ツールのおかげで、消費者が膨大な選択肢に圧倒されずにすむので、わたしたちは市場の民主化を経験することになる。最終的に、比較的少数のヒット作品に代わって、無名の商品が市場で大きなシェアを占めるようになる。

アンダーソンはさらに、「気まぐれな消費者」は「市場が無数のニッチに寸断されるにつれて散り散りになる[13]」だろうと予測する。ロングテールのおかげで、わたしたちの「誰もが、ヒット作品が大半を占める、比較的小さな同じリソースから聴いたり、観たり、読んだりしていた井戸端会議の時代」をあとにする。今度は、「極小文化の時代を迎え、みなそれぞれ違うものに夢中になる」。

アンダーソンは、多数のニッチが集まり、全体として何か大きなものになると期待する。彼の見通しによれば、従来の小売業者や放送網を満足させるほど個別には数多く売れない商品の市場が、小さいながらいくつもまとまると、すでに経済的に役目を終えた既存市場の規模を超えることになる。言い換えれば、先のグラフで曲線の下の網かけ部分は、やがて、白い部分よりも大きくなる。

以上のような予測は、ユーチューブの幹部の耳には心地よく聞こえるかもしれないが、アンダーソンが述べた変化は、ブロックバスター戦略に頼るコンテンツ制作者には厄介な事態をもたらすことになる。ニッチよりもヒットに勝負をかける人にとって幸いなことに、市場の発展に関する実際のデータは、アンダーソンの予測とはかけ離れたストーリーを語る。かぎられた陳列スペースしかないオフラインの小売店から、幅広い品揃えのオンライン・チャネルへと需要が移っても、テールの販売量分布は太くならない。それどころか、時間の経過とともに消費者がネットで買い物する量が増えると、テールは長くなるのだが、明らかに細くなるのだ。しかも、ベストセラー商品の重要性が低下していくということはない。むしろ、増すのだ。

音楽業界を例に取ろう。ニールセンが集計した再生音楽の販売情報によると、[14] 2011年に音楽配信でダウンロードされたシングルトラックは800万曲あり（大多数がiTunesストアで、0・99ドルか1・29ドルで購入された）、そのうち94パーセントにあたる750万曲は100ダウンロード未満で、32パーセントが何と1回しかダウンロードされなかった。そう、間違いではない。少なくとも1回はダウンロードされた曲のうち、およそ3分の1がきっかり1回しかダウンロードされなかったのだ（中にはアーティスト本人がちょっとテクノロジーを試そうとして購入したり、その母親がわが子のためにと思って購入したものもあるかもしれない)。しかも、その傾向はアンダーソンの予測とは正反対だ。レコード音楽のテールは、時間とともにますます細くなってきている。この調査の2年前、2009年には640万曲のシングルトラックがダウンロードされ、そのうち93パーセントが100ダウンロード未満で、27パーセントが1ダウンロードだった。さらにその2年前、390万曲のうち、91パーセントが100ダウンロード未満で、24パーセントが1ダウンロードだった。事実は明らかだ。デジタル・ダウンロード市場が成長するにつれて、ダウンロード回数が少なくて儲けとはほど遠い曲の占める割合も、増えている。ほとんど利益をあげない曲が増える一方なのだ。

これと同じくらい驚かされるのは、業界の需要曲線のヘッドで起こっていることだ。2011年、100万ダウンロードを記録した曲は102曲あり、販売総数の15パーセントを占めた。その年にダウンロードされた800万曲のうちの0・001パーセント(決して入力ミスではない)が、販売総数のおよそ6分の1を生み出したことになる。曲線のヘッドに当たるこの少数のブロックバスターの重要性は、強調してもしすぎることはないだろう。この傾向は、ヒット作品の意義が高まっていることを示すものだ。2007年、100万ダウンロードを越えたのは36曲で、販売総数の7パーセントを占めた。2009年、100万ダウンロードに達したのは79曲で、販売数の12パーセントを占めた。

このような市場の集中度は驚くほど激しいので、需要曲線を描こうと思ってもほとんど不可能だ。グラフの軸とすっかり重なってしまうからだ。別の方法でこの販売分布を描いて、人気度の異なる曲が市場販売全体にどのように貢献しているか、図表5-2のグラフで示した。上位のわずかな曲が販売数のかなりの割合に貢献し、下位の多くの曲がほとんど貢献していないことが見て取れて愕然とする。これが、デジタル市場の現実だ。品揃えはどんどん増えるかもしれないが、最上位のごく少数の曲の重要性が高まる一方なのに対して、最下位の曲の平均販売数は低下していく。

同じパターンがアルバムの販売にも見られる。図表5-3のグラフが示すように、2011年に少なくとも1枚売れた88万タイトルのアルバムのうち、13タイトルのアルバムがそれぞれ100万枚以上を記録し、13タイトルを合わせると2300万枚が販売された。13タイトルは、全88万タイトルの0・001パーセントにあたり、販売数の7パーセントを占める。上位1000タイトルのアルバムで販売総数のおよそ半数を生み出し、上位1万タイトルのアルバムがおよそ80パーセントを生み出した。テールの奥深くに潜む51万3000タイトルのアルバム、すなわち全タイトルの60パーセント近くを占めるアルバムは、それぞれが10枚に満たない売上枚数しかなく、すべて合わせても販売総数の0・5パーセントにしかならない。

この数字は、多くの経営者が信奉する「80対20の法則」とはまったくかけ離れている。この法則では、売上げの80パーセントは、全販売商品の20パーセントで生み出しているとされる。前述したアルバムの場合、法則があるとすれば、むしろ80対1の法則に近い。ある時点での実店舗の販売商品をたとえ控え目に見積もったとしても、ロングテールの売上げがヘッドの売上げと肩を並べるという、アンダーソンの予測とはほど遠い。

当然ながら、ロングテールには本物のニッチ・コンテンツのみならず、昔のヒット商品も含まれる。ブロックバスターの売上げは、レディー・ガガの『ザ・フェイム』やマルーン5の『ソ

図表5-2　2011年のレコード音楽販売実績――デジタル・ダウンロード（シングルトラック）

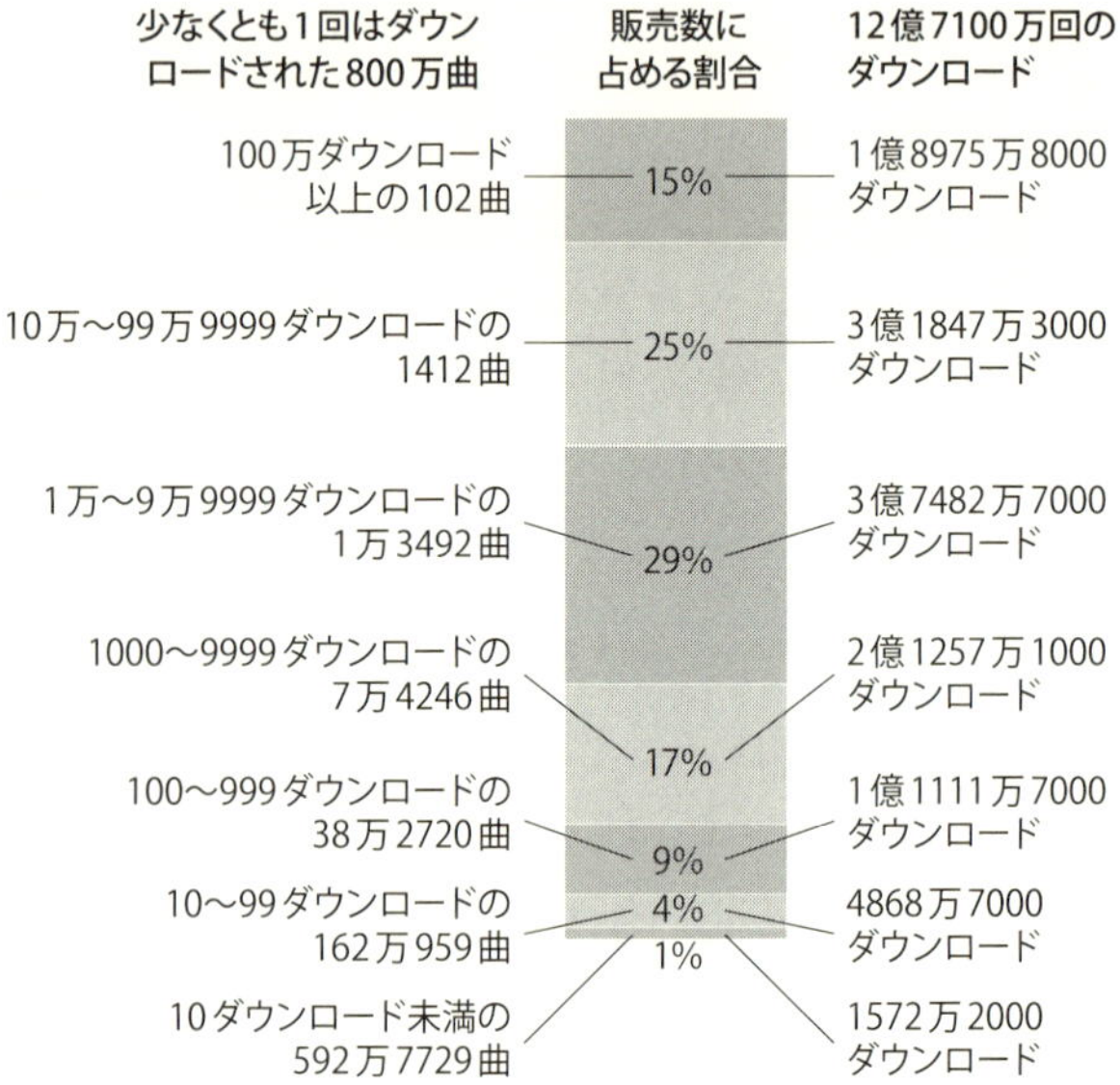

2011年のレコード音楽は、800万曲以上のシングルトラックが、合わせて12億7100万回ダウンロードされるという実績をあげた。このグラフは、人気度により分類されたシングルトラックの販売がどのように分布しているか示すものだ。たとえば、600万曲近く――シングルトラックの74パーセント――が、それぞれ10ダウンロード未満しかなく、販売数のわずか1パーセントにしか当たらない(15)。

図表5-3　2011年の再生音楽販売実績――アルバム（アナログとデジタル）

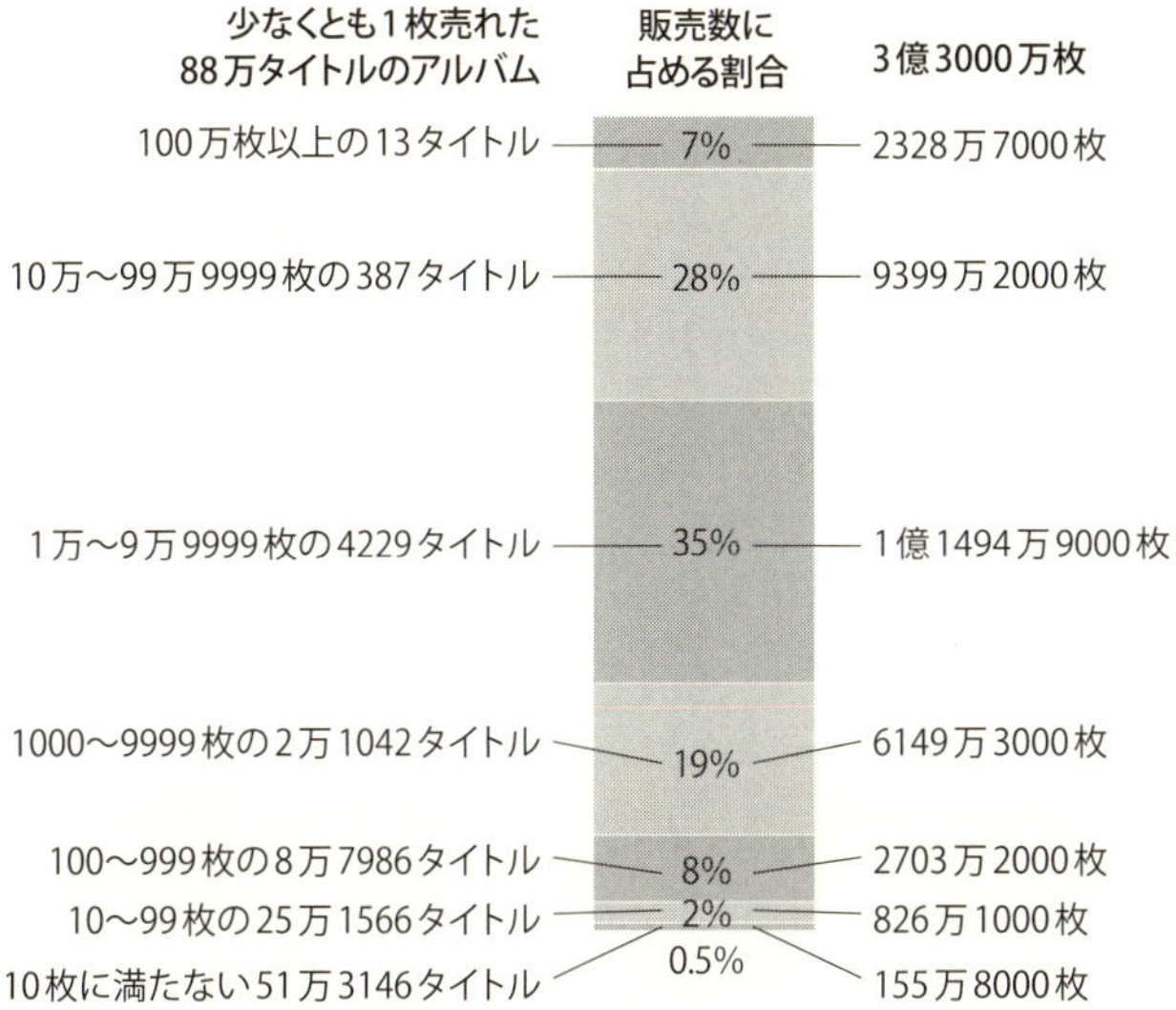

2011年の再生音楽は、88万タイトルが3億3000万枚という販売実績をあげた（アナログとデジタルの両方）。このグラフは、人気度により分類されたアルバムの販売がどのように分布しているか示すものだ。たとえば、51万3000タイトル――全タイトルの58パーセント――は、それぞれの売上げが10枚に満たず、販売数のわずか0.5パーセントしか占めていない(16)。

ングス・アバウト・ジェーン』ほどのヒットでも、やがて尻すぼみになる。そうした商品も、たとえとっくの昔に実店舗の商品棚から片づけられていたとしても、オンラインなら永遠に生き永らえる。それなら、昔のヒット作にとって、デジタル・チャネルは正真正銘のチャンスになるかもしれない。しかし、テールの大多数の商品は、そもそもあまり売れなかったものだ。[17] それどころか大半は、従来の流通チャネル販売の眼鏡にも適わなかった。あるいは、個々の楽曲についていえば、アンバンドリングの結果生まれた「見捨てられた存在」なのだ。今の時代、オンラインで購入する消費者はアルバムの中から人気のある曲だけを選べるので、[18] 残りの曲はたちまちロングテール行きとなる。

◆ロングテールと真っ向から食い違うマクフィーの法則

再生音楽の統計は偶然ではない。[19] ビデオのレンタルや販売など、ほかの分野で実施した調査でも同じパターンが示される。わたしたちは現在、ロングテールへの移行ではなく、デジタル・エンターテインメント商品に加速度的に集中する様を目の当たりにしているところだ。図表5-4が示すように、エンターテインメント業界は以前にも増して一人勝ちの様相を呈している。

この傾向は、個々の消費者の行動を調べると、一段と大きな意味をもつ。エンターテインメント業界の経営者にとって、ヘッドとテールの取引高を左右しているのはどんな人たちなのか

図表5-4　ロングテール理論　対　ひとり勝ち理論

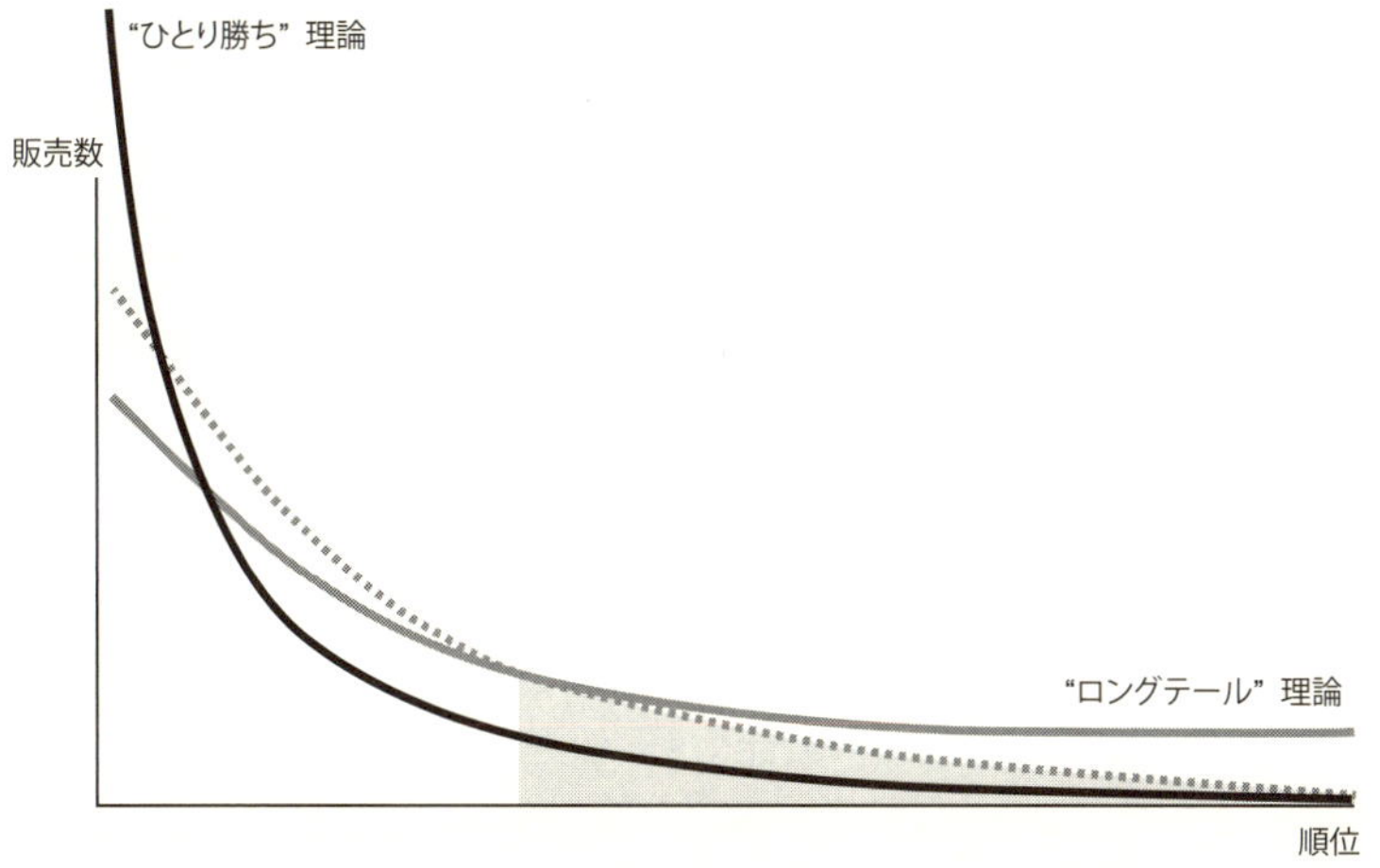

把握することが、これまで以上に不可欠になる。無名の商品に対する需要を押し上げる少数のマニアなのか。それとも定期的にロングテールに足を踏み込む多数の消費者なのか。オンラインビジネスの膨大なデータを注視している企業幹部なら、以前、目にした消費者行動の2つの法則を再発見するかもしれない。これは1960年代初頭に社会学者のウィリアム・マクフィーが、『大衆行動の公式理論』（未邦訳、"Formal Theories of Mass Behavior"）で最初に唱えた法則だ[20]。マクフィーは、主に10以下の選択肢しかない状況においてこの理論を探った。しかし、マクフィーの発見——多くの点でアンダーソンのロングテールの考え方と真っ向から食い違う——は、オンラインで現在見られる膨大な品揃えの場合にも当てはまることが、著者の研究から判明した。

膨大なデータを精査して、マクフィーは2つの重要な原則を突き止めた。ひとつは、人気商品の支持者のうち極端なほど大多数の人たちが、どちらかというと淡泊な消費者（特定の種類の商品をそれほど頻繁に購入しない）で、無名商品の支持者のうちごくごく少数の人たちが、どちらかというと旺盛な消費者（その種の商品を頻繁に購入する）であることを発見した。言い換えれば、無名の商品は、それに代わる多くの選択肢をよく知る人たちに選ばれ、人気商品は、他の選択肢をほとんど知らない人たちによって選ばれる。ヒット商品は淡泊な消費者を〝独占する〟ように見えるので、マクフィーはこの現象を「自然独占」と称した。ならば、アップルが意気揚々と、アップストアには10万のアプリがあると発表したとき、98パーセントのｉＰｈｏｎｅユーザーが、人気の低い９万９０００のアプリのどれ一つとして興味を示さなかったことも[21]、驚くにはあたらない。一般的にいって、ほとんどの人は人気商品ですっかり満足している（もちろん、こうしたトップ商品が万人受けすることが、そもそも人気を集める要因ではある）。

マクフィーはもうひとつの原則として、無名商品の消費者はたいがい、人気商品よりも無名商品のほうを高く評価するということを明らかにした。彼はこの概念を、ニッチ商品には２つのデメリットがあるとして、「二重の危険」と表現した。デメリットのひとつは、知名度があまり高くないこと。もうひとつは、知名度が上がるときは、その商品を〝よく知る〟人たちと、人気商品を好む人たちによって知られるようになるということだ。たとえばネットフリックスは、この原則を身に染みて知っているはずだ。同社では、ヒット作と比べてニッチな作品は格段に低い評価を受けている。これは自明の理に思われるかもしれない。ところが、多くの人はなぜか本能的に正反対の考えを抱くようで、一風変わった映画や本は、それを見つけ出した人なら曲がりなりにも楽しめるのではないかと考えるのだ。けれども現実には、作品の知名度が低いほど、評価も低くなる傾向がある。

これは、ロングテールの品揃えが消費者にもたらす喜びを否定するものではない。ユーチューブで、自分のユーモア感覚やスタイルにぴったり合った、ウマの合う友人とシェアしたくなるような、めったにないきらりと光る動画を見つけたときには、心が躍るものだ。その点も、ニッチの要求に応じようとするアンダーソンとキンクルが共鳴するところだ。アンダーソンにとって、デジタル環境がどんな戦略を指し示すのかは明白だ——企業は自社商品をニッチの顧客に合わせる方法を学ぶべきだと考えているのだ。だが問題となるのは、『チャーリーがまた僕の指を噛んだ!』（赤ん坊がお兄ちゃんの指を噛むところを撮影した動画で、幅広い人気を集めて5億回以上再生されている）の動画の陰には、近親者以外に訴えることのない、素人が赤ん坊を撮影した何百万もの動画が存在するという点だ。それが今度は、儲かる事業をオンラインで長期的に築こうとするコンテンツ制作者や小売業者に大きな悩みの種を生み出すのだ。

◆——ロングテールの熱烈な支持者だったエリック・シュミットの転向

ますます多くの映像が刻々とアップロードされるとともに、膨大なコンテンツを管理して利益を出すというユーチューブの課題は、大きくなるばかりだ。各動画の保存と配信にかかるコストはごくわずかでも、オンライン・ビジネスの品揃えの規模を考えれば、コストはたちまち膨れ上がる。とくに、広告主がロングテールの商品の支援に乗り気でない場合はなおさらだ。しかし、ロングテールの各種品々を提供しないことは、解決策にはならない。マクフィーの法則からもはっきりわかるように、多様な品揃えをやめれば、テールに対して並々ならぬ強い関心を抱く旺盛な消費者たちはライバル企業に乗り換えるかもしれないのだ。

広大なロングテールでかさむコストを目の当たりにして、ユーチューブとグーグルの幹部はこの現実に気がついた。驚いたことに、エリック・シュミットもロングテールについて考えを変えたようだ。ロングテールを支持してからわずか2年後に、シュミットは次のように述べた。「インターネットがこれほど公平な土俵を築き上げてきて、ロングテールは間違いなくそこにふさわしい――差別化や多様化、新たな意見にあふれた場所である、といいたいのだが、あいにくそれは違う(22)」。シュミットの新たな考えは、かなり違った色合いを帯びている。「テールは非常に興味深いが、現実として、収益の大部分は相変わらずヘッドにある。これは企業が学ぶべき教訓である。ロングテール戦略を擁する一方で、ヘッドももつほうが良い。それは、ヘッドこそが収益を生み出す場所だからだ」。シュミットはこれを「90対10のモデル」と称して、「われわれはロングテールを気に入っているが、わが社の収益のほとんどはヘッドからあがる」と述べた。グーグルが実際に、収益の90パーセントを上位10パーセントの広告主からあげているとすれば、同社がビジネスを行っている大半の相手はおそらく、グーグルが検索連動型広告を開拓する以前の従来の市場で活躍し、従来のメディア広告で今なお最大のシェアを誇る大手広告主ということになる。

かつて、アンダーソンの考えをあれほど熱烈に支持していたシュミットは、ひとり勝ちの効果に賛成して、次のように述べた。「インターネットはむしろ、これまで以上に大がかりなブロックバスターやブランドの集中化を招くことになるだろう。[23]……人がたくさん集まれば、やはりスーパースターが欲しくなるものだ。今の時代、スーパースターはアメリカにとどまらず、世界のスーパースターになる。つまり、世界的なブランド、世界的な企業、世界的なスポーツ選手、世界的な有名人ということだ」。

こうした卓見から、ユーチューブがビデオレンタルを試みた理由、さらにはキンクルが〝オリジナル・チャンネル〟を推進する理由についても明らかになる。ユーチューブの最新の戦略変更はニッチ狙いとして一括《ひとくく》りにされるかもしれないが、同社幹部が資金配分について下した決断から、効率的にヒットを目指す動きだということが見て取れる。

キンクルの構想を広めたあと、殺到した提案書を精査したユーチューブは、100あまりのチャンネルに前払い金を与えた。その中には、マドンナとそのマネージャー、ガイ・オセアリーが提案した『ダンス・オン』というダンス専門チャンネル、元NBA選手シャキール・オニールの『コメディ・シャック・ネットワーク』、以前『サタデー・ナイト・ライブ』に出演していたコメディアン、エイミー・ポーラーの『スマート・ガールズ・アット・ザ・パーティー』、元プロのスケートボーダー、トニー・ホークのスケートボード専門チャンネル『ライド』、それにMTV傘下VH1の元番組製作責任者マイケル・ヒルシュホーンと、サンダンス・チャンネルの前社長ラリー・エイデムによる『ライフ・アンド・タイムズ』という、ジェイ・Zのカルチャーやアートに対する興味を取り上げるチャンネルがあった。つまり、みなエンターテインメントの世界の大スターたちで、無名や素人の集団ではなかったのだ。前払い金を受け取ったクリエイターの中にはさほど定評のない人物もいるにはいた。けれどもユーチューブのオリジナル・チャンネルに対する投資は、まさしくメディアの大スターの力を当て込んだギャンブルといっても過言ではない。

たとえそうだとしても、アーティストたちがユーチューブのオリジナル・チャンネルにコンテンツを提供したのは、そもそも富や名声が動機ではないのかもしれない。トム・クルーズがユナイテッド・アーティスツと契約を結んだときのように、創作の自由が主な理由なのかもしれない。「テレビのプロデューサーとして、創作してゴーサインを出してという一連の作業には、テレビ放送網が大いに干渉する」とカルロスは指摘した。「プロデューサーが従うべき留意事項や厳格な構成があって、狭き門を通ってやっとパイロット番組の作業に行き着く。制作に何年もかかることだってある。番組の放送が開始されても、その2カ月後には中止に追い込まれるかもしれない。本当にいらだたしさが募るものだよ。だから、数日とか数週間のうちにアイデアが形になって視聴者に届くなんて、有力なコンテンツ制作者にとっても堪《こた》えられないだろうね」。新たなアイデアを試せることも、ひとつの動機かもしれない。それについて、カルロスはこんなふうにいっていた。「視聴者の反応がわかるようになるし、何と視聴者は実際に反応してくれる！　ここはみんなが積極的に関与するコミュニティで、コメントを寄せたり、気に入ったことを知らせたり、シェアしたりする。これはとても魅力的だ。コンテンツ制作者はユーチューブを2軍制度として利用することで、新しい構成や番組をつくり上げられる」。

ユーチューブでも勝者は「スーパースター」と「ブロックバスター」

ブロックバスター・ヒットを生み出す定石として、ユーチューブはスターたちのコンテンツのプロモーションに大きな力を注ぐ必要があることもわかっていた。「当社はこのようなチャンネルのマーケティングに2億ドル以上をつぎ込んでいる」とカルロス。「プロモーションには本腰を入れている」。このマーケティングは宣伝の形で行われる——もちろん、ユーチューブで。「ユーチューブ規模のプラットフォームをもっているなら、宣伝場所として一番賢く効率的なのは、コンテンツ視聴者に一番近いところだろう。ちょうど、テレビが放送時間の一定の割合を自局番組の宣伝にあてているように」。ユーチューブがニッチ市場に過度に重きを置いた場合、コンテンツ開発とマーケティングにつぎ込んだ莫大な投資は回収が難しくなる。よって、ユーチューブが前払い金の大半を、視聴者を引きつけられる、定評ある人物や内容に与えたことも、何ら驚くに値しない。

今後、ユーチューブのオリジナル・チャンネルがどこまでやれそうか語るのは時期尚早だが、これまでのところ、新たなメディア環境での競争の厳しさを一掃する結果は出していない。2012年後半、ユーチューブは60チャンネルのオーナーに2回目の出資をして、投資の倍掛けを行った。[24] だが同時に、当初契約したチャンネルの60パーセントから手を引いた。オリジナル・チャンネルを開設した直後にカルロスは、「このチャンネルはネットワークの主導権を握る存在であり、それがチャンネルのオーナーにとって大きな魅力となっていると思う」と話していた。しかし、多くのチャンネルとの契約を打ち切ったところを見ると、むしろユーチューブがこの〝放送電波〟を支配していることがわかる。その一方で、2013年はじめの時点で、人気のある上位10チャンネルの中には、(25)ジェイ・Zが運営するチャンネル、自動車情報番組の『モーター・トレンド』、風刺の効いた『ザ・オニオン』、ワーナー・ミュージックのビデオ・チャンネル『ザ・ワーナー・サウンド』、大手プロレス団体WWE（ワールド・レスリング・エンターテインメント）などがあった。どれもがすでに広く認められた人気のあるブランドで、グーグルの資金がなくてもおそらくユーチューブで名をあげることができたに違いない。ここでもやはり、ブロックバスターとスーパースターのブランドが勝利を掌中に収めた。

前評判が散々だったフールーの成功

わずかな覇者が今なお――しかもかつてないほどに――成功を収めている現実に気づいて、ほかのオンライン関連企業も先例にならうことにした。ネットフリックスは、ケヴィン・スペイシー主演の『ハウス・オブ・カード』という自社テレビの番組の制作に1億ドルといわれる予算を投じて、(26)他社がしのぎを削る高品質コンテンツの世界に参入した。内部情報から判断すると、ネットフリックスはかつて目指したロングテール企業というより、昔ながらのテレビ放送網のごとく振る舞っているようだ。放送予定のイーライ・ロス制作指揮のホラードラマ『へムロック・グローブ』とジェンジ・コーハンのコメディ番組『オレンジ・イズ・ザ・ニュー・ブラック』の2作品は、1エピソード当たりの制作費用が400万ドルと見込まれている。「2つとも莫大な予算があてられている。大々的にやるさ」[27]とCAAのエージェント、ピーター・ミセリは番組についてコメントした。マイクロソフトまでも、参戦しようとしている。巨大IT企業の同社は、Xboxのプラットフォーム向けに最高のゲームをつくろうと、CBSで番組制作責任者だったベテランのナンシー・テレムを雇った。

オンライン・ビデオの高品質コンテンツの空間は、たちまち混雑するようになった。当初のモデルを逆さまにして、プロの手による独自のコンテンツに勝負をかけることで、ユーチューブやネットフリックス、マイクロソフトは、この空間で今にも熾烈な闘いを交えようとしている。しかも、この空間はそもそもユーチューブの人気が引き金となって生まれたという点も、ひねりが効いている。

当初は、ユーチューブに対抗するなんて勝ち目がないと一笑に付されていたフールー（Hulu）だったが、2009年頃には、当時のCEOジェイソン・カイラーのいう「プロが制作した世界高品質のコンテンツを、ユーザーが観たいときに、観たいところで、観たい方法で探し出して、楽しめるようにする」という目標に向けて飛躍を遂げていた（「このミッションがはなはだ野心的である」とカイラーは認めた）。2009年、創設後わずか2年で、フールーはアメリカで最高のビデオ・コンテンツを提供するオンライン・アグリゲーターとして第一人者になった。

カイラーと同僚たちは、内部関係者から不可能とみなされていた任務に直面していた。

2007年3月、当時NBCユニバーサルの社長兼CEOだったジェフ・ザッカーと、当時ニューズ・コーポレーションの社長兼COOだったピーター・チャーニンは、「テレビや映画の人気の高いコンテンツばかりを集めて、最大のオンライン動画配信ネットワーク[28]」に着手することにしたと発表したのだ。「共同でベンチャーを立ち上げるという構想は、わが社の映像を他者が利用してビジネスにしているという現実に不満を覚えたことに、端を発していた[29]」と、ザッカーは述べた。「ユーチューブはまさに、わが社の映像のひとつである『レイジー・サンデー』に乗じて人気が出た。……わが社のコンテンツを盗む必要はないのだと、われわれは消費者に知らせたい」。この2社なら新事業に幅広い番組を提供できるだろう。何しろ、NBCユニバーサルとニューズ・コーポレーションの2社には、テレビ放送網（NBC、FOXをはじめ、その他いくつかのケーブルテレビ）や番組制作会社、映画スタジオなどの豊富なポートフォリオがある。

この共同事業の発表に際して、多くの疑念の声があがった。「時代遅れのメディアにインターネットは〝受信〟できない[30]」と、ある雑誌からは揶揄された。新会社には一時的に「ニューズコー」といささか想像力に欠ける名前がつけられたこともあって、評論家からは「ニューチューブ」とか「オールド・コー」、果ては「クラウン・コー」などとからかわれる始末だった。業界関係者は、大手メディア企業が海賊版に共同で取り組んで失敗に終わった例をあげて、この構想に真っ向から疑問を呈した。BMG、EMI、ソニーのミュージックネットなど、どれも散々たる結果に終わっていたのだ。フールーの可能性についてこうした気運が高まるのを捉えて、テッククランチというテクノロジーを扱う有力なブログは、次のように言い放った。

「〝クラウン・コー〟が単なる内輪のジョークではすまなくなる前に、早く命名すべきだ[31]」。

10週間後、カイラーとおよそ20人からなるチームは、このサービスのベータ版を急いでつくり上げた。「紙で窓を覆って、外界を遮断したんだ」とカイラーは話してくれた。「みんなオフィスのこのあたりにエアーマットを敷いて寝ていた」。2008年3月、フールーのサービスが開始され、テレビ番組や映画が無料配信された。たちまちユーザーに、さらに批評家にも受け入れられた。開設直後、『エンターテインメント・ウィークリー』という芸能専門雑誌はフールーについて、「オンラインでテレビ番組や映画を観られる、万能のｉＴｕｎｅｓ登場以来最も希望のもてる新たな取り組み[32]」と書き立てた。サービス開始から1年後、フールーの視聴者は4000万人を上回り、1000タイトル以上のコンテンツを提供して、毎月配信数は1億を超え、日常的に100以上の広告主と取り引きするまでになっていた。ＡＰ通信はフールーを「年間最優秀ウェブサイト」に指名した。テッククランチさえも、前言を撤回した。「ハッピーバースデー、フールー。くだらんサイトじゃなくて良かった[33]」という題名の記事で、ブロガーのひとりがこう述べた。「わたしが間違っていた。フールーはすごい。ばかげた前評判にもかかわらず、親会社である二大メディア企業のジョイント・ベンチャーを見事に成功させて、たまらなく魅力的な商品をユーザーに授けてくれた」。

フールーを設立した2社とも、フールーの持ち株はごくわずかだった。10パーセントの株式と引き換えに、プロビデンス・エクイティ・パートナーズという210億ドルの資産をもつ未公開株式投資会社が、1億ドルの株式投資を行った。2009年4月、カイラーのいう「長い求愛期間」を経て、第3のメディア巨大複合企業として、ディズニーがフールーの持ち株とともにNBCユニバーサルとニューズ・コーポレーションに合流した。その結果、ディズニーが所有する人気の放送網ABCとケーブルテレビ局の番組も、フールーに提供されることになった。

出だしから成功を収めたとはいえ、オンライン・ビデオの市場はまだ形を取り始めたばかりで、フールーも市場とともに進展していく必要があることを、カイラーは承知していた。差し迫った問題のひとつに、ビジネスモデルがあった。その他多くのウェブサイトと同様に、フールーもユーザーにまったく課金していなかった。しかしカイラーは、「世間の人は、コンテンツを合理的なビジネスモデルのもとに消費したいと思っている」と確信していたので、その姿勢を変更すべきかどうかチームと検討を始めた。「わたしたちはそのまま、100パーセント広告支援型モデルを継続することもできた」と、カイラーは明かした。「広告支援で収入を得て、無料でコンテンツを提供するモデルは、わたしたちの目標達成に向けた最初の一歩としては好ましかった。……わたしたちは、たったひとつのばかでかい池で泳いでいるところだ――広告支援型コンテンツはアメリカだけで600億ドル規模の産業で、このモデルはユーザーの最大グループの間に共感を呼ぶ。でも、別の収益モデル、たとえば購読型とかペイ・パー・ビュー型モデルなども検討することもできた。ミッションをつくり上げるとき、ミッションがビジネスモデルの説明になったりしないように、慎重を期した。フールーのミッションは、プロが制作した世界高品質のコンテンツを、ユーザーが観たいときに、観たいところで、観たい方法で探し出して、楽しめるようにする、ということだ。HBOなどは、素晴らしいオリジナル番組をもっている。HBOの『アントラージュ★オレたちのハリウッド』や『フライト・オブ・ザ・

コンコルド』は、彼らのミッション・ステートメントに明示されていないかもしれない。でも、わたしたちはそうした番組も、ぜひともわが社のミッション・ステートメントに含めるつもりだ」。

◆――人気のコンテンツを見るためには消費者は課金も厭わない

ユーチューブとフールーは、タイプの違うパワフルな新車だ。フールーはユーチューブと異なり、高品質のコンテンツを提供することに最初から焦点を合わせている。強力な親会社の後ろ盾により、フールーはロングテールよりヘッドを重視している。だがフールーはユーチューブと同様に、デジタル技術の登場と、それに伴う取引コストと探索コストの削減が直接の原因となり、急成長を遂げてきた。

フールーはこれまで浴びてきた称賛に値する。カイラーとそのチームは逆境を跳ね返して、オンラインで質の高いビデオを求める消費者のために魅力的な商品をつくり出した。「生活に何か新しくて素敵なものが欲しかったんだ。今はフールーがある」。（満足感を抱く）あるユーザーはこのように表現した。カイラーのチームも、想像をはるかに超える人気に驚いた。しかし、フールーのビジネスモデルを十分に評価するためには、一歩下がって、デジタル化が、フールーの親会社も含む従来のメディア企業に与える圧力を理解することが重要だ。中でも2つの点が際立っている。

ひとつは、エンターテインメント事業にどんなに無関心で無関係な人にとっても、デジタル配信の出現は、著作権侵害の横行と同じ意味をもつという点だ。さらに正確にいうならば、テレビ番組や音楽、書籍、映画、その他エンターテインメント商品の不法コピーを消費する行為と同じ意味をもち、本物の商品の売上げを損ねる。「誰も聴きたがらないアルバムの海賊版をつくる者はいない」。A&Mオクトーンのデイビッド・ボクセンバウムは、音楽業界についてかつてそう語った。エンターテインメント業界のその他大勢の経営陣と同じように、ボクセンバウムが収益面でダウンロードを懸念するのも当然だ。「昨今、商業的に成功を収めている場合でも、アルバムの販売は以前と比べて何百万枚も少なくなっている」。売上高減少は著作権侵害行為のせいだと多くの幹部は信じ込んでいるが、学術研究者によれば因果関係の証明は容易ではないという。確かに、わずかながらではあるが、違法ダウンロードが再生音楽の収益をむしばんでいると示す研究もある。[34] これに対して、違法なファイル共有は目に見えるほどの影響を売上げに与えていないと結論づける研究者もいる。[35] こうした研究は、明らかに大きな打撃を被った領域を対象にしている。ほかの領域で海賊版のせいで収益が落ちたことを示す証拠には、ばらつきがある。

確固とした証拠がなくても、実はそれほど驚くには値しない。結局のところ、違法ダウンロードファイルのすべてが売上減少につながるわけではないからだ。『サタデー・ナイト・ライブ』の『レイジー・サンデー』の不正コピーを観た人のすべてが、普段からこの番組をテレビで観たり、あとからDVDを買ったりしているわけではないはずだ。海賊版を利用する人がお金を払ってまで利用しようと思わないのは、エンターテインメント商品の有料版に手を伸ばすつもりがないからかもしれない。また、熱心に海賊版を利用する人の中には、合法的なエンターテインメント商品をいつも大量に買う人たちがいるかもしれない。あとでお金を出してどれを買うか判断するために、違法ダウンロードを利用する人もいるかもしれない。したがって、違法ダウンロード商品の市場規模に懸念を抱くこと——音楽業界のアメリカレコード協会（RIAA）や映画のアメリカ映画協会（MPAA）といった業界団体のお気に入りの娯楽だ——は、どちらかといえば非生産的かもしれない。しかし、著作権侵害行為による悪影響の可能性をないがしろにすることも、やはり誤りだろう。

もうひとつは、デジタル化により、多くの人が商品の代金を払おうとしなくなる点だ。敷衍していえば、〝公正〟な代価について消費者の認識が変わったことで、エンターテインメント企業の収益が悪化している。これは著作権侵害の間接的影響とみなせるだろう。書籍でも音楽でも映画でもビデオゲームでも、たいていはグーグルで検索するだけで違法コピーが入手できるので、定価でメディア商品を買うことは不公平で時代遅れ、あるいは、ただもう馬鹿馬鹿しいと思う人もいるかもしれない。だが海賊版だけがその犯人ではない。新しい、合法なデジタルのビジネスモデルも同様の結果をもたらす可能性がある。デジタル・チャネルにより、消費者はかつてないほど多くのコンテンツに、これまでよりも安価でアクセスできる。ユーチューブが、どんな歌でも無料で聴き放題の巨大なジュークボックスの役割を立派に果たし、スポティファイやパンドラ、ネットフリックスでは、音楽や映画、テレビドラマ好きの人たちが、わずかな購読料を払えば膨大なコンテンツにアクセスできる。そんなご時世では、消費者がエンターテインメント商品を購入しようという気持ちも失せるのかもしれない。

ディズニーのアラン・ホーンが「新技術の登場は、少なくとも短期においてはパイを減らす」と語っていた。たとえば、映画配信やレンタルという選択肢が生まれたことで、実入りのいいDVDの売上げが締め出される。消費者は普通、エンターテインメント商品の独特のコスト構造についてほとんど知らないので、どのくらいの代金が適正なのか、正しい認識をもちにくい。著者の見るところ、世間一般の人々は、ハードカバーの書籍やCD、DVDなど現物商品の製造や梱包、出荷にかかるコストを高く見積もる傾向がある。そのせいで多くの人は、デジタル商品（コストの多くが削減される）について、メディア企業が実際に提供できる価格より、はるかに安い価格で購入できるはずだと思い込む。

片や違法ダウンロード、片や消費者のコンテンツ代金支払意欲にかかる圧力、という組み合わせは非常に厄介だ。オンラインの世界に飛び込む生産者は、こうした不利な経済状況に直面するおそれがある。ABCやCBS、FOX、NBCなど無料の放送網の認識について検討してみよう。[36]こうした放送網は、親会社のテレビ部門や、メディア巨大複合企業、インディペンデント系の制作会社から番組を入手しており、番組中にはさむ広告枠を売って収入を得ている。放送網は、CPM率、つまり1000人の視聴者当たりの広告費によって一喜一憂する。[37]カイラーとそのチームがフールーのビジネスモデルを再検討していた2009年当時、大手放送網のゴールデンタイムにおけるCM30秒のCPM率は、およそ20ドルから40ドルの間だった。テレビでは毎時間、少なくとも16分相当のCMが流されるので、放送網は1時間につき視聴者1000人当たりで約1000ドルを稼いでいた。

フールーのCPM率は当初からかなり高く、[38]テレビ放送の現行CPM率の2倍以上となる場合もあった。フールーは「狙いを定めた、双方向的な、効率的な広告体験を生み出せるオンラインメディアに備わる特性を利用」しているからだと、同社の広告宣伝担当の上級副社長ジャン＝ポール・コラコは指摘した。フールーは広告主に、新たな広告の形式と対象の可能性を与えた。しかしそれは一方で、広告数の減少を意味した。カイラーの「少ないほうが良い」というアプローチに基づき、フールーは2009年、放送網のわずか4分の1の広告枠しか取らなかったのだ。その結果、CPM率は高いにもかかわらず、番組1時間につき1000人当たりの広告収入は、テレビ放送よりもフールーのほうが低くなる傾向があった。

ところが、全体像はそれほど単純に描けず、もう少し複雑な様相を呈する。まず、複数の関係者がこの収入に絡んでいる[39]。たとえば、放送網は収入の一部を、実際に視聴者に向けて番組を届ける放送局と共有するし、フールーはコンテンツの所有者と配信パートナーに料金を払う。しかし、ここから次の点がはっきりわかる。たとえフールーが、放送網によって放送される広告枠を50パーセント増やす——フールーの幹部も上限を検討すると言及した——としても、放送網の経済力に太刀打ちするのは難しい。そのうえ、こうした計算には、オンライン動画配信により減じるおそれがある、追加収入の手段も含まれていない。たとえば、番組をほかの放送網に販売して得た収入は、人気の高い作品なら何億ドルにものぼるし、ヒット作のDVDの売上高は何十億ドルにも達することがある。フールーやほかのオンライン動画配信サイトの成長により、このような収入源は徐々に断たれてしまうだろう。

フールーの広告モデルは、ディズニー・チャンネルや、NBCユニバーサルのブラボー、ニューズ・コーポレーションのFXなどのケーブルテレビ放送網と比べても、はるかに儲けが少ない。カイラーによれば、「平均すると、［彼らの］収入のおよそ半分は広告で、もう半分は」コムキャストやケーブルビジョンなどの「ケーブルテレビ会社から支払われる料金だ」という。ケーブルテレビ放送網が、ゴールデンタイムに独自制作のドラマ番組を放送する際のCPM率(40)は、テレビ放送の場合より低いかもしれないが、収入の大部分をライセンス料が占めるので、ケーブルテレビを1時間放送した場合、視聴者1000人当たりの総収入はテレビ放送よりもかなり多くなる。さらに、ケーブルテレビ放送の人気が高まるほど、ライセンス料の収入は増える。「自局番組をオンライン配信するかどうか決定するにあたり、ケーブルテレビ放送網は、契約者数に応じてケーブル会社から受け取る料金を検討するはずだ」と、アンディ・フォーセルは指摘した。フールーのコンテンツ獲得・配信担当の上級副社長を務めていたフォーセルは、カイラーの辞職を受けて、2013年に暫定的CEOに任命された。

経済状況がそれほど有利だと思えないのに、そもそもどうして親会社はフールーを立ち上げようとしたのだろうか。それは、海賊版のせいで顧客を失い、まったく収入をあげられないほうが手痛い損失だからだ。そのような成り行きを防ごうという思惑が、フールー創設の背後にあった。カイラーの「少ないほうが良い」という手法は、その観点から見なくてはいけない。最小限の広告は、フールーがオンラインのライバルや海賊版のコンテンツと効果的にしのぎを削るうえで役立つ。フールーは、人の心を引きつけずにはいられない内容をユーザーに提供することに重点を置いている。そういって、コラコは説明した。「わが社は、ユーザーが目にする広告量とユーザーが視聴する高品質コンテンツの間に、適正なバランスを求めている」。

フールーが大当たりしたとはいえ、オンライン動画配信事業の参入に対して慎重に構えすぎだと、テレビ放送網の幹部たちを責めることはできないだろう。通常のテレビで視聴率を獲得するほうが、フールーで視聴率を獲得するよりも利益が出るかぎり、また通常のテレビの視聴時間がオンライン動画の視聴時間をはるかに凌駕しているかぎり、テレビとケーブルテレビ放送網の幹部たちは間違いなく、オンライン動画の視聴率を伸ばすことに対して複雑な感情を抱くはずだ。たとえば視聴者に、お気に入りのコメディ番組をＮＢＣではなくフールーで観るように勧めることなどに対しては、なおさら複雑なはずだ。アメリカの有料テレビ市場の７割を占める有力なケーブルテレビ会社数社[41]も、同じ感情を抱くだろう。彼らの慎重な姿勢は、近視眼的で革新精神に欠けるように思われる――このような批判はテレビ企業の幹部にも浴びせられることが多い――かもしれないが、単に経済的実態を反映しているにすぎないのだ。よって、当時ユニバーサル・テレビジョン・グループの社長で、ＮＢＣユニバーサルのケーブルテレビ・チャンネルの責任を担っていたジェフ・ギャスピンが、「視聴者が観たいときに観たい場所に、われわれのコンテンツを持ち出せて、かつ二重の収入源と、これまで培ってきた配給業者との関係を保てるモデル[42]」探しに熱心だったとしても、驚くにはあたらない。

テレビのコンテンツ制作者が直面した次のようなジレンマは、エンターテインメントの世界では昔からよく聞くものだ。既存の定評ある企業は、新たなチャネルで競争力を得ようとすることにより、古いチャネルでの収入を減らすというリスクを冒さねばならないのだろうか。この疑問にいち早く苦しんだのは、テレビ業界の経営者ばかりではない。

音楽業界でも、大手レコード・レーベルは当初、オンライン・チャネルをなかなか受け入れられなかった。それどころか、横行する海賊版のコンテンツに直面したとき、レーベルは従来の流通チャネルのほうに力を注いだ。また、アマゾンがまずオンラインで書籍販売、次は電子書籍配信に先鞭をつけるという状況において、出版社は新チャネルの開拓とバーンズ・アンド・ノーブルのような既存の実店舗との連携に、適正なバランスを取る必要に迫られた。

このような状況のコンテンツ制作者にとってどちらのアプローチが最善なのか、最終的な答えはおいそれとは見つからない。攻めの姿勢に出て新たなデジタル・チャネルを受け入れるほうが賢明なのだろうか。それとも守りの姿勢に入って既存のビジネスを保護するほうが健全な判断なのだろうか。どちらの立場にも十分な論拠がある。それに、市場動向やその他の事情が変われば（たとえば、企業所有者の変更、広告主がオンライン広告に意欲を示すなど）、最適な戦略も変わるかもしれないのだ。

メディア制作者が選択したデジタル・チャネルの取り組みにかかわらず、変わらないものはブロックバスター・コンテンツの妥当性だ。フールーに、つまり高品質の映画やテレビ・コンテンツに勝負を賭けたことで、NBCとFOXそれにABCは、ロングテール・コンテンツに重きを置くユーチューブより、オンラインで成功を狙える好位置につけた。ユーチューブが高品質なオリジナル番組の制作に乗り出すまで、フールーの動画配信は5パーセントほどだったが、動画の広告収入は、オンライン動画全体の実に4分の1を占めていた(43)。2009年、ユーチューブのCPM率はフールーのわずか5分の1にすぎなかった。もっとも、ユーチューブが広告スペースを売っていたのは、広大なロングテールの品揃えの中のごく一部の動画に対してだけだった。広告主も、普通の消費者と同じように、人気の高い番組に引かれる。しかも今までのところ、オンライン・チャネルでも、高品質の映像コンテンツが人気商品となる確率が高いように思われる。

フールーは、ヒット作を持ち込んでくれるパートナーの顔ぶれを手堅く集めてきた。だが、テレビやケーブルテレビの番組（と一流俳優のハリウッド映画）との契約に絡む問題は絶え間なく生じる。２００９年、ＦＸはフールーに対して、『イッツ・オールウェイズ・サニー・イン・フィラデルフィア』の３シーズン分の配信を中止するよう依頼した。オンライン配信により番組の人気とＤＶＤ売上げが低下することをおそれたのだ。ターナー・ブロードキャスティング・システムは、傘下のケーブルテレビ網ＴＮＴで放送された『クローザー』などの人気番組の使用許可を、フールーに与えなかった。２０１０年３月、バイアコムのコメディ・セントラルは、フールーでも絶えず人気を集めていた『ザ・デイリー・ショー』と『コルベア・リポート』の提供を中止したが、結局数カ月後にはその決定を覆すことになった。主要株主の人気テレビ番組でさえ、フールーで必ず観られるとはかぎらない。たとえば、ＦＯＸの超人気番組『アメリカン・アイドル』がフールーの無料視聴サービスに含まれていないことは、嫌でも目につく。「コンテンツを提供するオーナーとユーザーの間に軋轢が生じることもあり得る」と、カイラーはコメントした。

品揃え豊富なロングテールと比べて、高品質のコンテンツの経済的側面ははるかに良好だと実証されたので、フールーは――ユーチューブがまさにオリジナル・チャンネルを開設したように――需要曲線のヘッドをしっかり支配する方法を考えるようになった。有料会員サービスの導入ならその目的に適う。確実な収入源を得られてケーブルテレビにも適した経済モデルを築けるので、フールーがテレビやケーブルテレビのヒット作を獲得するうえで有利になる。そこで、カイラーたちはさまざまな選択肢を調べ上げ、フールーは時を置かずに行動に移した。2010年6月、フーループラスを導入したのだ。これに加入すれば、有料会員は月額9・99ドルでさらに多くの番組を、アップルのiPhoneからiPad、ビデオゲームのゲーム機まで、前にも増して多くのプラットフォームで観られる。2012年後半までに、フーループラスの有料会員は300万人を超えて前年の倍になった。フールーの2012年の収益見込みは、7億ドル近くまで達した。[44] これは、従来のテレビ業界が簡単に懐にできる報酬と比べるとまだ見劣りがするし、親会社が今後もフールーとそのビジネスモデルを支持するかどうか、今のところ定かでない。しかし、フールーの好業績は、すでに重要なポイントを証明した。つまり、人気のあるコンテンツをオンラインで観るためなら、大勢の消費者は料金を払うことも厭わないのだ。

全般的に見て、デジタル技術の進歩は一見、〝民主化を促す〟影響力があるかに思えるが、現実には正反対の力をもつ傾向がある。かえって、一極集中化とひとり勝ちの力学を助長するのだ。メディア・コンテンツの再生産、流通、消費を容易に、かつ廉価にすることで、新技術は世界中の人々に、人気の高いテレビ番組や映画、書籍を入手する手段を次々と与えている。このように急速に進展する市場において、ブロックバスターとスーパースター起用の妥当性は高まり、ブロックバスター戦略の有効性も強まっている。

コラム❻ インターネットの登場で日本のゲーム業界もブロックバスター型に

鳩山玲人

日本では、インターネットの登場とデジタル技術により発達した市場の例として、ゲーム市場があげられる。任天堂のＷｉｉ、ソニーのプレイステーションのハード機のヒットタイトルもあるが、モバイルゲームの登場により、ＤｅＮＡやＧＲＥＥといったプラットフォームが形成された。２０１５年の今を見ると、ガンホーの「パズル＆ドラゴンズ」、ｍｉｘｉの「モンスターストライク」、コロプラの「クイズＲＰＧ　魔法使いと黒猫のウィズ」、ＬＩＮＥの「ディズニー　ツムツム」に代表されるようにヒットタイトルはより集約される傾向にあり、ブロックバスター型のコンテンツが優位性を出せる市場に変化してきている。

世界市場を見てもキング・コムの「キャンディ・クラッシュ」、スーパーセルの「クラッシュ・オブ・クラン」、ロビオの「アングリーバード」とヒットが集約化されている。

第6章 ブロックバスター戦略は広告手法を変える【出版&音楽業界】

The Future of Blockbuster Strategies

SUMMARY

ブロックバスターはマーケティングを深化・進化させる

嶋山玲人

ハリウッドの映画のように1本の映画に100億円の広告費を費やせるような企業はそうない。しかしながら、宣伝広告費が相対的に小さい出版業界や音楽業界でもブロックバスター流マーケティング手法は有効で、その手法を成功させたいと思った場合には、知恵を絞る必要がある。そこで出てくるのが、パートナーシップによる広告宣伝手法である。ジェイ・Zが著書を販売する際には、ランダムハウスという出版社だけでなく、莫大な広告宣伝費をもつIT企業のマイクロソフトと組んで、大規模な宣伝広告プランを実施することができた。また、レディー・ガガが、『ボーン・ディス・ウェイ』を売り出したときも、アマゾン、スターバックスといった巨額な宣伝広告費やチャネルをもった相手と組み、リリースを成功に導いた。

逆に見れば、ブロックバスター作品の発売やスーパースターとの取り組みは、企業にとってもより効率的な宣伝手法となってきているということである。

◆縁もゆかりもなさそうな組み合わせ――ラッパーとマイクロソフトと出版社

2010年、ショーン・カーター――というよりヒップホップの大スターで、世界的に空前の大ヒットを飛ばしたミュージシャン、ジェイ・Zが、回顧録『デコーデッド』(未邦訳、"Decoded")を、いまだかつて誰もやったことがない方法で売り出したいと、出版社に主張した。最終的に、彼の望みは叶った。(1)

そもそも、既成概念の枠を広げたいというジェイ・Zの強い思いが、本の執筆というアイデアに弾みをつけた。従来の自叙伝とはかけ離れた、40歳の大物ラップ歌手の出版デビュー作は、いわば〝抒情詩風の回顧録〟で、挑発的な内容の曲に隠された意味を解き明かし、人生とアートについて語る身の上話ということだった。(2)コラージュに似た方式で、自叙伝の断片と歌詞やイメージを継ぎ合せて、多くのヒット曲にちりばめられた隠喩とベールに包まれたメッセージを、効果的に〝解読する《デコーディング》〟という、読者をジェイ・Zの人生をめぐる旅に誘う内容だ。それにより、ヒップホップの音楽とカルチャーの歴史に関する独特の見方も示されていた。ジェイ・Zのマネージャーで、ロック・ネイションのビジネス・パートナーであるジョン・メニーリーは、この本を心の奥からの声明とみなした。ロック・ネイションは、ジェイ・Zとライブ・ネイションのジョイント・ベンチャーで、ジェイ・Zのアーティスト活動のマネジメントから、レコーディングと音楽出版、ツアー、商品販売、その他新事業まで引き受ける傘下企業だ。

「わたしたちにとってこの本は、ラップミュージックとは本物の芸術形式だと、ラップは真面目で、童謡なんかじゃないんだと伝える手段なんだ」と、メニーリーはインタビューで答えた。「曲で使われている一語一句まで、ちゃんとした理由がある」。

スピーゲル・アンド・グラウという、世界最大の商業出版社ランダムハウスの出版ブランド《インプリント》が、2009年に『デコーデッド』の出版権を購入し、2010年11月に出版する計画を立てた。「著名人の企画はたくさん見たけれど、ほとんどは興味を引かれなかった。でも、ジェイ・Zはとても興味をそそられる意見をもっていると感じた」と、出版社の上席副社長で発行者のジュリー・グラウは述べた。彼女は、メニーリーとの本に関する話し合いに招かれた、発行者のひとりだった。ジェイ・Zの選んだ形態は、出版社を驚かせると、メニーリーは承知していた。「ランダムハウスはこれを、伝記かビジネス書だと思っているに違いないと思った」。メニーリーは打ち明けた。「ところが、これは抒情詩風の回顧録だと告げると、彼らは了承した」。

ジェイ・Zとメニーリーはすぐに、従来の発売方法は望まないとグラウに伝えた。グラウはそのときの会話をはっきり覚えている。「「ジェイ・Zから」『俺に指図しないでくれ。それがいつものやり方だから』といわれたの。だから、あれこれいわなかった」。メニーリーは言い添えた。「ランダムハウスに、『出版にあたっていつもやることは、全部まとめて窓から放り投げてほしい。もちろん、基本的なことは押さえる必要がある。本のサイン会もする。でも、わたしたちは革新的なことをしたいんだ』と告げた。毎回違うことをしろ――それがジェイ・Zのモットーだ」。

そこで、出版権取得後間もなく、スピーゲル・アンド・グラウは、デイビッド・ドロガとアンドリュー・エセックスに接触を図った。２人はドロガ5という新進の広告代理店の共同創設者だ。画期的なキャンペーンに彼らの力を借りようと考えたのだ。エセックスはニューヨーク市出身で、ドロガ5のCEOを務め、ドロガはオーストラリア出身でクリエイティブ・チェアマンを務めていた（社名の由来でもある。子どもの頃、母親がほかの4人の兄弟の下着と間違わないように、彼の下着に「ドロガ5」と刺繍をしたという）。その頃、ドロガ5はたまたま、もうひとつの難問と格闘しているところだった。マイクロソフトの新しい検索エンジン、ビングの利用率をいかに向上させるかについて、取り組んでいたのだ。２人の出した解決策は、一石二鳥を狙うものだった。大がかりで双方向のスカベンジャー・ハント（訳注：あるヒントを手がかりに答えを得ると、次のヒントを入手できるという手順を次々と繰り返して最終的に目的となるモノや答えを入手できるゲーム。大学のイベントやパーティーなどで行われる）を提案した。出版前の数カ月間、『デコーデッド』３００ページの各ページを、さまざまな媒体で公表する（屋外の掲示板からバスの待合所、さらに自動車、ジャケット、ホテルのプールの底など広告としては異例の場所にまで）。世界中のゲーム参加者がビングを通して手がかりを探して、各ページの場所を見つけ出し、〝カギを開けると〟、物理的にも電子的にも次第に、本の全貌がわかるという趣向だ。ゲームの途中で賞品も当たる。「ジェイ・Zの本はデザインもコンセプトも斬新だ」とエセックス。「だから斬新なキャンペーンに値すると思った」。

ジェイ・Zのためのこの大胆なキャンペーン構想には、人件費と材料費だけでおよそ２００万ドルの費用がかかるとドロガ5は見積もった。しかし、スピーゲル・アンド・グラウには、スーパースターにふさわしい規模でジェイ・Zの本を売り込む資金はなかった。同社の広告宣伝費では「屋外掲示板1枚すら買えない」と、グラウも認めた。そこでビングの出番となった。マイクロソフトが――ビングで強化する――この革新的キャンペーンを、ネットユーザーの「ググる習慣」を打破する斬新な機会とみなしてくれたら、とエセックスとドロガは考えていた。

ドロガ5の2人は、ロック・ネイション、ランダムハウス、マイクロソフトのオンラインサービス部門担当の上席副社長ユスフ・メフディ配下のチームという、前例のないパートナーシップの仲立ちに際して、厄介な仕事に直面した。ジェイ・Zとロック・ネイション、それにランダムハウスにとっては、次の2点が重要だった。本を売ること（無料でばらまくのではなく）と、キャンペーンで大きな主導権を握ることだ。「すべてにおいてジェイ・Zの承認が必要だ」と、メニーリー。マイクロソフトにとっても、最終的承認権を握ることは、重要だった。「わが社がキャンペーンの費用を負担しているのだから、われわれが是認してしかるべきだ」と、ビングの認知度と利用率の向上という目標を抱くメフディは主張した。「このパートナーシップの調和が保てるかどうか」危惧を抱く一方で、ドロガ5の2人は、見込まれる利益とドロガ5の負担するコストとを秤《はかり》にかける必要があった。ジェイ・Zの回顧録を成功させようとするなら、このまったく縁がなさそうなパートナーたちは、戦術を共有する術を見つける必要があった。

◆――コンテンツを売り出す費用は誰が負担するのか

結局、ジェイ・Zの回顧録『デコーデッド』は、ランダムハウス、ロック・ネイション、マイクロソフトのパートナーシップによるオンラインキャンペーン「ジェイ・Zを解読せよ」のおかげで、19週間連続でベストセラー入りを果たした。定価35ドルで30万部を売り上げ(3)、同じラッパーのエミネムが2008年に出版した『ザ・ウェイ・アイ・アム』(未邦訳、"The Way I Am")の10倍の販売部数をあげた。スピーゲル・アンド・グラウがジェイ・Zに渡した前払い金を補って余りある売れ行きだった。

新デジタルツールが、さらに革新的な——しかもそれほど高価ではない——商品をもたらす可能性は、エンターテインメント事業にとっては朗報だが、話はこれだけでは終わらない。『デコーデッド』の発売は、ブロックバスター戦略が遭遇しそうなもうひとつの局面も示している。コンテンツ制作者と、彼らとはまったく異なる目標を掲げる企業との間で結ばれるパートナーシップの重要性の高まりだ。ロック・ネイションとマイクロソフトの組み合わせは奇妙に見えるかもしれないが、こうした結びつきは今後さらに一般的になっていくだろう。ジェイ・Zは、回顧録のキャンペーンにより、チャンスと必要性から生まれる新モデルへの方向性を指し示している。このご時世では、出版社もその他コンテンツ制作者も、ジェイ・Z級のスーパースターが望み、それに値するようなブロックバスターにふさわしいキャンペーンを打つ余裕がないところが多い。

ランダムハウスは、ドイツの民間メディア企業ベルテルスマンの1部門で、〝6大〟出版社のひとつだ。例年、何百冊もの書籍を刊行し、20億ドル以上の収益をあげている。だが、同社のインプリントであるスピーゲル・アンド・グラウは、毎年せいぜいハードカバーを20点ばかり世に出す程度だ。だから、〝7ケタ〟の前払い金を払って獲得した『デコーデッド』は、同社としては最大の投資となった。グラウはそのリスクを重々承知していた。業界の厳しい状況を考えればなおさらだった。「出版業界は砲火を浴びていて、わたしたちにはバーンズ・アンド・ノーブルとアマゾンの二大取引先に頼るしかなかった。ジェイ・Zの本のようなコンテンツでは、ウォルマートみたいな取引先には合わないので、少数の小売業者に何もかも託すことになる」と、グラウ。彼女の抱いていた不安は、マジソン・スクエア・ガーデンで行われた、ジェイ・Zのブループリント3のツアーに足を運んだとき、いくらか和らいだ。「会場を埋め尽くした2万人もの観客全員が、ジェイ・Zの歌の歌詞を覚えていることがわかった。『ここに来て良かった』と思ったわ」。しかし、ごく少数のメンバー（グラウのほかに、編集長のクリス・ジャクソン、マーケティング部長、広報担当者、デジタルコンテンツ専門家2人から成るチーム）で取り組むので、大々的なキャンペーンのためにできることはかぎられていた。

スピーゲル・アンド・グラウの予算は、ジェイ・Zたちがあてにしていたような規模ではなかった。「マーケティング計画について話し合っていたとき、ランダムハウスに予算のことを尋ねた」。メニーリーは思い起こした。「グラウは顔を強張らせながら紙に数字を書いてこちらにそっと差し出した。5万ドルと書かれていてショックを受けた。わかってもらいたいんだが、その金額ではジェイ・Zがイベントを開くときの移動費用にも満たない。ゼロをいくつか書き忘れているんじゃないかと思ったよ」。グラウは数字に間違いはないと念を押してからこう明かした。「この数字に含まれていないコストで、こちらが負担しなくてはならないコストもいろいろある。たとえば、本づくりに欠かせないゲラ刷りとか、バーンズ・アンド・ノーブルの入り口付近に、休暇シーズンに本を配置してもらうためのプロモーション費用とか。そうはいっても、わたしたちにできることは、ジェイ・Zみたいなスーパースターのアルバム・プロモーション費用の足元にも及ばないことはわかっていた」。

コンテンツ制作者が新製品売り込みに使える予算と、潜在顧客にまで製品を行き渡らせるために必要な費用には、大きな隔たりがあることが多い。過当競争にさらされ、世界的なブランドと世界的なスーパースターに支配される現代のメディア環境で、新製品発売を成功させることは、ますます困難になる一方だ。消費者はマーケティングのメッセージにさらされ、メディアの選択肢がふんだんにある。他者よりも目立つには、大規模な予算が必要になる。

そこで、ランダムハウスはドロガ5に接触を図った。比較的少額の予算で、本に注目を集めたかったのだ。両者は次に、マイクロソフトに働きかけた。ドロガ5がロック・ネイションにキャンペーンの構想についてプレゼンテーションを行ったときのことを振り返って、メニーリーはいった。「[ジェイ・Zは]すぐに納得して、アイデアを気に入った。……今度はわたしが尋ねた。『で、誰がこれを負担するんだ?』。ランダムハウスにはそんな予算はないし、こちらも自分の懐から出すつもりはなかった。それで、繰り返し尋ねた。『誰が負担するんだ?』とね」。ドロガ5は事態を認識していた。「ジェイ・Zは現実主義者だ。わたしたちが大規模で大それた構想を抱いているとすぐにのみ込んだ。『大規模で大それた』とはつまり、『費用がかかる』ということだ」。

ドロガ5がランダムハウスとロック・ネイションのために企画したキャンペーンは、間違いなく大仕事だった。この『デコード・ジェイ・Z』プロジェクトのために、ドロガ5はコンテンツ戦略家、アートディレクター、ライター、ゲームデザイナー、メディア交渉者、コミュニティ管理者、グラフィックデザイナー、モバイル開発者、プログラマー、プリントおよびデジタル制作者、写真家、ヒントをつくるライター、インタラクション建築家、ユーザーエクスペリエンス・デザイナーなどを集めて50人のチームを編成した。ドロガ5は一方で、テクニカル・プロダクト・チームに適切なメンバーをマイクロソフトから探し、ロック・ネイションからもチームに適したメンバーを探した（ジェイ・Z本人も、この過程に加わった。600個用意されたヒントのうち多くのヒントづくりに協力した）。さらに、キャンペーン参加者の行動に素早く対応できるよう——デジタル市場で成功するマーケティングの重要な特徴——に、ドロガ5はいわば〝中枢部〟を設けて、キャンペーン進行の監視チームを立ち上げた。

多くのコンテンツ制作者は、デジタル技術の可能性の枠を押し広げるこの種のキャンペーンを思い描き、実行に移す専門知識や経験を備えていない。それに、急速に進展する技術の可能性に遅れずついていくことは不可能に近いと感じている。ドロガ5のような代理店は、このような革新的なキャンペーンを専門に扱う。設立後わずか7年だったが、ドロガ5は古い型を破る力があることをすでに証明していた。たとえば2006年、マーク・エコー・エンタープライゼスというファッションブランドのキャンペーンでは、フードを被ったグラフィティ・アーティストが有刺鉄線の張られた塀を乗り越え、犬を連れた警備員の目を盗んで、エアフォースワンに「それでも自由」とスプレーで書くというストーリーを、きめの粗い映像で仕上げ、オンラインに流した。この映像はバイラル現象を引き起こした。またドロガ5は2008年、バラク・オバマの大統領選のときに、「大いなる行程」という、ユダヤ系有権者の間にオバマ支持者を増やすことを狙った新構想を打ち立てた。彼らはウェブサイトを開設して、コメディアンのサラ・シルバーマンを起用した動画を流した。シルバーマンがユダヤ系の若い視聴者を対象に、フロリダの祖父母のところに行って、オバマの対抗馬のジョン・マケインに投票しないように訴える内容だった。いうなれば、普通のマーケティング戦術ではない。

ドロガ5が提案したキャンペーンにかかる費用を、ジェイ・Zなら自分で負担できたのではないだろうか。答えは「イエス」であり「ノー」だ。2010年の『フォーブス』誌によると、ジェイ・Zの純資産は4億5000万ドル以上。(4) ライブ・ネイションとの契約だけで1億5000万ドルと見積もられる。200万ドルのキャンペーンなど、彼にとっては大した額ではないはずだ。だがジェイ・Zはミュージシャンとして大成功を収めていただけではない(2009年発売のアルバム『ザ・ブループリント3』は、エルヴィス・プレスリーの記録を抜いて、ビルボードで1位を獲得した11枚目のアルバムになった)。きわめて有能な実業家でもある。(5) 2007年、ロッカウェアという自身のファッションブランドを2億ドル以上で売却した。ほかにも、キャロルズドーターという美容ブランドに投資を行い、ニューヨークとアトランティック・シティにある40／40というナイトクラブを共同所有し、スポーツ・エージェンシーであるロック・ネイション・スポーツを創設するなど、いくつかの事業を展開している。ドロガ5のプレゼンテーションを聞いても、ジェイ・Zはキャンペーンのコストを自己負担することは考えなかった。ドロガのいうように、「ほかの聡明な起業家が同じ状況だったらそうするように、彼の心に浮かんだのは、パートナーを見つけることだった」。

ドロガ5とマイクロソフトとの連携でジェイ・Zが最終的に得たものは、200万ドル以上の価値があった。ドロガ5はマイクロソフトに、その額の請求書を送った。人件費、メディア関連費、器具製造費用など、すべて実費で請求した。「通常、わたしたちは少なくとも20パーセントの利鞘を期待する」と、ドロガ5のCFOはいっていた。「それに今回のような、短期間で労働集約的なプロジェクトには、代理店の仕事に対する追加料金として100万から150万ドルが発生するのが常識だ」。このときのパートナーシップにより、ジェイ・Zはマイクロソフトのエンジニア・チーム、彼らの技術的知識、それに検索や地図にかかわる技術などの、630億ドル規模の巨大IT企業が何年もかけて開発したツールを利用することができた。さもなければ、何十億ドルの価値があるツールを、短期プロジェクトに利用することは不可能だったただろう。しかもジェイ・Zはそれに対して、1セントも払っていない。

『デコーデッド』発売に際してジェイ・Zとランダムハウスにパートナー探しを余儀なくさせた難題が、やはりその他多くのコンテンツ制作者を悩ませている。ブロックバスターへの投資と大がかりな売り出し方を可能にする支援者を探すことだ。そこで、ブランド・パートナーシップが非常に重要になってくる。エンターテインメントの世界の制作者と著名人は、ある程度の規模の企業との提携にますます頼らざるを得なくなる。その手法を採用したスーパースターは、決してショーン・〝ジェイ・Z〟・カーターただひとりではない。もうひとりのカーターをマネージャーにもつおなじみの人気歌手も、企業との提携から十分な見返りを受けている。

◆――レディー・ガガの「ものすごい売り出し」をサポートする多数の企業

1枚のヒットアルバムを売り出すために、何件のブランドパートナーが必要だろうか。[6]2011年3月、レディー・ガガのマネージャーは、それが準備した数よりも少ないことを願っていた。モンスター・ボール・ツアーに同行していたトロイ・カーターは、ガガの3枚目のアルバム『ボーン・ディス・ウェイ』発売のために計画していた量販店ターゲットとの契約がご破算になったと、知っていたからだ。レディー・ガガのアルバムの特別版販売の独占権をターゲットに与える代わりに、ターゲットから流通とマーケティング支援を得るという取り決めになるはずだった。

大衆文化への影響力を反映して、レディー・ガガはすでにいくつかの大手消費財企業とパートナーシップを築いていた。そのひとつが、ビーツ・バイ・ドクター・ドレーという、高性能のヘッドフォンだった。インタースコープ会長ジミー・アイオヴィンと、伝説的ヒップホップの音楽プロデューサー、ドクター・ドレーとのパートナーシップにより、ビーツは2008年に設立された。1年後、ブランドを拡大させて、レディー・ガガとの共同デザインによる、ハートビーツというヘッドフォンの販売を開始した。ヘッドフォンの評判は上々だった。テクノロジー関連の有力なウェブサイトでは、この100ドルのインナーイヤー型のヘッドフォンについて、「掛け値なしに独特」で「世のファッショニスタを幅広く引きつける」[7]に違いないと評した。ヴァージンモバイルもマーケティング・パートナーだった。レディー・ガガの2枚目のアルバム『ザ・フェイム』発売と同日に、この携帯電話網事業は、モンスター・ボール・ツアーのアメリカ公演期間中のスポンサーシップを発表した。青少年ホームレス支援団体に協力すれば、ツアーのチケットを与えると消費者に約束したのだ。

ポラロイドもレディー・ガガのパートナーに加わった。2010年1月、コンシューマーエレクトロニクスショーの場を借りて、ガガを今後発売が予定される特別製品担当のクリエイティブ・ディレクターに任命した。レディー・ガガとそのチームは積極的に関与する予定だとして、ガガは次のように発言した。「ライフスタイルに音楽にアートにファッション！　舞台裏でもデザイナーとして活動できるなんてワクワクする。[8]それに——父の言葉を借りれば——とうとう本物の仕事ができるなんて」。その1カ月後、化粧品会社のMACはレディー・ガガと手を組んだ。同社の化粧品ビバグラムの売上げをMACエイズ基金に寄付するというキャンペーンにガガを起用し、彼女の名を冠した商品を発表した。

『ボーン・ディス・ウェイ』を売り出すために、レディー・ガガはアマゾンやベルヴェデール・ウォッカ、ベストバイ、ギルト・グループ、スターバックス、それにジンガと提携することになった。アマゾンは、新しいクラウド・ベース・サービスを普及させるために、ガガの新アルバムを99セントで販売することにした。ベルヴェデール・ウォッカは、優勝者はロンドンで開かれるガガのスペシャル・ライブ・コンサートのチケットを獲得できるというコンテストを開催して、ウォッカの販売促進に努めた。ベストバイは、『ボーン・ディス・ウェイ』と携帯電話をバンドルして販売した。ギルト・グループは、レディー・ガガにインスピレーションを受けた商品や、本人が着用した一点もののドレスやスペシャルイベントへのVIPチケットなど、特別アイテムを用意した。スターバックスは店舗で流す音楽にガガの新アルバムを加え、さらにオンライン戦略も企画した。そしてソーシャルゲーム会社大手のジンガは、ガガのブランドを自社の人気ゲーム、ファームビルに加えて、レディー・ガガに着想を得たガガビルという農場を立ち上げ、リリースに先行してアルバムに独占アクセスできるようにした。

だが、小売チェーンの「ターゲット」と組むという計画は頓挫した。先方からパートナーシップを申し込まれたが、ターゲットがゲイの権利に反対する政治家を支持するということで物別れに終わったのだ。ターゲットはゲイ・コミュニティの支援を変わらず表明しているが、ゲイのグループからの大きな批判にさらされた。レディー・ガガを〝活動家〟とするカーターによれば、「わたしたちはこの取引からどうしても手を引くしかなかった」という。インタースコープの副会長スティーブ・バーマンもこれに同意した。「これは大きなビジネスを推進するパートナーシップだった。しかし身を引いたからといって、アーティストとはまだ付き合っていくわけだ。その点は肝に銘じなくてはいけない。どんなときも信頼厚く誠実でなくてはならない」。

「ブランド・リレーションシップはガガにとって非常に重要だが、本当のCM／広告契約は一度もしたことがない。ガガがある商品を手に取って、『どうも、レディー・ガガです。これ、買ってね』と訴える、といった類の広告はね」と、カーターが経営するマネジメント会社アトム・ファクトリーの最高マーケティング責任者（CMO）ボビー・キャンベルは指摘した。「これまでの商品は、ガガの個性と一致するものだ」。今回、レディー・ガガの新アルバム発売を2カ月後に控えて、この多くのパートナーシップの活用計画の仕上げは、ガガのマーケティングチームの手にかかっていた。

トロイ・カーターとレディー・ガガの企業提携の取り組みは、ジョン・メニーリーとジェイ・Zの取り組みと非常によく似ている。実をいうと、メニーリーはジェイ・Zのパートナーシップについて、ほぼ同じことを言っていた。「ジェイ・Zは、あからさまなCM／広告契約は結ばない(9)」。こうした契約で先陣を切ったことは、決して偶然ではない。当代きってのスーパースター2人が、『デコーデッド』ほど革新的ではなかったとはいえ、やはり企業とのパートナーシップが重要な役割を果たした。それにしても、カーターはアルバムのリリースに先んじて、そうそうたるパートナーを集めていたのに、ガガがターゲットのような企業から恩恵を受けられると考えたのはなぜなのだろうか。

答えはカーターのいう、アルバム売り出しの「とてつもない規模」にある。チーム・ガガがマーケティングに徹底的に力を注ぎ、可能なかぎり幅広く販売しようとしていたという事実が、重大なポイントだ。カーターがいうように、「これほどの規模の新商品発売キャンペーンとなると、レコード・レーベルだけでは成し遂げられない。レーベルにはリソースがないのだ。アルバムを至るところに配置するためには、従来とは異なる小売りとの関係が必要になる」。バーマンはうなずいた。「映画の大々的公開には、宣伝費用だけで何千万ドルもかかる。わたしたちにはそんな予算はない。レコード店やウォルマートやベストバイといった従来の音楽小売店を越えたいと考えるなら、販売提携を探して、超熱烈なファンやブロガー、マスコミとともに取り組む必要がある――世界的規模で」。とくに音楽業界の状況が著しく変化してから、たとえばレコード・レーベルの昔ながらのパートナーだった小売店がなくなってしまってからは（そのため、幅広く売り出すには、新たな、しかも費用がかさみがちなアプローチが求められる）、業界の担い手にスーパースターの新作を大々的に売り出す手段がないのだ。企業とパートナーシップを結ぶことで、音楽会社はそうした足りない点を克服できるし、効果的にブロックバスター戦略を実践できる。

いくつかの点で、現代の提携はラジオやテレビのエンターテインメントの草創期を思い出させる。その頃は、プロクター・アンド・ギャンブルのような消費財メーカーがスポンサーとしてだけではなく、エンターテインメント商品のプロデューサーとしての役目も果たしていた。「ソープオペラ」という名称が生まれた所以だ。プロクター・アンド・ギャンブルは早くも1949年に、プロクター・アンド・ギャンブル・プロダクションズ（現在のプロクター・アンド・ギャンブル・エンターテインメント）を用いて、資金援助プログラムを開始した。[10] この慣習は現在に至るまで続いている。たとえば、2011年に、プロクター・アンド・ギャンブルとウォルマートが出資した2本の家族向け映画を、NBCが放送した。2012年にはレクサスが、フードネットワークの『レストラン：インポッシブル』の特別エピソードのコストの一部を負担した。[11]

しかし、企業との新たなパートナーシップは、構想も規模も異なる。ジェイ・Zのビングとのパートナーシップは、エンターテイナー側のマーケティングの問題解決を図るために考案された。つまり、マイクロソフトの潤沢なリソースを利用して、ジェイ・Zの新刊本の認知度と関心を生み出そうとしたのだ。レディー・ガガの数多くのパートナーシップは、マーケティングと流通の問題解決のために築かれた。チーム・ガガの目的は、世間に『ボーン・ディス・ウェイ』のリリースを知らせるだけではなく、消費者が買いたいときにそのアルバムがすぐ手の届くところにあるようにすることだった。つまり、コーヒーを買いにいくとか、ショッピングするとか、オンラインゲームするといった日常生活の合間に、消費者がアルバムに出くわすように、買い忘れをしないように仕向けたのだ。

この戦術の背後にある特性は、ブロックバスター戦略がそもそも効果をあげる理由につながる。ターゲットとの契約について考えてみてほしい。バーマンの見解によれば、「ターゲットとの提携は大きなチャンスだった。ターゲットなら、店舗内の広大な売り場をアルバムに与えてくれるだろう。アルバムのリリースにあたり、ガガというブランドの宣伝広告に何百万ドルも費やしてくれるだろうし、ライセンス商品や衣料品の売上げの販売に協力してくれるだろう」。エンターテインメント商品は、ふと思い立って買ったりするものなので、アルバムの流通先を幅広く確保できれば大きなメリットになる。商品が至るところに陳列されて目に入れば、実際に消費者が購入する機会が増える。ターゲットだったら、「高々と積み上げて、飛ぶように売れる」戦略を、普通の音楽小売業者にはできなかった方法で実行できたはずだ。

グローバル化が進行し、競争が激化する市場において、流行り廃りのサイクルがかつてないほど早まっている時代にあって、騒然とした膨大なメディアを通り抜けて大衆のもとに達するには、莫大な予算が必要になる。映画業界で、スタジオの屋台骨となる新作映画の公開には、アメリカだけで何千館という映画館が、世界でもさらに何千という映画館が関与する。ブロックバスターを見込む映画は、さまざまな地域で短期間上映される。正規商品の発売前に海賊版が市場に出回ることを防ぐためだ。主な市場で華々しく封切られて、大々的な宣伝活動が繰り広げられ、流通とマーケティング費用を押し上げる。音楽業界でも、同じパターンが見られる。レーベルはこれまで以上に趣向を凝らして、商品を勢いよく市場に投入するようになっている。そのため、流通とマーケティングの費用が必然的にかさむことになる。デジタル技術のせいで売上も利益も圧迫されるので、増える一方のコストを肩代わりしてくれるパートナーを、コンテンツ制作者が諸手をあげて歓迎する――そして盛んに勧誘する――のも、当然なのである。

コラム 7 ソープオペラの由来

鳩山玲人

ホームドラマのことを海外では「ソープオペラ」と呼ぶが、これは本文中にあるように、P&G（プロクター・アンド・ギャンブル）という「石鹸＝ソープ」メーカーがドラマの製作費や広告スポンサーを提供したことに由来している。日本では、同じようにかつての花王劇場、東芝劇場といった単独企業スポンサーのドラマ枠があったのに似ている。

ブランド・パートナーシップがもたらす厄介なこと

その一方で、レディー・ガガとターゲットの決裂が示すように、提携にはマイナスの側面もある。ブランド・パートナーシップを採用し実行に移すのは、たやすいことではない。パートナーは結局、自身のブランドと目標を協力体制に持ち込んでくる。思惑が異なる、それどころか往々にして対立する課題から、数々の難題が生み出される。まず、スター・ブランドと企業との間に信頼できる結びつきを築くことは難しい。レディー・ガガとターゲットの場合、政治的信条の相違が最後に契約を決裂させた。さらに、パートナーである企業とスケジュールの整合性を図ることも難しい。これがチーム・ガガの計画にどんな影響を与えたか、カーターは次のように言い表した。「音楽業界では、何事も数カ月以内に実行される。企業では、時間の異なる尺度が用いられている。2年先のマーケティング戦略を立てることもよくある」。この種のスケジュールを調整する必要があったことから、カーターは『ボーン・ディス・ウェイ』の売り出し計画に、通常より数カ月早く着手した。

ジェイ・Zの『デコーデッド』キャンペーンを支援するパートナーシップにも、難題が伴った。実をいうと、スピーゲル・アンド・グラウのチームは、万が一ドロガ5のキャンペーンが空中分解したときに備えて、グラウの名づけた「プランB」――本のサイン会や『ニューヨーカー』誌に広告を打つなど、従来のマーケティング活動――に取り組んでいた。2010年6月、刊行予定日まで5カ月となった頃、ドロガ、エセックス、メニーリー、マイクロソフトのビング・チームの間の話し合いは最初の合意に達した。内容は次のようなものだった。ビング・チームがキャンペーンの費用負担の役割を引き受ける。Bing. com/jay-z があらゆる活動の中心となる。ビングの検索と地図機能は、街頭でも、新製品発売のオンライン・コンポーネントとしても利用される。ジェイ・Zはキャンペーンに名前と肖像を貸与し、全プロセスに緊密に関与し、あらゆる面に関して自ら承認を行うが、料金は受け取らない。スピーゲル・アンド・グラウは、文章と書籍の凝ったデザインの最終仕上げに責任をもつ。また、本の制作の完了は、キャンペーンの計画と重なり合うので、ドロガとビング・チームにあらゆる変更を知らせる。ドロガ5はというと、キャンペーン全体を監視し、キャンペーンの構想と実行に責任をもつ。また、彼らはマイクロソフトから参加したビング・チームも率いる。「ビングには、このキャンペーンに取り組む独立したチームはつくらない」ことを、エセックスははっきりさせた。「技術者たちは、僕たちの指揮のもとに働いてもらう。技術者の助けを借りて、僕らが検索と地図のテクノロジーをカスタマイズする」。

だが、早い時期に行った創造的コンセプトに関するプレゼンテーションが、マイクロソフトとロック・ネイションの主導権争いを引き起こした。まず、屋外と特注の媒体に掲示される本の各ページに描かれるビングのロゴのサイズが、争いの原因となった。マイクロソフトにとってはおなじみの闘いだった。「滑稽なのだが、クライアントは決まって広告で自分のロゴを大きくしたがる」とメフディ。「それで、資料を見直したあとに、わたしたちは開口一番、『ロゴを大きくしてほしい』と訴えた」。メニーリーは即座に反論した。「ジェイ・Zより目立つものは何ひとつ認められない。イベント参加者はそもそもビングを使ってゲームする必要がある。ただ、度を超すべきではない。マイクロソフトは、タイムズ・スクエアのビルボードにロゴを3つ掲示したいとまで言い出した。パネル3枚を組み合わせて、ひとつのイメージにするんだと！　ジェイ・Zがいなかったら、このキャンペーン自体も存在しないことを思い出すべきだ」。グラウは、ジェイ・Zに加勢した。「これはビングのキャンペーンではないので、本を中心にすべきよ」。

ロゴをめぐる問題は、このパートナーシップで一番強い立場は誰かという激しい議論を呼ぶ前触れとなった。「金を出しているのはこちらなのだから、『わたしたちが決める立場にある』とこの場でいいたい」と、メフディは意見を述べた。「もちろん、ジェイ・Zのブランドとも一致させる必要はある。しかし、タイムズ・スクエアの3階分の掲示板の注文書がクリア・チャンネルから送られてくるとき、請求先はロック・ネイションでもランダムハウスでもない。マイクロソフトなんだ」。メフディは続けた。「2番手に甘んじざるを得ないと知っていたなら、この契約を検討さえしなかっただろう。ブランドに関して、クリエイティブ面の最終決定権を要求する。これは、ビングのユーザー基盤を拡大することが目的だ」。メニーリーはこれに異を唱えた。「何といっても、これはジェイ・Zが承認すべきジェイ・Zのキャンペーンだ。マイクロソフトがマイアミのデラーノ・ホテルでジェイ・Zとイベントを開催したいなら……ジェイ・Zにそのイベントに参加してもらいたいなら、マイクロソフトはこのキャンペーンに参加する理由をよく考える必要がある。ジェイ・Zは掲示板などではない。わたしたちはクリエイティブ面の最終決定権を求める。費用を負担しているのはビング・チームのマイクロソフトかもしれないが、キャンペーンの主要な目的は、ジェイ・Zの本を売ることだ。いきなり書籍売上第1位にすることだ」。

この事例は、ブランド・パートナーシップの力を利用してブロックバスターを売り出そうとする際に、乗り越えなくてはならない障害と課題を示している。ジェイ・Zのようなスターがこの種の契約――『デコーデッド』のキャンペーンは、効率よく自著に注目を集める方法だった――を好む一方で、マイクロソフトやターゲットのような企業が、パートナーシップが引き起こしがちな頭痛の種に耐えるのも厭わないのはなぜだろうか。この場合も、答えは数字だ。たいていの場合、スーパースターとの提携にはそれだけの価値がある。コンテンツ制作者がなぜブロックバスターの題材に勝負をかけるのか、なぜスターに投資するのか、消費財ブランドが著名人のCM／広告契約になぜ気前よく払うのか、その背景にはみな同じ理由がある。熾烈な競争が繰り広げられる飽和状態の市場において、ブランド・パートナーシップを結べば、企業は自社製品やブランドに注目を集めたり、幅広く新規の顧客の心をつかんだり、またはレディー・ガガやジェイ・Zのようなスーパースターの力を活用したりできるからだ。

『デコーデッド』のキャンペーンの場合、強敵グーグルが12年にわたりネット検索市場に築いてきた牙城を崩す方法を、マイクロソフトは探していた。２００９年にビングを発表したとき、マイクロソフトは1億ドルを投じてマスメディア広告キャンペーンを打ち、自社の新検索エンジンを売り込もうとした。しかし1年後も、グーグルは66パーセントのシェアで市場を支配していた[12]（しかも検索の量もシェアも伸びる一方だった）。これに対して、ビングのシェアは10

パーセントにも満たなかった。さらに悪いことに、ビングの主なユーザーは、中西部在住の白人中年女性が多かった。「そこは成長セグメントではないし、ビングがイノベーティブな選択だとみなされるようにはならない」と、メフディは力を込めた。「若者が次世代の技術を方向づける。彼らはもっぱらグーグルを使って成長してきた」。ビングの市場シェアを伸ばす活動の一環として、マイクロソフトは多数の広告代理店に、いわば声明書ともいうべきものを送った。もちろんドロガ5にも。ビング成長の手段を探してほしいと広告代理店に要求する内容で、目標は「ググる習慣をやめさせること」だった。

ドロガ5が考案したジェイ・Zのキャンペーン計画はおあつらえ向きに思われた。「わたしたちの企画したスカベンジャー・ハントのアイデアは、ビングにぴったりに思えた。間違いなく熱狂させられると思った」とエセックス。「それに、マイクロソフトは有名人の起用やキャンペーンのスポンサーといったことを――グーグルよりも――よくやっていたし、そのためにかなりの予算をマーケティング費用に割り当てていることも知っていた」。マイクロソフトと接触すべきだと提案したのは、ジェイ・Zのマネージャーのメニーリーだった。ビングの新検索エンジンはスカベンジャー・ハントのアイデアにぴったりなだけではなく、その独特な地図機能があれば、イベントの体験を充実させることができる。「キャンペーンは検索がすべてだとわかっていたし、ビング・マップもお披露目できるだろう。それに、マイクロソフトは、ジェイ・Zとレブロン・ジェームズのディナー・イベントのスポンサーでもあったから、すでに関係はある」と、メニーリーは思い起こした。エセックスがあとを続けた。「そこでマイクロソフトに電話して、『お話ししたいことがあります。かなりいけてる話ですよ。こういうアイデアがあって、ジェイ・Zも絡むんです。興味ありますか』といった」。

ビングのグループはたちまち乗り気になった。「ジェイ・Zといえば、世界屈指の大スターだから、認知度を高められる」。メフディはコメントした。「ジェイ・Zはアフリカ系アメリカ人と18歳から24歳の年齢層に強く訴える。このグループはビングのユーザーの中には少ない。おまけにこのキャンペーンは、わたしたちが一番声を大にしていいたいビングの特徴に照準が合っている」。自らも、自らのチームも大きな飛躍を遂げたとメフディは気づいていた。「ときには直感に従うほうがいいと学んだ。プールを覆ったり、グッチの店舗のウィンドウにジャケットを飾ったりすることが、興奮を呼び起こすなんて示す確かなデータはないが、ホームラン狙いでフルスイングしなくてはいけないときもある」。結果の予測が難しいという点で、メフディの言葉は正しい。キャンペーンが終了したあとでも、因果関係の証明はなかなか難しいものだ。それでも、『デコーデッド』のキャンペーン中、ビングのシェアはサービスが始まって以来最高となる12パーセントに達し、最も閲覧数が多いウェブサイトの上位10位にはじめて入った(13)。

ジェイ・Zやレディー・ガガのようなスターが関与すると、商品発売で組んだパートナー全員の注目度も高まる。もちろんドロガ5も、『デコーデッド』のプロジェクトで新規クライアントを獲得できるだろうと、かなり大きな賭けに出た——200万ドルのプロジェクトの利益をあきらめることは、当時年商2400万ドル程度の企業だったことを考慮すると、やはりかなり大きな賭けといえるだろう。それに今回のような1度かぎりのプロジェクトで、実際にかかるコストを事前に見積もることは難しいと、エセックスは身に染みて知っている。「今回は、かかる費用の予想がつく、テレビのコマーシャル撮影とは違う」と、エセックスは説明を始めた。「でも、それが何かユニークなことをするときのいいところなんだ。『コストがかかりすぎる』という者もいたし、『やってみる価値があるよ』という者もいた」。ドロガ5はそれ以来、過去を振り返ったりはしない。2012年後半、代表的な業界誌『アドウィーク』から、「年間の最優秀広告代理店」に選ばれた。(14)

パートナーシップは〝最適なブランド同士の出会い〟

スターバックスは継続的にミュージシャンと連携している。だから、レディー・ガガの『ボーン・ディス・ウェイ』新発売のプロモーションに関与したいと表明しても、驚くことではない。スターバックスは毎月、アメリカとカナダの7500店舗で、3、4枚の新アルバムの特集を組む。同社のエンターテインメント部門マネージャーのホリー・ヒントンによると、どのアルバムをプロモーションするかについては、コンテンツのキュレーションを担当するスターバックスのチームが、「山ほど聴いて」から決めるのだという。「大勢の音楽好きでこの決断を下します」と、ヒントン。「わたしたちは四六時中、アラバマ・シェイクスのレコードがいいとか、ケイティ・ペリーの新作が気に入ったとか話をしているんです」。このようにして、『ボーン・ディス・ウェイ』はカウンターに「スターバックス厳選サウンド」として、ビスコッティやチョコレートのすぐ隣に陳列されることになった。スターバックスの小売店としての目覚ましい業績のおかげで、この種のプロダクト・プレイスメントは売上げを伸ばしたいアーティストにとって、願ってもない戦術となる。音楽業界の関係者が何とかしてスターバックスに足がかりを得ようとする理由も明らかだ。レディー・ガガの場合、ガガのプロデューサーがスターバックスのキュレーターたちに『ボーン・ディス・ウェイ』を視聴してもらったとき、鮮烈な印象を残したという。ヒントンはそのときのことを思い起こした。「ヴィンセント・ハーバートがスターバックスのオフィスに来たとき、ここにステレオを持ち込んで、超大音量で音楽を流しました」。

しかしスターバックスは、レディー・ガガとのパートナーシップを用いて、〝通常通り〟とはいえない方法も展開した。スターバックス・デジタル・ネットワーク――Wi-Fiを用いて店内で無料アクセスできる――を、ガガが丸1日〝乗っ取る〟計画を立てたのだ。これには、ガガの『ジ・エッジ・オブ・グローリー』の数量限定無料ダウンロード、アルバムと独占特別映像の無料配信なども含まれていた。ジェイ・Zのキャンペーンにならい、スカベンジャー・ハントに似たゲームも取り入れて、アルバム発売の時期に合わせてSRCH（サーチと読ませる）も行った。QRコードやバナー、店内のポスターでヒントを与える――マイスターバックスというiPhoneのアプリに、コードリーダーが如才なく組み込まれていた――ようにして、ゲーム参加者にインターネット（ツイッターやフェイスブックなど）で商品探しをするように仕向けた。

レディー・ガガにとって、流通とマーケティングの面でパートナーシップは明らかに恩恵があった。しかし、スターバックスにとっても、大きな恩恵がもたらされた。パートナーシップによって、レディー・ガガの〝リトルモンスター〟、つまり現在そして未来のコーヒー消費者との関係を築くことができたのだ。さらに、スターバックスは店舗内の体験とオンラインの体験をひとつにして、両方の価値を顧客に伝えることができた。「今回はじめてレディー・ガガの音楽を店内で流しました」と、スターバックスのグローバル・デジタル・マーケティング部門長のアレックス・ホイーラーは述べた。「顧客が立ち寄って音楽を聴いたり、CDを買って楽しんだり、オンラインで独占特別映像を観たり、ゲームをしたりといった体験を、店舗にもたらそうと努めていました。スターバックスだけが提供できる体験を、店舗に足を運んで味わってもらいたかったのです」。また、SRCHゲームのバナーを用いて、フラペチーノのプロモーションを行った。レディー・ガガが生み出す熱狂に乗じて、若いファン層に訴える季節限定商品に注目を集めようとした。

おそらくスターバックスにとって最大の恩恵は、企業ブランドに与える影響という点で、ブロックバスター狙いの大規模な売り出し方に途方もなく魅力があると気づいたことかもしれない。「カルチャーとして世界的にも重要な機会に参加することが目的でした」と、ホイーラーは明かした。「レディー・ガガのレコード発売、これは大ごとでした」。レディー・ガガのスターとしての力がそのカギだった。「わが社のブランド同様、ガガは革新的で、デジタルの世界と密接に結びついています。それに熱烈なファン層がいます」。

スターバックスはこの種の提携に慎重に取り組んでいる。「ブランド・パートナーシップは、少しばかり雪の一片に似ています。それぞれ異なるものでなくてはなりません」と、ホイーラー。「わたしたちはふさわしい機会を探しているのです」。ガガの場合、見込まれる利益はリスクを上回るとスターバックスは感じ取った。「賛否両論を引き起こすかもしれないと承知していました。だからわが社がどんなふうに見られるか、思われるか、覚悟が必要でした」と、ホイーラーは思い起こした。「でも、それは想定してしかるべきリスクだと思っていました」。ホイーラーは現在、少しも後悔していない。このコラボレーションは、彼女のチームが手がけたプロジェクトの中でも、お気に入りの部類に入るという。

ジンガの幹部も、レディー・ガガとのパートナーシップにとても肯定的な反応を示している。『ボーン・ディス・ウェイ』のリリースに先駆けて、ファームビルのユーザーは、レディー・ガガをテーマにしたバーチャルな農場コミュニティで、ゲームプレイを拡大する機会を与えられた。クリスタルやユニコーンといったアイテムが用意され、レザーのコスチュームを着た羊などとプレイできた。2011年5月の発売開始の週に、ユーザーは一般リリースより早くアルバムの曲にアクセスすることができた。また、ベストバイ（3番目の契約相手）は、25ドルのジンガの特別プリペイド・ゲームカードを販売した。これには、アルバムの無料ダウンロードと、このカードだけのボーナストラック、バーチャル・グッズなどの特典もつけられていた。

ジンガとカーターが経営するアトム・ファクトリーの間に金銭的やり取りは一切発生しなかったが、ジンガは、レディー・ガガの所属レーベル、インタースコープに音楽使用権を支払った。この入り組んだパートナーシップ契約は、レディー・ガガにとって、アルバムの認知度と売上げを後押しするのに役立った。ジンガにとっても多くの恩恵があった。当時ジンガのビジネス開発グローバル担当責任者だったアンダース・クレマーは、インタビューで次のように語った。「わたしたちは絶えず、ポップカルチャーをゲームに取り入れる方法を探していた。

ゲームをプレーヤーの現実の生活と関連づけるため、ひいてはユーザーの興味を維持して、もっとゲームに参加してもらうためだ」。

アルバムが発売された頃、ファームビルの月間ユーザー数は4600万人だった[15]が、利用者は1年前と比べるとほぼ半数に激減していた。「ヒット商品主導のビジネスなので、ゲームには人気のある人工物が必要なのだ」とクレマーは指摘し、このパートナーシップはジンガにとって「最高レベル」だったと言い表した。レディー・ガガの、聴衆を引きつける力が、この契約を結んだ最大の理由だという。「その頃、ガガは世界の中でも断トツにビッグで、話題を集めるアーティストだった。わたしたちは彼女と組みたいと考えた。それにわが社の分析によると、ファームビルのユーザーとフェイスブックのガガのファンとは、大きく重なっていることが判明した」。ジンガはそれ以前に、マフィア・ウォーズというゲームで、ヒップホップ・アーティストのドクター・ドレーとスヌープ・ドッグと組んだことがあった。「そのゲームはかなりヒットした。そこで、『じゃあ、大物中の大物と組んだらどうだろう?』と考えた。ガガと組んだときのようなプロモーションを支援するには、特別なアーティストでなくてはダメだ」。

やはり、ブロックバスターとスーパースターに投資することは筋が通っているといえる。そのメリットを否定することは難しい。デジタル技術の進歩は、刺激的な新規コンテンツの流通とマーケティングの機会を生み出すが、その一方で、現行のビジネスモデルを立ち行かなくさせるおそれがあり、ブロックバスター戦略を実行しづらく、リスクを増やす。とはいえ、このプラスとマイナスの影響は、ブロックバスターの必要性を減じるものではない。むしろ、ブロックバスターはデジタル環境で力を増すだけである。

コンテンツ制作者と異業種企業とのパートナーシップは、この新たな世界において完全に筋が通っている。こうした提携は、もちろんどんな状況や商品にも当てはまる万能の解決策ではない。だがブランド・パートナーシップは、コンテンツ制作者が流通とマーケティングで影響力を獲得し、デジタル・メディアがもたらす豊かな可能性をこれまで以上に活用するために役立つ。ジェイ・Zとレディー・ガガという世界有数のスーパースター2人が、書籍と音楽の世界で先鞭をつけたわけだが、エンターテインメントのその他の領域が、これに追随できない、または追随しない理由はない。企業は、影響力の強い、人の心を引きつけてやまないブランドと結びつく機会を何としても手に入れたいと考えており、多くのエンターテインメント商品はその条件に適う。

パートナーシップは〝最適なブランド同士の出会い〟――結局のところ、誰もがブランドの強さと相性をもとにパートナーを選ぶ――を可能にするからこそ、ブランド間の提携が増えれば、エンターテインメントの世界では一人勝ちの傾向にさらに拍車がかかるかもしれない。世界最高のスーパースターが最大の賭けに出る、かつてないほどの大々的な新製品の売り込みを、メディア環境を一変させるほどの飛躍的な変化を巧みに利用したキャンペーンに後押しされた売り込みを、わたしたちはすぐに目の当たりにすることになる。

コラム 8 業界の垣根を越えた広告宣伝

鳩山玲人

サンリオでは、ハローキティ等のキャラクターを使って、業界を超えた幅広いコラボレーションを行っている。たとえば、金融業界では銀行カードやＡＴＭから教育保険まで、食品業界では、お菓子だけでなく果物から海苔といったものまで、幅広い業界でコラボレーションが見られる。これは、コラボレーションをした企業にとっては、ハローキティの知名度を活かして、消費者にリーチできると同時に、サンリオにとっても大きな露出機会になる。

終章　エンタメ業界の戦略は他のビジネスでも通用するのか【サービス&ファッション業界】

No Business Like Show Business?

SUMMARY

ブロックバスター戦略はエンタメ業界だけのものか

鳩山玲人

この最終章では、ブロックバスター戦略が、単に映画、音楽、スポーツというエンターテインメント業界だけに有効ではないことを指摘する。ラスベガスやニューヨークのナイトクラブ「マーキー」でのスーパースターDJを呼びものにした集客戦略、iPhoneやMacBookのようにアップルが商品を絞り込んで大きく売り出す商品戦略、ランジェリーブランドのヴィクトリアズ・シークレットのスーパースター級モデル「エンジェルズ」や人気歌手を用いたメディア向けの大規模に開催されるランジェリーショーイベントによるブロックバスター流マーケティング手法、デジタル手法を活用したファッションブランド、バーバリーがSNSを活用してマーケティングしていく手法を紹介しながら、ブロックバスター戦略のこれからの広がりを予見している。

大成功を収めたクラブ「マーキー」のリニューアル

ひょっとすると、ブロックバスター狙いの真価を問う最新の方法は、盛大な披露パーティーを開くことかもしれない(1)。

ナイトライフの仕掛け人、ジェイソン・ストラウスとノア・テッパーバーグは、ニューヨークを拠点とする有名なナイトクラブ、マーキーの再生を熱狂的に祝う何百人もの人たちで混み合ったダンスフロアを眺めながら、その事実を噛みしめているところだった。共同創設者で共同所有者のストラウスとテッペンバーグは、2013年の1月初旬、莫大な費用と半年間の時間をかけてクラブを改築し、華々しく再オープンさせた。マーキーを全米随一の人気クラブに返り咲かせることが目的だった。そんな摩訶不思議なことを再現できるのは、この2人をおいてほかにはいなかった。一時休店するまで、マーキーはほぼ9年間も隆盛を誇った――ほとんどのクラブがたった1年半で閉店する(2)、世界でも1、2を争う熾烈なナイトライフ市場において、これは永遠にも等しかった。

ストラウスとテッパーバーグの2人は、15歳でプロモーターの仕事を開始してから、サービス業の世界で目覚ましいキャリアを積み上げたのち、2003年、500平方メートルほどの古い車庫を改装して、ナイトクラブを開店した。それがマーキーだった。「開店したばかりの頃、クラブ周辺には大したものはなかった。倉庫が立ち並んで、通りの向こうに公営住宅があるくらいだった」と、ストラウス。「それでも、自分たちなら目標とするものをつくり上げられると思ったし、クラブのビジョンもあった。そこで、古くて壊れかけた、ゴミ収集車用の車庫を借りることにした。水道も電気もなくて、屋根にはところどころ穴が開いていて、そこからハトが入り込んでフンを垂れ流していたなんて、今では信じられないだろう」。テッパーバーグは当時抱いていた自信を思い出していた。「クラバーたちが何を望んでいるのかわかっていた。……バーのスペースがいくついるとか、ダンスフロアの広さはどのぐらい必要だとか、クロークや化粧室をどこに配置するか——押さえるべきところはすべて心得ていた」。

マーキーはたちまちクラバーたちを引きつけるようになった。入店が厳しいことでも有名だった。連なる車や人波が道路を何車線もふさいで、入店したい者たちがクラブの周囲に長蛇の列をなした。「ファッショナブルな人、有名人、裕福な人だけを入店させる必要がある」[3]と、ある関係者は述べた。その後数年間、マーキーの周辺に新築や改築のクラブが殺到して、その界隈は「クラブ街」として知られるようになり、「パーティーのワンストップショップ」[4]とか「大人のためのアミューズメントパーク」などと呼ばれた。ストラウスもテッパーバーグも、マーキーの影響力を十分認識していた。「周囲一帯は急激に活性化したよ」と、ストラウスは2007年のインタビューで語った。「レストランからギャラリーからナイトクラブまで、わたしたちがこの地域に注入したエネルギーを糧にしようとしていた」。

その頃には、2人ともマーキーをどのように運営したらいいか熟知していた。毎晩、マネージャー2人、ドアマン1人、バーテンダー6人、女性給仕人6人、その他スタッフ13人、警備員12人で、マーキーの客に対応していた。混み合う晩になると、クラブは1200人もの客でいっぱいになった。そのうち、400人の〝ボトル客〟――社交界の花形、銀行家、モデル、著名人、その他有閑階級――が、36のテーブル席につくためにテーブル料金を気前よく支払った。アブソルート・ウォッカが1瓶350ドル（地元の酒店なら25ドル）から、900ドルのクリスタルシャンペーンまで、テーブル席の客は棚の一番上にある酒を少なくとも2、3本は購入するように求められた（その価格でも、自分でドリンクをつくらなくてはならなかった。ジュース、トニック、氷は価格に含まれている）。ほかの客は〝フロアを埋める客〟とされて、20ドルのカバーチャージで入店して、バーでドリンクを注文して、メインフロアで踊り、セレブやVIPとあわよくば接触できるのでは、と上客のいる部屋のあたりをうろついたりしていた。「彼らがクラブのエネルギーを生み出していた」と、ストラウスは指摘した。

リノベーションのために2012年に閉店するまで、マーキーの経営は大きな成功を収めていた。ストラウスは次のように評した。「8年半も続くのは、ニューヨークのナイトライフでは前代未聞だ。わたしたちは象徴的なイベントを催し、超有名人を客にもち、マスコミ受けも非常に良かった。それに、ナイトライフのカルチャーに多大な貢献をしたと思う。マーキーは要《かなめ》となる存在だった。週に5日店を開ければ、客は5日間通ってきた」。

マーキーを運営する傍ら、ストラウスとテッパーバーグはクラブのポートフォリオをさらに拡大して、ニューヨークに新たに3店舗――アベニュー、ラボ、ドリーム・ダウンタウン・ホテルにPH-D――を開いた。その一方でラスベガスでも、タオ、タオ・ビーチ、ラボといった人気店や、マーキー2号店を展開し、オーストラリアのシドニーにもマーキーを開店した。中でも、総工費40億ドルのコスモポリタン・ホテルに、5000万ドルをかけて開いた、6000平方メートル近いフロア面積と最大収容人数3000人のマーキー・ラスベガスは、桁外れに大きな賭けだったが、非の打ちどころのない大成功を収めた。同店にとって最初の通年営業となった2011年には、推定で8000万ドルの収益をあげて、(5)北米のクラブとしては最高益を記録した。ニューヨークのマーキーとは方向性を変えて、マーキー・ラスベガスではエレクトロニック・ダンス・ミュージック（EDM）を採用し、毎晩、話題のDJを呼びものにした。

「ラスベガスにはすでにタオもラボもあるので、グループ内で張り合うような事態は避けたかった」と語るストラウスは、早い時期からエレクトロニック・ダンス・ミュージックが人気を集めると踏んでいた。マーキー・ラスベガスのために、コスモポリタン・ホテルは最高級の照明と音響システムに300万ドルを費やした。「ホールはフェスティバルっぽい雰囲気が味わえるように設計されており、コロッセウムみたいなセットを設けて、DJブースに視線が集まるようになっている」と、ストラウスは描写した。「DJのために玉座を用意した──ある意味、『スーパースターDJの』カスケードに超高級車のマイバッハを与えて運転させよう』といった感じだ」。テッパーバーグが言い添えた。「エレクトロニック・ミュージックが専門の名の知れたDJが毎晩いるクラブはなかった。そんなことに手を出すなんてどうかしているといわれたよ。1カ月もしないうちに、競合する主なクラブも、エレクトロニック・ミュージックのDJを呼びものにするようになった。市場は一気に盛り上がった。今やベガスではDJがすべてだ」。

◆——サービス業界もスーパースターとブロックバスターに賭ける?

ラスベガスの成功により、2人は新たな目標に照準を合わせた。エレクトロニック・ダンス・ミュージックとスターＤＪを中心に据えるモデルをニューヨークに導入したいと考えたのだ。「誰がクラブに来るかとか、視線を浴びせたり集めたりというよりも、ショーを中心にしたいと考えたんだ。誰がプレイするかというほうをね」と、テッパーバーグ。「今やボトルサービスも競争が激しい。誰もがうちのモデルの真似をするようになった」。店舗の改築には350万ドル近くかかった（とくに費用がかさんだのは——文字通り——天井を吊り上げることだった）が、スターＤＪ中心モデルにかかる費用も天井知らずになるかもしれなかった。「名の知れたＤＪは一晩に40万ドルだって稼ぐ」と、テッパーバーグ。マーキーの収容能力を考えるとかなりの金額だ。しかし彼はこの新モデルに信頼を置いていた。「週に3回、つまり年に150回クラブをオープンする場合、毎回スペシャルな晩にするのは難しい。ＤＪというのはクラブをプログラムする手段なんだ。コンテンツがあるときにオープンするという考え方だ」。ストラウスは目の前の課題に思いをめぐらせた。「サービス業界にいるためには、仕事で成果をあげることが必要だ。経営面については心得ている。難しいのは、妥当性を保つことだ」。

もしやサービス業界も、ブロックバスターとスーパースターに大きく賭けるようになるのだろうか。ナイトクラブの世界と、映画やテレビ、出版、音楽、スポーツ、その他本書で検討したエンターテインメント事業とを安易に関連づけられないかもしれないが、見かけよりもはるかに多くの共通点がある。それは経済のその他の領域にも当てはまる。たとえば、製薬会社は長年、莫大な売上高をあげる医薬品をブロックバスターと呼ぶことで知られてきた。しかも、この用語は製薬業界で一般的な言い回しなのだ。もっともエンターテインメント業界の特徴は、多岐にわたる領域に当てはまるので、連日のように新たな例が登場する。

まずは、ナイトクラブの世界を詳しく見ることにしよう。パーティー好きの人なら、ストラウスとテッパーバーグの運営するクラブの名前は少なくともひとつは知っているのではないだろうか。しかし、根っから遊び好きの人でも、この２人が起業家としてどれほどの成功をあげているのかについては正確に理解していないだろう。ナイトライフのビジネスでは、クラブはあっという間に、〝イケてる《ホット》〟から〝イケてない《ノット》〟に変わるものだ。クラブにとって最高の顧客は、最新流行のクラブにだけ通う客だ――しかし、どのクラブも最新でありたいと願うが、これは時間の問題だ。映画や新アルバムの口コミと同じように、興奮はあっという間に静まる。すると、オープン当初の収益はあがってもすぐに減益に転じて、クラブのオーナーは高額の先行投資を回収しようとして大慌てすることになる。

けれども、ストラウスとテッパーバーグのクラブは異なる。ニューヨークのマーキーもラスベガスのマーキーも、そうした見込みを大きく裏切った。マーキー・ニューヨークシティは、オープンして数年にわたり収益が上昇傾向を示した。２００４年に１０００万ドルに満たなかった収益は３年後に１５００万ドルを超えて、純利益はおよそ２５００万ドルをあげた。その後は減益に転じたものの、リノベーションで閉店するまでの間、採算は取れていた。それでも、マーキー・ニューヨークシティのリノベーションに際して、ストラウスとテッパーバーグは従来の手法を大幅に変更することにして、世界最大のエンターテインメント事業の慣行に徐々に近づいていった。

◆アルコールを販売するビジネスからチケットを販売するビジネスへ

この2人の起業家による新モデルはナイトライフのビジネスを、高値のアルコールをテーブル席の客に販売するモデルから、少なくとも同じくらいの売上げが見込まれる、スターDJを呼びものとしたイベントのチケット販売モデルへと変貌させることになりそうだ。マーキー・ラスベガスで2人は新たな時代に大きく踏み出し、そのコンセプトに価値があることを確かに証明した。この動向はいくらか不景気により促された側面もある。そんな時期にボトル客の市場拡大は見込めないからだ（かつてのマーキー・ニューヨークシティでは、ボトル客は入場客の3分の1だったが、収益では80パーセントを占めた）。しかし、エレクトロニック・ダンス・ミュージックを中心にするという2人の決断は、何年も前にイビサ（今でもこの音楽ジャンルの砦）で生まれてからヨーロッパを席巻し、現在アメリカで人気をさらっているトレンドに投じた、賢明な一手だった。

「ベガスではまだ誰も気づいていなかったことに、あの2人は気づいていたんだ」と、国際的なエレクトロニック・ダンス・ミュージックの祭典、エレクトリック・デイジー・カーニバルの主催者であるパスカル・ロテッラは指摘した。ストラウスとテッパーバーグは、ベガス・ストリップに新築されるホテルに場所を確保し、ドイツ銀行からの融資も取りつけた。「世界最大手の銀行が、設立7年のブランド、マーキーにいちかばちかの賭けをした。わたしたちは経営者として新しいモデルに賭けた」と、ストラウス。つまり、ナイトライフの仕掛け人2人は、たとえばパリス・ヒルトンやキム・カーダシアンのようなナイトライフの中心人物がボトル客やフロア客を引きつけることを期待するのではなく、注目のDJが奏でる音楽でダンスを楽しむ顧客に応えることにしたのだ。

かつて、ストラウスとテッパーバーグは、高所得者層の顧客との関係を築くことに多くの時間を費やした。コンテンツ中心の新モデルでは、2人はDJの主要な買い手となったので、定評のあるDJと新進気鋭のDJとの関係を育むことが、もうひとつの優先事項となった。DJの市場はごくわずかの勝者と、何千人ものその他大勢が占める。映画やテレビの俳優、著者、アスリート、その他クリエイティブな仕事に従事する人たちの市場と酷似している。最近になって、トップDJたちの運は急速に上向いてきた。ロックでもポップでもヒップホップでも、以前なら爆発的に売れているミュージシャンしか演奏できなかったステージやスタジアムで、今やDJたちがパフォーマンスを披露する。2012年、カスケードことライアン・ラドンが、ロサンゼルス・ステイプルズ・センターで開いたコンサートのチケットは完売した。このような偉業をDJが成し遂げたのは、北米では前代未聞だった。ストラウスとテッパーバーグは、トップDJたちのスター性を抜け目なく当て込んで、ラスベガスの新クラブに大勢の人を呼び込もうとした。2人は、業界誌『ＤＪ ＭＡＧ』から「エレクトロニック・ミュージシャンの先導者のひとり[6]」と評されるカスケードを説き伏せて、1年の「レジデンシー」契約に署名をさせたと語った。この契約により、マーキーのオープン後12カ月の間12回にわたり、カスケードは同クラブでパフォーマンスすることになった。

ＤＪを頼みとすることには、メディアやスポーツの世界でスーパースターに賭けることと同じメリットがある。人気ＤＪは、ソーシャルメディアでも強力な存在感を示していることが多いので、観客を動員する力がある。「ＤＪは、やってくる人たちと利害関係があるので、イベントを売り込む意欲がある」と、ルー・エイビンは語った。エイビンとマーク・パーカー、リチャード・ウォルフは、ストラウスとテッパーバーグの傘下であるタオグループの共同経営者だ。「わたしたちのクラブが20万ドルでＤＪのティエストの出演を予約すれば、何千人もの顧客が前売り券を買いたがるだろう」と、テッパーバーグは語る。「ボトルキープの客を連れて来るＤＪもいるし、チケットの買い手となる客を連れて来るＤＪもいる。中には両方連れて来るＤＪもいる」。

しかしスーパースターＤＪに賭けるということは、やはり彼らのもつ力に対処しなくてはいけないということだ。ＤＪは観客に対して絶大な影響力を握っているので、エンターテインメントのほかの分野でトップを走る人たちに匹敵するほどの目がくらむような見返りを得る者も多い。アヴィーチー、ｄｅａｄｍａｕ５《デッドマウス》、デイヴィッド・ゲッタ、ティエストなどのトップＤＪは[7]、フェスティバルに1回出演するだけで１００万ドル以上、ラスベガスの人気ナイトクラブのレジデントＤＪになれば１０００万ドルは稼げる。２０１１-２０１２年のシーズンに世界で最も稼いだDJトップ10の収入総額は、1億2500万ドル[8]と見積もられる。ロサンゼルス・レイカーズの給与総額よりも多い。トップDJたちは、自分たちの実力がどの程度なのか把握したがり、ランキングをじっくり観察する。「毎年、新人DJがクラブシーンに登場して、リスト入りする」と、カスケードは2012年のインタビューで語った。「去年は、スクリレックス。その前は、deadmaus5、今年はアヴィーチーが高位置につけるはずだ」。

強い影響力をもつDJは、ナイトクラブの仕掛け人らとの交渉で、決して譲歩しない。「女優とかラッパーがクラブに姿を見せるのは、彼らにとって本業というわけじゃない。しかし、DJにとっては、それが仕事なんだ。そうやって稼いでいるんだ」と、テッパーバーグは説明した。クライアントからできるかぎり有利な条件を勝ち取ろうとするエージェントやマネージャーのせいで、クラブオーナーは厄介な状況に直面する、とロテッラは説明した。「みんなが一部のDJだけを使いたがる。それに、イベント主催ビジネスに飛び込もうとする人が多くなっている。それが報酬を吊り上げる」。ラスベガスを拠点とするストラウスはそうした力学を身をもって体験している。「愚かな経営者は愚かな金の使い方をする」と、ストラウス。「一部の者にとっては、単に市場シェアの問題にすぎない。そういう人たちが、わたしたちの市場を破壊しているんだ」。

古いモデルのもとでは、クラブのイメージに合う顧客を引きつけるために雇われたクラブの〝プロモーター〟が、コストを吊り上げた。「ナイトクラブを経営していると、長い間やっているほど、コストが上がる」と、テッパーバーグは打ち明けた。「賃貸料は毎年上がるし、給与とプロモーション費用はそれを上回る勢いで毎年上がる」。ボトル客のおよそ3分の1とフロア客の5分の1をマーキー・ニューヨークシティに連れてきてくれたプロモーターに支払う手数料が、コストアップの最大の要因だった。「プロモーターが顧客を握り、エネルギーを生み出し、クラブに雰囲気を授ける」と、テッパーバーグ。「彼らがホストなんだ」。かつてのマーキー・ニューヨークシティでは、望ましい顧客を見つけるため、プロモーターにはそれぞれの手法があった。自分の友人の人脈を利用する者もいれば、昼間の仕事の知り合いをあてにする者もいた。プロモーターは平均して一晩で数百ドル稼ぐ（ファッションモデルや容姿端麗な知り合いが多ければ、いろいろと有利だ）。

ふさわしい顧客の確保に自分が果たす役割の重要性に気づき、プロモーターが手数料の引き上げを要求するようになると、人気クラブのコストは著しく上昇する。テッパーバーグはこの問題を嫌というほど知っていた。「ここニューヨークでは、プロモーターは最初のうちはたいてい低料金なんだが、顧客が増えて、どんどん客を呼び寄せられるようになると、ほかのクラブからもっと高い給与や手数料で誘いがかかる。すると、『報酬を上げないならよそへ行く』と言い始める。こちらはクラブ専用のプロモーターを育てようと力を入れているのに、いざプロモーターが成果をあげるようになると、かえってクラブに金がかかる」。彼は笑いながらいい添えた。「われわれはモンスターをつくっているわけだ」。

皮肉なことだが、プロモーター主導型からDJ主導型にモデルが移行するにつれて、さらに大きなモンスターとなるDJとその代理人を手なずける必要があることに、ストラウスとテッパーバーグは気づくだろう。これはまさに、スーパースターに頼るエンターテインメント企業の体験と一致する。

メディア企業と同じ戦略とルールにしたがって運営する

ナイトライフの起業家たちが、ナイトクラブの方向性を定めようとするほど、エンターテインメント企業のベストプラクティスが、彼らの世界でも役立つことになる。それまでのところ、ストラウスとテッパーバーグはあらゆる面で正しい行動を取ってきたようだ。

まず、アスリートが自らの実力を示せるスタジアムやチームで競技をしたいと考えるように、DJにも良好な環境を与えることが大切だということに、2人は気づいた。その場合、クラブの設計が重要な役割を果たす。DJにマーキー・ラスベガスで働きたいと思わせるように、ストラウスとテッパーバーグは心を砕いた。「今のところ、ここが全米で最高級のクラブだ。国内最高の設備がある」と、カスケードは告げた。「音響も照明もすごいよ。それにこのホールのデザインときたら、DJブースの周囲は段をなして半分ドーム状になっていて、実にイカしてる。熱狂的なファンがブースのすぐ前に陣取っているのが見える。そこからエネルギーをもらえるし、そうあるべきなんだ」。

高額の報酬だけでは十分ではないと、カスケードは打ち明けた。「ホールが俺のパフォーマンスに役立たないなら、どんな金額でも契約したりはしない」。テッパーバーグはDJがクラブで期待するものを十分承知していたので、その通りのものを与えようとした。「理想の観客、優れた音響システム、全体的な演出、それに彼らのショーに効果あるマーケティングを打つこと

――『ニューヨーク・タイムズ』紙の記事で取り上げられれば、彼らのブランドを築ける」。DJのほうからそのクラブでパフォーマンスしたいとやって来て、ファンもそのDJなら最高の体験ができるとわかっているなら、クラブ経営者はトップDJの勧誘にもホールを満杯にすることにも、頭を悩ませなくてすむ。DJの要望に応じることは最初のうちはリスクが高いと思われるが、こうして経費を抑え、収益を最大限に増やすために役立つようになる。

次に、メディアの制作や流通と同様に、規模が利益をもたらすことを、2人は理解している。マーキー・ラスベガスの総面積がラスベガスのクラブで最大であることも、ナイトクラブだけではなく同じ場所でデイクラブとして営業していることも、決して偶然ではない。この規模があるから、ストラウスとテッパーバーグは、スーパースターDJとその他パフォーマーに巨額を投じることができるのだ。同じ理由で、2人はマーキー・ニューヨークシティ改築に際して、さらに多くの顧客を収容できるようにした。規模は、タオグループ傘下のクラブ数にも表れている。ポートフォリオの拡大は、ストラウスとテッパーバーグが、DJやその他パートナーに対する影響力を獲得するうえで役立っている。ちょうど、MLBとNFLが、流通チャネルの多様化によって力を得ている状況と同じだ。

ストラウスとテッパーバーグがカスケードと結んだレジデンシー契約も、やはり規模の賜物だ。ナイトクラブ経営者が人気DJのパフォーマンスを8回から12回ほど確保しようとするナイトクラブ経営者の姿は、俳優と続編映画の出演契約を結ぶハリウッドのプロデューサー、あるいはミュージシャンに長期契約を申し入れるレコード・レーベル幹部とよく似ている。レジデンシー契約のおかげで、ナイトクラブ経営者はトップDJへの投資に伴うリスクをうまく管理できる。こうした契約は、当然賭けの規模を大きくする――1000万ドルはとても少額とはいえない――が、一方で確かな見返りが手に入る可能性も高める。ハリウッドで屋台骨となる映画が、一流俳優を起用するのと同じだ。

3つ目として、メディアとスポーツの世界の優良企業の先例に違わず、ストラウスとテッパーバーグもスーパースターの獲得と人材開発のバランスを取ることとの重要性を理解している。「ストラウスとテッパーバーグの聡明なところは、すべての大物DJと出演契約をしていないところだ」と、ロテッラは指摘した。「2人のクラブにはカスケードとほかに数名のスターDJがいる。大物DJとひとり残らず契約しているクラブもあるが、そうしたDJが出ない晩は、客がいつもの数すら集まらないところもある。ストラウスとテッパーバーグは、同じくらい才能に恵まれた、将来有望なDJにもパフォーマンスさせる」。ロテッラはこう締めくくった。「パフォーマーの言いなりになってはダメだ。それは知っておかないといけない」。ストラウスとテッパーバーグは慎重に、スーパースターDJをめぐる価格高騰に巻き込まれることを避けている。自分たちのクラブは新たなスターを育てるプラットフォームとして役立つと心得ているので、キャリアが短くて名は知られていなくても、本当に才能があって、ファン層を育てるにはまだ時間を要するパフォーマーとの関係を築いている。それはたとえば、『サタデー・ナイト・ライブ』の若手コメディアンへの対応と似ていなくもない。マーキーやタオ、ラボ、それにストラウスとテッパーバーグの所有するその他のクラブが、ブランドとして――優秀なDJがパフォーマンスするところ、顧客が忘れがたい体験ができるところとして――認識されるほど、そうした人材開発も可能になる。

当然ながら、これは新装オープンしたマーキー・ニューヨークシティが、マーキー・ラスベガスと同じほどの成功を収めることを保証するわけではない。ハリウッドのどんな大作映画でも興行収入が不振をきわめることもあるし、ブロードウェイのミュージカルも失敗に終わることもある。同様に、ナイトライフの世界でも物事がうまくいかない場合もある。

要するに、この領域でもマーケティングの結果には不確実性がつきものであり、競争も激しい。マーキー・ラスベガスとて、今後もトップを保つことはやはり至難の業だろう。だが、大きなイベントをブロックバスター狙いの対象にせずに、スーパースターに戦略的に投資を行うという2人の戦略は、健全に思われる。コンテンツビジネスに移行するにつれて――ある意味、彼らはナイトライフ・プロモーターの役割と同じほど、コンサート・プロモーターの役割を果たしている――彼らもメディア企業と同じルールに則《のっと》り、クラブを営むことになる。

「市場は変化を遂げている」と、テッパーバーグは口を開いた。「顧客はこれまで以上のものを欲しがる。彼らはショーを、本物の演出を欲しがる。要するに、一般の観客やきれいな人を見たいわけではない。ラスベガスで功を奏したことを、わたしたちはニューヨークにも持ち込みたいと思った」。彼らのコンテンツを、エレクトロニック・ダンス・ミュージックとＤＪだけに制限する理由はない。「新しいクラブでは、ほかのことにも手を染める。ヒップホップスターのパフォーマンスとか、セレブ・ナイト、シルク・ドゥ・ソレイユ風のショーなんかも考えている」と、テッパーバーグ。「ＤＪに音楽ライブにパフォーマンス・アート。こうした異なるタイプのコンテンツを提供できる」。

◆——アップル、ヴィクトリアズ・シークレットの取り組み

注意深く見れば、〝ショービジネス〟の原則と慣行は、企業の幅広い部門や経済領域にも見つかる。しかも、今後ますますその傾向は強まる。ブロックバスター戦略とスーパースター頼みの特徴は、顧客にユニークな体験を創造したいとする、有名シェフや料理番組の出現から、クルーズ運航会社やホテルのコンセプトの発展まで、サービス業全体で顕著に見られる[9]（ラスベガス・ストリップもある意味、ホテル開発に関して一連のブロックバスター狙いが続いているにすぎない）。エンターテインメント企業の慣行は、サービス業以外の分野にも当てはまる。

たとえば家電製品部門では、アップルが長年にわたり、ブロックバスター戦略と酷似した方法でライバルと競っている。ここで指すのは同社のメディア事業（iTunesやアップストアで1ドル分の音楽やビデオ、その他ソフトウェアが売れるたびに30セントを受け取る。これも数十億ドル規模のビジネスだ）ではなく、デスクトップやラップトップ、スクリーンやスマートフォン、その他ハードウェア販売のアプローチのことだ。次の点を考えてみてほしい。アップルはコンピューターのハードウェア事業において、ほぼあらゆる競合他社と比べても、販売製品の種類が少ない。一例をあげると、MacBook Proのスクリーンのサイズは2つか3つしかなく、レノボなどのラップトップよりカスタマイズできる余地がはるかに少ない（幅広い製品ラインナップがある。たとえばレノボは、シンクパッドのシリーズだけで7種類あ

り、それぞれに多数のモデルがある）。アップルは毎年数種類しかつくらない。[10]つまり、ブロックバスターを狙えそうなごく少数の製品に力を注いでいるのだ。

その方針は、アップルのマーケティングにも当てはまる。アップルは各製品の新発売に全力を注いでおり、リリース日と製品情報の公表を慎重に計画する。それというのもすべて、できるかぎり大々的に無料で宣伝し、新製品発表を広く認識してもらおうという目論みからだ。この取り組みは見事に功を奏している。新製品発売のニュースが発表されるたびに、定評ある報道機関やブログで話題になり、こと細かに分析される（これに対して、たとえばデルでもヒューレット・パッカードでも、最後に報道機関が全力をあげて、新製品の発表を報じたのはいつだったのか、なかなか思い出せないはずだ）。さらに、新製品が店頭に並ぶ段になると、アップルは意図的に欠乏感を生み出し、「マストバイ」とか「逃せない」という感情を助長して、アップルストアの前に並ぼうという気にさせる。列をなす光景は、まるで大作映画の封切りか娯楽関係のイベントのようだ。アップルの前CEOスティーブ・ジョブズは、ピクサー時代、それにウォルト・ディズニー・カンパニーの取締役在任中に多少なりとも学んだのだろう。

コンピューターの世界とは共通点がなさそうに見えるが、下着の市場でも、ブロックバスター狙いのようなマーケティング戦術がそれなりに見られる。たとえばヴィクトリアズ・シークレットは、毎年開催するファッションショーを意図的にメディア向けのショーに変えて、女性用下着や衣類、装飾品などのコレクションに大きな注目を集め、幅広く知ってもらおうとする。180カ国以上で放送され、1200万ドルかけて催されるショーは、ランジェリー・ブランドの広告宣伝として主要な役割を果たしている。[11]

2012年、数十人の美しい女性たちが、普通のファッションショーさながらに、ランウェイを歩きながらヴィクトリアズ・シークレットの商品を紹介した。しかしこのときのショーでは、リアーナ、ブルーノ・マーズ、ジャスティン・ビーバーなど、一流の人気歌手によるライブ・パフォーマンスも注目を集めた（ショーのモデルに囲まれて踊ったジャスティン・ビーバーは、おそらくほかの何百万人もの18歳男性に羨望の念を抱かせたことだろう）。また、ショーはスーパースター級のモデルたちがとくに目立つように構成されていた。彼女たちはブランドと契約して、ヴィクトリアズ・シークレットの「エンジェルズ」となったモデルたちで、アレッサンドラ・アンブロジオ、ドウツェン・クロース、キャンディス・スワンポールなどがいる。ショーでは、彼女たちの舞台裏も追っていた（映像からは、モデルたちが何度も歩調合わせをする様子や、少なくとも3人の着付け係にひっきりなしにつきまとわれている様子が映し出されていたが、それは今回の話とはまた別のテーマだ）。アメリカでは、CBSがショーの放映権を100万ドル以上支払って手に入れ、900万人以上の視聴者がチャンネルを合わせた。[12] 1時間にわたるショーの模様は、12月4日——クリスマス休暇向けの買い物シーズンのはじまりとぴったり一致する——のゴールデンアワーで放送されて、視聴者がヴィクトリアズ・シークレットの小売店やネットショップで買い物したくなるように構成されていた。莫大な宣伝費を投じたこのブロックバスター狙いは目覚ましい効果をあげて、このブランドは毎年大衆市場で大きな話題を呼んでいる。

ファッションショー以外でも、ヴィクトリアズ・シークレット——親会社リミテッド・ブランズに対して、年間50億ドル以上の売上高をあげている——は、スーパースターを大いに活用しているようだ。エンジェルズ契約を結んだモデルは、ブランドの大使としての役割を担い、1年を通してさまざまな場に姿を現し、インタビューを受けたり、ヴィクトリアズ・シークレットの代表として宣伝イベントに出席したりする。エンジェルズに選ばれたモデルたちも、恩恵を被る。最高年俸500万ドルとも伝えられる(13)高額報酬を受け取れるだけではなく、通常のCM／広告契約を結ぶよりもはるかに、モデルとしての名声が高まる。エンジェルズの一員に選ばれるだけでも、キャリアにとって大きな飛躍になる。おそらく、サッカー選手がレアル・マドリードやマンチェスター・ユナイテッドに引き抜かれたときに受ける恩恵とほぼ同じではないだろうか。エンジェルになると、モデルの露出度は著しく増える。ヴィクトリアズ・シークレットの多くのエンジェルズの代理人を務める、IMGモデルの上席副社長によれば、「何百万ドルもの宣伝費がつぎ込まれる」という。こうした相互利益から、このブランドの戦略が成功を収める理由が垣間見える。

◆——デジタルメディア企業を自称するファッションブランド、バーバリー

デジタル技術の出現は、幅広い領域の企業がメディア・ビジネスとそのルールに近づくために一役買っている。スターバックスの例を思い起こしてほしい。店舗でレコード音楽の販売に着手したうえに、スターバックス・デジタル・ネットワークにも予算を投じている。その両者

によって、スターバックスは消費者に対して、ブランドを語るコンテンツを与えられる。

またはレッドブルの例をあげよう。同社はメディア企業に変貌を遂げつつあるようだ。レッドブルは、エナジードリンクのブランドとしては異例の、航空ショーやクリフダイビング大会などの活動でもよく知られている。しかし、スカイダイバーのフェリックス・バウムガルトナーが、地上3万9000メートルのカプセルから飛び降りるというレッドブル・ストラトス・プロジェクトにより、新たな高みに達したようだ。この大がかりなイベントで、レッドブルは世界中の何千万という視聴者を獲得した。その中にはユーチューブのライブ配信で視聴した800万人も含まれる。コンテンツを消費者に売ることでも、スポーツイベントに使用権を認めることでも、ユーチューブのチャンネルを中心に広告業を築くことでも、レッドブルは、エンターテインメントに本気で参入する決意を固めていると思われる。このような戦術でエナジードリンクの販売が伸びる確証はないが、同社のイベントはどれも、「レッドブル、翼を授ける」というブランドのスローガンを巧みに語っている(14)。

別の領域の事例も検討してみよう。創業1世紀半を誇るイギリスの老舗小売業バーバリーは、世界屈指の高級ブランドで、ブロックバスター商品のトレンチコートで名高い(15)。2012年秋に、当時同社のCEOだったアンジェラ・アーレンツにインタビューしたとき、バーバリーはアパレル企業ではなく「デジタルメディア企業」だと語っていた(16)。バーバリーが生産しているのは間違いなくアナログ商品なのだから、この発言に驚かされるかもしれない。だがアーレンツが2006年に着任してから取り組んだ企業改革を考えれば、これは完全に筋が通っている。

若い層の顧客を招き入れ、しっかりつなぎとめるために、バーバリーは近年デジタル・チャネルを強力に推進し、事実上コンテンツ制作者となった。現在、メディアの専門知識が同社の管理には必要不可欠である。「わが社の取締役会の顔ぶれには、タイム・インクのCMOや、BBCワールドワイドのCEOも含まれています」と、アーレンツは語った。「公式ホームページで目にする内容は、すべて社内で撮影しています。わが社には100人から成るクリエイティブ・メディア・チームがいるんですよ」。バーバリーは2010年の9月から自社のファッションショーを動画配信しており（どうやら、ファッション界でははじめてらしい）、何百万人もの人が自宅にいながらオンラインでショーを観て、即座にコメントを投稿できるようになった。ショーを3Dで世界同時中継したり、ショーからオンラインで直接商品を購入できるようにしたりと、同社は革新的方法を次々と取り入れている。

また、自社のフェイスブックやツイッターに有益なコンテンツをアップすることに重点的に力を入れており、高級ブランドの中ではファンやフォロワーが一番多い。ウェブサイトの充実も図っている。たとえば、公式ホームページの「アート・オブ・ザ・トレンチ」のコーナーでは、消費者が自分のトレンチコート姿の写真を投稿できる。「売上目的のサイトではなくて、ほかの人たちとつながるためのサイトなんですよ」と、アーレンツは説明した。やはり公式ホームページ内の「アコースティック」[17]では、バーバリーのチーフ・クリエイティブ・オフィサー（CCO）が選んだイギリスのアーティストが、このウェブページのためだけに演奏した音楽を聴くことができる。こうした試みはみな、顧客の関心を引き寄せたい、ファンとコミュニケーションを築きたいという、アーレンツの熱意から生まれた。その戦略は功を奏した。アーレンツがバーバリーに来て7年間で、年間売上高はほぼ3倍に伸び、30億ドルを上回った。

◆ひとり勝ちの世界で有効なブロックバスター戦略

多岐にわたる分野において、ますます多くの企業がエンターテインメント事業の成功戦略を採用したとしても、コンテンツ制作や流通に乗り出したとしても、さほど驚くほどのことではないのかもしれない。つまるところ、強力なブランドにはそれぞれ語るべきストーリーがあるので、エンターテインメント企業はストーリーを人々に観させる、読ませる、聴かせることに長けているのだ。最高のコンテンツ制作者なら、それをいかに繰り返してきたか、つまり視聴者や読者に接触して関心を引き寄せたかについて、鋭い見識をもっている。したがって、ますますつながっていく世界において、人々の関心を引きつけようと熾烈な競争が繰り広げられる世界において、そうした企業が先頭を切ることはいたって当然なのである。

エンターテインメント事業で有効な戦略は、ほかの領域でも高い価値がある。現在の傾向から判断すれば、そのベストプラクティスはほかの業界にもますます広がりを見せるだろう。企業のリーダーの多くは、一人勝ちの世界で競わなくてはならないことにやがて気づくはずだ。その世界では、「平均的」では十分ではなく、規模が重要な意味をもつ。その世界では、賢明な企業がブロックバスターを狙い、消費者に受け入れられるように全力を傾ける。その世界では、一流のパフォーマー、つまり正真正銘のスーパースターが成功に欠かすことができず、彼らが報酬の大半をやすやすと獲得する。ともあれ、1954年に大ヒットしたミュージカル映画の中で歌われる、アーヴィング・バーリンの『ショウほど素敵な商売はない』を書き直すときがきたのではないだろうか。一般のビジネスの世界は、エンターテインメント業界からかなりのことが学べるとわかったのだから。

コラム❾ ブロックバスター戦略は、ビジネス理論のひとつになりうる

嶋山玲人

結局のところ、メガヒットのつくり方は、業界を越えて似通っているところがある。ヒット商品が当たる確率、新規事業が立ち上がる確率、大型投資案件が当たる確率、M&Aが成功する確率など、ビジネスは不確実性を必ず伴うものだ。しかし、企業はそれを経験（ビジネスエクスペリエンス）だけでなく、ビジネス理論に基づいて、リスクマネージしつつ、企業の成長と成功を導くのが王道である。

謝辞

人生にこんな思いもよらないことが起こるなんて驚くばかりだ。ＰｈＤを取得してから間もない２００３年、ハーバード・ビジネススクールで教えることになったとき、冒険が待ち構えているとはわかっていたが、これほど興奮に満ちたものになるとは思いもよらなかった。当時のわたしが、10年後には記念講座教授に指名され、エンターテインメント業界の大スターや大きな成功を収めた企業幹部について研究する機会を得ていて、自分の考えを本にまとめて大手出版社から発売されるチャンスを与えられている、と誰かにいわれたとしても、きっとこう答えていただろう——あなたはハリウッド映画の脚本家になれるかも、ただストーリーにかなり現実感を加えないとね。

ところが、どうだろう。本書『ブロックバスター戦略』は、エンターテインメントやメディア、スポーツの世界を、10年にわたり情熱をかけて探求した集大成である。ハーバードの終身在職権を目指してこの分野を集中的に研究してみようと考えたとき、足を踏み入れた人があまりいない道だということはわかっていた。数人の同僚から、経済の中でもそんな軽佻浮薄に見える領域を取り上げるなんて、どうかしているといわれた。おそらく彼らは正しかっただろう。エンターテインメント事業を中心に展開するハーバードのＭＢＡ講座に乗り出すなんて、確かにリスクを伴うように思えた。まして、いくらわたしが膨大なデータに取り組む実証研究者として訓練を受けたとはいえ、自分の時間の大部分をそのコースの事例研究の開発にあてるなど、なおさらリスクを伴う。わたしは研究プログラムについて、ブロックバスター狙いをしたといえるかもしれない。この研究が学生やほかの研究者、理事会などの関心を引かなければ、わたしのキャリアはそこで行き詰まるおそれがあった。

しかし、とにかくやってみようと覚悟を決めると、素晴らしいことが起こった。最初はギャンブルまがいに思えたことが、実は誰もが思うほどリスクが高いわけではないことがわかった。わたしが乗り出した途端、多くの人が手を差し伸べてくれた。企業幹部や著名人は、前例がないほど接触の機会を与えてくれた。成功の秘訣のみならず失敗についても語ってくれたことに、尊敬の念を禁じ得ない。大勢の同僚が研究プロジェクトに協力してくれた。それに学生たちは、どんな講座なのかはっきりわからないうちから登録してくれた。自分でも気づかないうちに、信じられないような機会に次々と恵まれて、あとは知っての通りだ。わたしの研究がそうした機会を十分に活かし、協力してくれた人たちの労力に十分に報いるものであることを願っている。

お礼をいいたい人が数えきれないほどいる。まずは何を置いても、エンターテインメント業界の関係者の方々、事例研究に参加することに承諾してくれた方々、本書のためにインタビューに応じてくださった方々、時間を割いて惜しげもなく知識を授けてくださった方々に、深い感謝の気持ちを伝えたい。本書で詳細に取り上げた人物の名を連ねると長くなるが、こんなに素晴らしい功績をあげた人々と仕事をすることができて、わたしは本当に幸運だと思う。

そこで、あらためて感謝の意を表したい。

アラン・ホーン、カレン・コストルニク、ピーター・マクギガン、ヴィッキー・マイロン、ジェイミー・ラーブ。アヴィ・アラッド、ピーター・クネオ、アイク・パールムッター。スティーブ・バーマン、ボビー・キャンベル、トロイ・カーター、アーサー・フォーゲル、ステファニー・〝レディー・ガガ〟・ジャーマノッタ、ヴィンセント・ハーバート。ベン・バークマン、デイビッド・ボクセンバウム、ジェームズ・ディーナー。ラモン・カルデロン、フロレンティーノ・ペレス。マウリシオ・マクリ。サー・アレックス・ファーガソン。トム・クルーズ、ハリー・スローン、ポーラ・ワグナー。マックス・アイゼンバッド、マリア・シャラポワ。マベリック・カーター、レブロン・ジェームズ。アレックス・カルロス。J・P・コラコ、アンディ・フォーセル、ジェイソン・カイラー、ピーター・ゲルブ。ボブ・ボウマン。ブライアン・ロラップ、ハンス・シュローダー。デイビッド・ドロガ、アンドリュー・エセックス、〝ジェイ・Z〟・カーター、ジュリー・グラウ、クリス・ジャクソン、ジョン・メニーリー、ユスフ・メフディ。ホリー・ヒルトン、アンダース・クレマー、アレックス・ホイーラー。ルー・エイビン、ライアン・〝カスケード〟・ラドン、パスカル・ロテッラ、ジェイソン・ストラウス、ノア・テッパーバーグ。アンジェラ・アーレンツ、ガース・アンシール、スクーター・ブラウン、リチャード・プレプラー。

みなさん、どうもありがとう――一緒に仕事をし学ぶことができて、研究者冥利に尽きると思う。

　本書では名前を出さなかった大勢の方々も、研究成果に同じくらい重大な役割を果たしてくれた。とくに、ジェイソン・ファーガソン、アンドリュー・ゴールドバーグ、リー・ゴメス、ミシェル・ホロヴィッツ、ジョン・マータ、マーティン・オコーナー、レックス・スバント、ジュディ・テッパーバーグ、ペイジ・トンプソン、ブレア・ウェストレイクに謝意を表したい。

　これまでに1000人近い学生が、ハーバード・ビジネススクールの「クリエイティブ産業の戦略的マーケティング（SMICIs）」講座を受講した（残念なことに、キャリアで安全な道を取らなかったと話したというのに、この講座を開設したとき、はるかに素敵な響きをもつ「ショービジネス」を講座名に選ぶ勇気はなかった）。受講生たちは、洞察と発想の貴重な源だった。SMICIsのみんな、ありがとう。みんなはわたしにとって特別な存在――たとえ、「カテゴリーⅢ」しか与えられなくても――であり、〝仕事〟とは呼べないほど楽しく研究できる、大きな理由となっている。受講生からは感銘を受けることが多く、これから世界をいかにして良い方向に変えてくれるのか、楽しみで仕方がない。

　中でも16人の学生が、本書で取り上げたケーススタディの執筆を手伝ってくれ、本書に大きく貢献してくれた。ライアン・バーロウ、ジェイソン・バーグズマン、ケルシー・カルホーン、マイケル・クリステンセン、トム・ダイ、マルガリータ・ゴロド、ダベン・ジョンソン、カレン・ケレハー、ブレット・ラフエル、ジェフリー・マコール、クワム・〝DJ・K・ケス〟、オウス＝ケッセ、クリシー・ペレス、ピーター・ストーン、キンバル・トーマス、シェルドン・ウォン、千金に値する貢献をしてくれてありがとう。

ケーススタディからは深い見識がもたらされるので、市場のトレンドを把握するために定量的データの分析を続けていくつもりだ。そうした分析のいくつかは、本書にも含まれている。何年にもわたり、独自のデータベースを提供してくれた、多くの方々や企業にお礼を申し上げたい。とくに、ニールセン・カンパニーのヒュー・アンダーソン、ハワード・アッペルバウム、デイヴィッド・バクラ、そしてレントラックのビル・リベクに謝意を表したい。4人の寛大な心と協力姿勢に深謝する。

研究のメンターであり共同研究者である、ウォートン・スクールのジョシュア・エリアシュバーグには永久に恩義がある。彼の先駆的な研究によって、わたしは映画業界に関する博士論文の着想を得ることになり、それ以来信頼のおけるアドバイザーとなった。ジョシュ、いつもそばにいてくれてありがとう――カルデロンよ、永遠なれ! 同僚の中には研究プロジェクトの共同執筆者がおり、その研究の一部は本書でも取り上げた。バラト・アナンド、グスタホ・ヘレロ、スニル・グプタ、フェリックス・オベルホルツエル＝ギー、クラレンス・リー、エリー・オフエク、ジョン・クエルチ、デイビッド・シュバイデル、イエルーン・ベルレーン、リンリン・ジャン、みなさんの知恵に感謝を捧げる。ジュリア・カービー、専門家向けの文章の書き方を教えてくれてありがとう。

ハーバード・ビジネススクールの同僚は何年にもわたりわたしを励まし、素晴らしい職場環境を生み出して、経営慣行に関する課題を決して見捨てないでいてくれた。彼ら全員に心から感謝している。「大きく考える」ように刺激を与えてくれた学部長のジェイ・ライト、それに指針と支援を与えてくれた学部長のニティン・ノリアに感謝の言葉を伝えたい。

わたしのヒーローで著作権代理人のクリス・パリス＝ラムがいなければ、おそらくこの研究は、読者のみなさんが読んでいるこの本の、最初の一歩さえ踏み出せなかっただろう。「そんな種類の本があるといいなと思いませんか」と、今から5年近く前に、クリスからいきなりメールが送られてきた。わたしがイエスとうなずくしかないような質問を投げかけてくれて、それ以来わたしたちのプロジェクトを専門家ならではの手腕で導いてくれて、本当にありがとう。あなたは、畏敬の念を抱かせるほど素晴らしい。

もちろん、ヘンリー・ホルトのスター揃いのチームがいなければ、本書は日の目を見ることはなかっただろう。わたしを担当してくれた敏腕編集者のジョン・スターリングは、執筆の間ずっと助力を惜しまなかった。ジョン、この企画を、そしてわたしを信頼してくれてありがとう。時おり迷惑をかけたけれども、あなたの並外れた尽力がなければ本書はこれほど立派に仕上がらなかったと思う。執筆についてあれこれ指導してくれたことは今後も決して忘れないし、いくら感謝してもしきれない。スティーブ・ルービン、わたしの本に（ブロックバスターを狙って！）賭けてくれてありがとう。お墨つきをもらえて光栄だった。エミ・イッカンダ、あらゆることを軌道に乗せるために、休むことなく、辛抱強く、縁の下の力持ちとして働いてくれてありがとう。パトリシア・アイゼマン、エミリー・コベル、ケイティー・カーツマン、ジェイソン・リーブマン、マギー・リチャーズ、ブロックバスターに値するプロモーション戦略を練ってくれてありがとう。グレッチェン・グレイリー、ディーディー・ド・バートロ、熱い関心を示して、仲間入りしてくれてありがとう。そして最後に、マイケル・ビーラト、素敵な表紙をデザインしてくれてありがとう。

ほかにも信じられないほど大勢の友人や同僚たちが、さまざまな方法で本書に協力してくれた。クリス・サッティ、ボストン市長より優先順位を高くしてくれてありがとう。ジェームズ・オルワース、あなたはまさにオーストラリアの誇るスーパーヒーローだと思う。ディナーを何回ごちそうしたら、借りが返せるだろう。クリス・アレンとマーク・ラバーズ、デザインを手がけてくれてありがとう。アンソニー・アッカード、ジョティ・アガワル、シェーン・ビルズ、バーバラ・クリアリー、ニック・クラスニー、ミナル・メフタ、ヤン・シュワルツ、レナ・ワン、カルビン・ウィレット、カーター・ウィリアムズ、そしてほかにも、本書の形成や販売促進に協力を申し出てくれた数十人もの人たち――みなさんは、ハーバード・ビジネススクールのコミュニティは絶えず難問に挑むことを身をもって示してくれた。盛大な出版記念パーティーを催して、恩顧に報いたいと思う。

しかし、何といっても、家族の一員である飼い犬のモーズリーには、決してわたしを否定しなかったことに対して、夫のマイケルには、ブラッド・ピットを見ても何とも思わなくさせてくれたことに、そして親友でいてくれることに、想像もしなかったほど献身的なパートナーでいてくれることに、ありがとうといいたい。

アニータ・エルバース

【著者紹介】
アニータ・エルバース
ハーバード・ビジネススクールのリンカーン・フィレーン記念講座教授。同校の女性教授として史上最年少で終身在職権を取得し、MBA 1年目の必修カリキュラムの議長を務める。人気授業「クリエイティブ産業の戦略的マーケティング」を担当し、映画、テレビ、音楽、出版はもちろんのこと、スポーツ産業やナイトクラブまで、ビジネスのロジックで分析していく。『ニューヨーク・タイムズ』紙、『ウォール・ストリート・ジャーナル』紙、『バラエティ』誌、『フォーチュン』誌などで研究が取り上げられる。マサチューセッツ州ボストン在住。

【監訳・解説】
鳩山玲人（はとやま　れひと）
サンリオ常務取締役。1974年生まれ。青山学院大学国際政治経済学部を卒業後、三菱商事に入社。エイベックスやローソンなどでメディア・コンテンツビジネスに従事。2008年ハーバード・ビジネススクールでMBA取得。同年サンリオ入社。2013年にDeNA社外取締役に就任。2015年よりサンリオ・メディア&ピクチャーズ エンターテインメントのCEOとして映画製作に従事。「Business Insider」より、「ハーバード・ビジネススクールの最も成功した卒業生31人」に（シェリル・サンドバーグやミット・ロムニーと並んで）選出される。

【訳者紹介】
庭田よう子（にわた　ようこ）
翻訳家。慶應義塾大学文学部卒業。訳書に『わかりやすく説明する練習をしよう。』『ハーバード流 企画実現力』（ともに講談社）などがある。

ブロックバスター戦略

2015年10月8日発行

著　者――アニータ・エルバース
監訳者――鳩山玲人
訳　者――庭田よう子
発行者――山縣裕一郎
発行所――東洋経済新報社
〒103-8345　東京都中央区日本橋本石町 1-2-1
電話＝東洋経済コールセンター　03(5605)7021
http://toyokeizai.net/

装　丁…………竹内雄二
DTP…………アイランドコレクション
印　刷…………東港出版印刷
製　本…………積信堂
編集担当………黒坂浩一
Printed in Japan　　ISBN 978-4-492-53371-0

索引

【か行】

【さ行】

【た行】

【な行】

【は行】

【ま行】

【や行】

【ら行】

【わ行】

注

著者は過去10年近く、エンターテインメント企業の幹部や、業界で活躍する人々、その他関係者に、何百件も踏み込んだインタビューを行ってきた。本書ではそれを大いに活用している。インタビューの多くは、ハーバード・ビジネススクールの教授として著者がケーススタディ作成のために行ったものだが、一部は本書のために特別に行った。同スクールのケーススタディ作成の決まりごととして、インタビューを受けた人たちは、自分の発言がどのように取り上げられているかチェックする機会がもてる。下記の注釈には、個々のケーススタディも示した。

また、本書では、エンターテインメント業界の売上高とその他量的データについて著者が行った分析も用いた。著者の研究成果の一部は、学術誌に論文として発表されている。下記の注には、データの出所、関連する雑誌所収の論文、および分析についての詳細を記した。

●序章　ショービジネス成功のカギはブロックバスター

(1) 本書で引用した発言は、とくに言及がないかぎり、著者が直接インタビューしたものである。

(2) Dawn C. Chmielewski, "Alan Horn Could Revive Walt Disney Studios' Magic," *Los Angeles Times*, June 1, 2012.

(3) Maureen Dowd, "The Biggest Loser," *New York Times*, January 12, 2010.

(4) James B. Stewart, "NBC Finds a Winner in 'The Voice,'" *New York Times*, March 2, 2012.

●第1章　ブロックバスターに勝負を賭ける

(1) このセクションの一部は次に基づく。Gary Pisano and Alison Berkley Wagonfeld, "Warner Bros. Entertainment," Harvard Business School Case 610-036. このケーススタディからの引用は、著者が実施したインタビューとは分けて記したが、彼らの研究を紹介して、読者に幅広く認識してもらうことが望ましいと考えた。本書で紹介したアラン・ホーンのインタビューの大半は、著者が直接行ったもので、ホーンがウォルト・ディズニー・ピクチャーズに着任する前に行った。

(2) Ryan Nakashima, "Disney Says 'John Carter' to Lose $200 million," *Associated Press*, March 19, 2012.

(3) Patrick Goldstein, "Alan Horn: Can Disney's New Boss Reinvent the Studio?," *Los Angeles Times, 24 Frames* blog, June 1, 2012.

(4) Warner Bros. press releases, boxofficemojo.com.

(5) Merissa Marr, "Warner's Event Movie Bet," *Wall Street Journal*, June 1, 2004.

(6) Steven Bach, *Final Cut: Dreams and Disaster in the Making of Heaven's Gate* (New York: William Morrow & Co., 1985); "Review of 'Heaven's Gate,'" *Chicago Sun-Times*, January 1, 1981.

(7) このセクションで取り上げた製作費等は、インタビューや業界関係筋、boxofficemojo.com、the-numbers.com、imdb.com、年次報告書、業界誌などからの情報を基に推定した。正確なデータを用いたわけではないので、金額は必然的に概算額となる。広告宣伝費の(独自)データはカンター・メディアから入手したもので、この種のデータは、ワーナー・ブラザーズをはじめとしてどの映画スタジオからも直接入手したものではない。

(8) Gary Pisano and Alison Berkley Wagonfeld, "Warner Bros. Entertainment," Harvard Business School Case 610-036.

(9) 全米興行収入のデータはレントラックから、全世界の興行収入推定額はboxofficemojo.comから入手した。

(10) 低予算の作品のうち、ワーナー・ブラザーズが配給しているが製作はしていない作品がいくつかある。2010年公開の『ピュア・カントリー2』("Pure Country 2"日本未公開)はやはり低予算作品に入るのだが、ほとんど劇場公開されず、主にDVDの形態で流通したため、ここには含めていないし、2010年公開の22作品にも含めていない。この映画を含めると、興行収入や利益の分布に一層の歪みが生じることになるからだ。

(11) レントラックのデータを用いてサンプルを構築するにあたり、2007年1月1日から2011年12月31日の5年間にワーナー・ブラザーズが劇場公開した全作品をリストアップし、再公開およびIMAXの映画を除外した。必要なデータを収集するため、全米興行収入はレントラック、海外の興行収入はboxofficemojo.com、製作費予算推定額はインタビューや業界通、boxofficemojo.com、the-numbers.com、imdb.com、年次報告書、業界誌からと、さまざまな情報源を利用した。

(12)『しあわせの隠れ場所』は、ワーナー・ブラザーズにより配給されたが、製作したのはアルコン・エンターテインメントである。

(13) コストと収入の基本的関係を示すため、興行収入と製作費との差額を「余剰金」と定義した。これは、必ずしも文字通りスタジオに流れ込む利益というわけではない。たとえば、ここには、スタジオの広告宣伝費や、スタジオが映画館に支払う興行収入の取り分が考慮されていない。

(14) 同じことは、映画をプリント(つまりフィルムのコピー)で配給する場合の流通コストにも当てはまる。高予算の映画は広範囲に配給されるので、大量のプリントが必要になるが、コスト面から見ると効率性はよくなる。一方、デジタル上映用にデータ配信される場合、コ

ピーにかかるコストはきわめて安価になる。これにより、大量リリースの相対的優位性はさらに高まる。

(15) 広告宣伝費のデータはカンター・メディアから入手した。 このデータには、新聞や雑誌、テレビ放送網、ケーブルテレビ、ラジオ、屋外広告など多様なメディアが含まれる。

(16) "Paramount Sees Its Future in the Stars," *New York Times*, March 31, 2004.

(17) boxofficemojo.comの見積もりによる。

(18) 出版業界のブロックバスター狙いに関する話題は、かつて次の記事で述べたことがある。Anita Elberse, "Blockbuster or Bust," *Wall Street Journal*, January 3, 2009.

(19) このセクションは次に基づく。Anita Elberse, "Grand Central Publishing," Harvard Business School Case 508-036.

(20) このような契約の仕組みや出版業界に関する全般的な情報は、以下を参照のこと。Albert N. Greco, *The Book Publishing Industry*, 2nd ed. (Hillsdale, NJ: Lawrence Erlbaum, 2005); The Book Industry Study Group, "Book Industry Trends 2006,"; *The Bowker Annual Library and Book Trade Almanac*, 51st ed., edited by Dave Bogart (Medford, NJ: Information Today, Inc., 2006); and Standard & Poor's "Industry Surveys: Publishing," March 8, 2007.

(21) "Competitors Bark at Heels of 'Marley's' Success," *USA Today*, April 29, 2007.

(22) 同上。

(23) Motoko Rich, "Iowa Library's Cat Has a Rich Second Life as a Biography," *New York Times*, April 4, 2007.

(24) このデータは、書籍販売について最も広範囲に情報を網羅するニールセン・ブックスキャンによる。だが、ニールセン・ブックスキャンはすべての小売店を対象にしているわけではない。たとえば、ウォルマートはこのデータに含まれていない。

(25) Standard & Poor's, "Industry Surveys: Publishing," March 8, 2007.

(26) 米国出版協会(AAP)は、月間および年間の返本データを収集している。

(27) ニールセン・ブックスキャンのデータ入手には、アル・グレコに大変お世話になった。

(28)『ブレア・ウィッチ・プロジェクト』の製作費はわずか6万ドルだったが、全世界で2億5000万ドル近い興行収入を上げた。『パラノーマル・アクティビティ』の製作費は1万5000ドルで、全世界で2億ドル近い興行収入を上げた。『パラノーマル・アクティビティ 4』でさえ、公開された週末だけで500万ドルという、製作費の5倍の興行収入を上げた。

(29) ここで言及される9作品は、次の通り。『ハリー・ポッターと死の秘宝　PART2』、『トランスフォーマー／ダークサイド・ムーン』『トワイライトサーガ／ブレイキング・ドーン Part1』、『ハングオーバー!!　史上最悪の二日酔い、国境を越える』『パイレーツ・オブ・カリビアン／生命の泉』『ワイルド・スピードMEGA MAX』『ミッション・インポッシブ

ル／ゴースト・プロトコル』『カーズ2』『シャーロック・ホームズ　シャドウゲーム』。

(30) Gary Pisano and Alison Berkley Wagonfeld, "Warner Bros. Entertainment," Harvard Business School Case 610-036.

(31) この段落は次に基づく。Anita Elberse, "Xanadu on Broadway," Harvard Business School Case 508-062.

(32) Roger Ebert, "Xanadu" Review, *Chicago Sun-Times*, September 1, 1980; Clark Collis, "Why People Love 'Xanadu,'" *Entertainment Weekly*, July 6, 2007.

(33) Clark Collis, "Why People Love 'Xanadu,'" *Entertainment Weekly*, July 6, 2007.

(34) John Berman and Ted Gerstein, "Can Broadway Fix 'Xanadu'?," *ABC News*, July 9, 2007.

(35) *Sex Story: Fifty Shades of Grey, Documentary*, Channel 4, United Kingdom.

(36) このデータはすべてグランド・セントラルから直接入手したもので、サンプルには同社が2006年秋に出した新刊がすべて含まれる。

(37) ここでいう「コスト」には、著者への前払い金、印税支払い、印刷と製本代、輸送費、マーケティング費が含まれている。「売上高」は、販売部数と定価を掛け合わせた額で、小売店の値引きを考慮に入れている。「粗利」は、売上総利益（売上高と副次的権利を含む）から紙代、印刷・製本代、輸送費、マーケティング、著者収入総額を差し引いたものである。

(38) ビデオゲームでは、アクティビジョン・ブリザードの例が興味深い。主要な3つのシリーズ――『コールオブデューティー』『ウォークラフト』『スカイランダーズ』――が同社の売上総利益のおよそ73パーセントを占め、同社によれば2011年の営業利益の「かなりの割合」を占めた（出典はアクティビジョン・ブリザードの年次報告書による）。

(39) ニールセン・ブックスキャンのデータ入手には、アル・グレコに大変お世話になった。

(40) "Meryl Streep to Star in 'Library Cat': Actress Purrs for New Line's 'Dewey,'" *Variety*, November 12, 2008.

(41) 広告費の値引きは、スタジオがいわゆるアップフロント（予約販売）市場（これと対照的なのは売れ残った広告枠をいくつかに分けて売る「バラ売り市場」）でテレビ広告枠を購入する場合に、とくに起こりやすい。規模が大きいほうがこのような媒体の購入は促進される。

(42) ほとんどのテレビ広告は、アップフロント市場で販売される。テレビ放送網は毎年5月に、秋から始まる新シーズンの番組の広告枠を売り始める。

(43) このセクションは次に基づく。Anita Elberse, "Marvel Enterprises, Inc.," Harvard Business School Case 505-001.

(44) "Marvel May Need Heroic Help," *Wall Street Journal*, June 29, 2004; "Shareholder Scoreboard: Leaders and Laggards in the Rankings," *Wall Street Journal*, March 8, 2004.

(45) Marvel Enterprises, "Marvel Launches In dependently Financed Film Slate with Closing of $525 Million Non-Recourse Credit Facility," press release, September 6, 2005.
(46) David Goldman, "Disney to Buy Marvel for $4 Billion," *CNN Money*, August 31, 2009.
(47) Marvel Enterprises, "Marvel Launches In dependently Financed Film Slate with Closing of $525 Million Non- Recourse Credit Facility," press release, September 6, 2005.
(48) Pamela McClintock, "Move for Marvel Rights," *Variety*, October 18, 2010.

●第2章　ブロックバスターを売り出して管理する

(1) このセクションは以下に基づく。Anita Elberse and Michael Christensen, "Lady Gaga (A)," Harvard Business School Case 512-016; Anita Elberse and Michael Christensen, "Lady Gaga (B)," Harvard Business School Case 512-017.
(2) "Bio," www.ladygaga.com; "Lady Gaga: Biography," *Rolling Stone*. Both accessed May 31, 2011.
(3) Vanessa Grigoriadis, "Growing Up Gaga," *New York Magazine*, March 28, 2010.
(4) Mawuse Ziegbe, "Lady Gaga Thanks Fans for Twitter Crown," MTV.com, August 22, 2011.
(5) この映画やほかの映画の限定リリースに関しては、以下を参照のこと。Anita Elberse, John A. Quelch, and Anna Harrington, "The Passion of the Christ (A)," Harvard Business School Case 505-025; Anita Elberse, John A. Quelch, and Anna Harrington, "The Passion of the Christ (B)," Harvard Business School Case 505-026.
(6) Peter Osnos, "How 'Fifty Shades of Grey' Dominated Publishing," *Atlantic*, August 2012.
(7) Simon Owens, "The Secrets of Lady Gaga's Social Media Success," *The Next Web*, March 15, 2011.
(8) Jonathan Cohen, "Lady GaGa Dances to the Top of Hot 100," *Billboard*, January 8, 2009.
(9) 2007年に著者が発表した論文では、280の映画を取り上げて支出額のデータを示した。支出の91パーセントはリリース直前の4週間に、81パーセントは直前の3週間に、62パーセントは直前の2週間に、そして34パーセントが直前の1週間に生じる。詳細については次を参照のこと。Anita Elberse and Bharat N. Anand, "The Effectiveness of Pre-Release Advertising for Motion Pictures: An Empirical Investigation Using a Simulated Market," *Information Economics and Policy* 19, nos. 3-4 (October 2007): 319-43.
(10) boxofficemojo.comから入手したランキングと興行収入のデータを用いて分析した。
(11) 経済学者のリチャード・ケーブスは、創造産業の繁栄とその商品の発展が事業戦略をい

かに推進するか、次の著書で綿密に検証している。Richard E. Caves, *Creative Industries: Contracts Between Art and Commerce* (Cambridge, Mass.: Harvard University Press, 2000). ケーブスが産業組織や契約の問題を検討しているのに対して、著者は戦略的マーケティングの課題に重点を置いている。

(12) この考え方は、次の書籍で詳しく考察されている。Robert H. Frank and Philip J. Cook, *The Winner-Take-All Society* (New York: Free Press, 1995) (『ウィナー・テイク・オール——「ひとり勝ち」社会の到来』、香西泰監訳、日本経済新聞社、1998年).

(13) Pamela McClintock, "Box Office Report: 'John Carter' Earns Weak $30.6 Mil Domestically, $101.2 Mil Globally," *Hollywood Reporter*, March 11, 2012.

(14) Matthew J. Salganik, Peter Sheridan Dodds, and Duncan J. Watts, "Experimental Study of Inequality and Unpredictability in an Artificial Cultural Market," *Science* 311 no. 5762 (February 10, 2006): 854–56; Matthew J. Salganik, and Duncan J. Watts, "Leading the Herd Astray: An Experimental Study of Self-Fulfilling Prophecies in an Artificial Cultural Market," *Social Psychology Quarterly* 71, no. 4 (2008): 338–55.

(15) Duncan J. Watts, "Is Justin Timberlake a Product of Cumulative Advantage?," *New York Times*, April 15, 2007.

(16) 以下を参照のこと。Anita Elberse and Bharat N. Anand, "The Effectiveness of Pre-Release Advertising for Motion Pictures: An Empirical Investigation Using a Simulated Market," *Information Economics and Policy* 19, nos. 3–4 (October 2007): 319–43; Anita Elberse and Felix Oberholzer- Gee, "Superstars and Underdogs: An Examination of the Long Tail Phenomenon in Video Sales," *Marketing Science Institute* 4 (2007): 49–72; Jehoshua Eliashberg, Anita Elberse, and Mark Leenders, "The Motion Picture Industry: Critical Issues in Practice, Current Research, and New Research Directions," *Marketing Science* 25, no. 6 (November–December 2006): 638–61; Anita Elberse and Jehoshua Eliashberg, "Demand and Supply Dynamics for Sequentially Released Products in International Markets: The Case of Motion Pictures," *Marketing Science* 22, no. 3 (Summer 2003): 329–54.

(17) Anita Elberse and Jehoshua Eliashberg, "Demand and Supply Dynamics for Sequentially Released Products in International Markets: The Case of Motion Pictures," *Marketing Science* 22, no. 3 (Summer 2003): 329–54. (共同出資製作が好業績を上げる理由としてスクリーンにも気をつける必要がある。2つのスタジオがひとつの映画に共同出資する場合、両スタジオは自社映画のリリース日を、その映画のリリース日から離れた週末に設定する。結果として競争が緩和され、共同出資の映画が多くの映画館で上映されることになる。次が参考になる。Ronald L. Goettler and Philip Leslie, "Cofinancing to Manage

Risk in the Motion Picture Industry," *Journal of Economics and Management Strategy* 14, no. 2 [2005]: 231–61. ちなみに、ワーナー・ブラザーズがほかのスタジオとこのような共同出資をした事例は比較的少ない。同社は、ビレッジ・ロードショー・ピクチャーズやレジェンダリー・ピクチャーズのような第三者との提携を好むようだ)

(18) 以下を参照のこと。 Wendy W. Moe and Peter S. Fader, "Modeling Hedonic Portfolio Products: A Joint Segmentation Analysis of Music CD Sales," *Journal of Marketing Research* 38, no. 3 (2001): 376–83; Alan L. Montgomery and Wendy W. Moe, "Should Music Labels Pay for Radio Airplay? Investigating the Relationship Between Album Sales and Radio Airplay," Working Paper, August 2002.

(19) Richard E. Caves, *Creative Industries:Contracts* Between Art and Commerce (Cambridge, Mass.: Harvard University Press, 2000). 高金利のせいで、タイミング良く投資を回収することが一層重要性になる。

(20) 先に説明したように、ワイドリリース戦略による広告キャンペーンは比較的費用がかからない。たとえば、広告露出のコストは、全国メディアによる購入のほうが、地元メディアの何社かが購入する限定的リリース戦略よりも、安価になる傾向がある。

(21) Glenn Peoples, "How Many Millions Did Amazon Lose on Two Days of 99 Cent Lady Gaga Sales?," *Billboard*, May 27, 2011.

(22) 2012年12月、ニールセン・サウンドスキャンより。

(23) このセクションは以下に基づく。Anita Elberse and Elie Ofek, "Octone Rec ords," Harvard Business School Case 507–082; Anita Elberse, Elie Ofek, and Caren Kelleher, "A&M/Octone Records: All Rights or Nothing?," Harvard Business School Case 511–031.

(24) A&Rは、「アーティスト・アンド・レパートリー」を表す。

(25) ここで取り上げた音楽業界の一般情報については、次の著書を参考にした。Donald S. Passman, *All You Need to Know About the Music Business*, 6th ed. (New York: Free Press, 2006) [『あなたがアーティストとして成功しようとするなら』、升本喜郎訳、ソニーマガジンズ、2002年].

●第3章　スーパースターに投資する

(1) このセクションの一部は以下に基づく。John A. Quelch, José Luis Nueno, and Carin-Isabel Knoop, "Real Madrid Club de Futbol," Harvard Business School Case 504–063; Anita Elberse and John A. Quelch, "Real Madrid Club de Futbol in 2007: Beyond the Galacticos," Harvard Business School Case 508–060. 著者が執筆していない前者のケーススタディからの引用は、分けて記した。

(2) Daniel Taylor and Jamie Jackson, "Manchester United Accept £80m Cristiano Ronaldo Bid from Real Madrid," *Guardian*, June 11, 2009. このセクションで用いられる外貨は、該当する月の中旬の実勢為替相場を用いて、すべてアメリカドルに換算して示した。

(3) このセクションで提示する選手の推定移籍金は、www.transfermarket.de から収集し、該当する月(または複数月)の実勢為替相場の平均値を用いてアメリカドルに換算した。Sherwin Rosen, "The Economics of Superstars," *American Economics Review* 71 (December 1981): 845-58.

(4) Stefano Hatfield, "As Becks Suits Up for Spain, Real Action Happens in Stores," *Advertising Age*, July 21, 2003.

(5) この段落の引用は次のケーススタディによる。 John A. Quelch, José Luis Nueno, and Carin-Isabel Knoop, "Real Madrid Club de Fútbol," Harvard Business School Case 504-063.

(6) Robert H. Frank and Philip J. Cook, *The Winner-Take-All Society* (New York: Free Press, 1995) (『ウィナー・テイク・オール――「ひとり勝ち」社会の到来』、香西泰監訳、日本経済新聞社、1998年).

(7) "Pact Mentality," *Variety*, October 16, 2006.

(8) Edward Jay Epstein, *The Big Picture: The New Logic of Money and Power in Hollywood* (New York: Random House, 2005).

(9) 映画俳優組合発表のデータによる。このデータは、生計を立てるほど満足な仕事を得られない俳優だけではなく、仕事の依頼を辞退する者や、まったく異なる仕事に転職したあとも会費を払い続けている者も対象にしている。次も参照のこと。"Don't Forget the Middle People," *New York Times*, June 30, 2008.

(10) 同年、ロサンゼルス・ギャラクシーには基本年俸2万ドル未満の選手が5人いた。次を参照のこと。Major League Soccer Players Union, "2007 MLS Player Salaries, By Club," www.mlsplayers.org, August 31, 2007.

(11) 経済学者のシャーウィン・ローゼンが1980年代に、「莫大な稼ぎを得て、携わる活動で優位に立つ比較的少数の人たち」を指して、スーパースターという言葉を用いた。

(12) 経済学者はこれを「複合創造財」と称する。

(13) 言及した要因のいくつかは、次の著作が出典となっている。Robert H. Frank and Philip J. Cook, *The Winner-Take-All Society* (New York: Free Press, 1995) (『ウィナー・テイク・オール――「ひとり勝ち」社会の到来』、香西泰監訳、日本経済新聞社、1998年).

(14) 学術研究では、人間の「勝者を好む傾向」について多数の証拠が示されている。たとえば、人は成功者との関わりを他人に伝えることで「その余光に浴したい」という欲求をもつことを、心理学者は証明している。R. B. Cialdini, R. J. Borden, A. Thorne, M. R. Walker,

S. Freeman, and L.R. Sloan, "Basking in Reflected Glory: Three (Football) Field Studies," *Journal of Personality and Social Psychology* 34 (1976): 366–75; C. R. Snyder, M. Lassegard, and C. E. Ford, "Distancing After Group Success and Failure: Basking in Reflected Glory and Cutting Off Reflected Failure," *Journal of Personality and Social Psychology* 51, no. 2 (1986): 382–88.

(15) この現象は、スポーツの現場でも選択に影響を与えている。たとえば、最善の判断ではなくても、試合の最後の場面でスター選手が決定的なシュートを打たなくてはいけないという傾向を生む。ミルウォーキー・バックスのアシスタント・コーチ時代に、ジム・ボイランはこの点について次のように説明した。「チームは1点差で負けている。試合は残り15秒。フロアに出て、パスを回すように指示する。どういうわけか、最高の選手にボールが回らなかった。残り5秒、4、3、2……ブザーが鳴る。シュートを打つんだ。が、外れる。試合のあと、みんなから『どうして一番の選手に、一番報酬をもらっている選手にボールを回さないんだ？　そのためにチームにいるんだろう。最後にシュートして勝利をもたらすために金を払っているのに』といわれる。コーチなら何もいい返せない」(Henry Abbott, "Hero Ball," *ESPN The Magazine*, March 19, 2012)。

(16) もうひとつの例として、アート市場があげられる。芸術作品のオークションでは、潤沢な資金をもつ一握りのバイヤーが、特定の芸術家の値に変化をもたらすことがある。

(17) www.transfermarket.deより入手したデータを分析した結果、著者はこのような結論に達した。

(18) John A. Quelch, José Luis Nueno, and Carin-Isabel Knoop, "Real Madrid Club de Fútbol in 2007: Beyond the Galácticos," Harvard Business School Case 508–060.

(19) 同上。

(20) 公正を期すためにいえば、アメリカドルで表示した場合のクラブの収益の伸びには、為替レートが寄与している。しかし、ユーロで表示した場合でも、目覚ましい伸びを示している。2000–2001年のシーズンの収益は、1億3800万ユーロだったが、2005–2006年のシーズンには2億9200万ユーロ（マーケティング収益は3900万ユーロから1億1700万ユーロへと、ほぼ3倍)、2009–2010年のシーズンは4億4200万ユーロに増えた。

(21) Emma Daly, "Real Madrid Learns to Win off the Field," *International Herald Tribune*, August 15, 2003.

(22) Deloitte Sports Business Group, "Fan Power: Football Money League," February 2012.

(23) "Who Earns What: TV's Highest Paid Stars," *TV Guide*, 2011; "Ashton Kutcher's 'Two and a Half Men' Contract Is Only One Year (Report)," *Hollywood Reporter*, May 22, 2011.

(24) John A. Quelch, José Luis Nueno, and Carin-Isabel Knoop, "Real Madrid Club de Fútbol in 2007: Beyond the Galácticos," Harvard Business School Case 508-060.

(25) 同上。

(26) 同上。

(27) レアル・マドリードの負債（さらに言うならFCバルセロナとマンチェスター・ユナイテッドも）は、スポーツ新聞などでたびたび取り上げられている。負債は確かに望ましいものではないが、多くの場合、深刻さを誇張して書き立てているように思われる。同クラブの負債問題に関する総合的な分析については、次を参照のこと。the *Swiss Rambler*, "The Truth About Debt at Barcelona and Real Madrid," swissramble.blogspot.com, April 30, 2012.

(28) レアル・マドリードの年次報告書より。

(29) このセクションは次に基づく。Anita Elberse, Alberto Ballve, and Gustavo Herrero, "Club Atletico Boca Juniors," Harvard Business School Case 508-056.

(30) Gavin Hamilton, "50 Sporting Things You Must Do Before You Die," *Observer*, April 4, 2004.

(31) "Riquelme Doesn't Rule Out Returning to Argentine team," Goal.com, February 24, 2007.

(32) 2004年のTNSギャラップの調査を出典とする、オクタゴン社提供のデータに基づく。

(33) "Palacio Option Tougher Than Ever," Goal.com, January 4, 2007.

(34) 以下から収集したデータをまとめた。Deloitte's "Football Money League," February 2007; BBDO's "Brand Equity Ranking of European Football Clubs," September 2007; individual clubs' annual reports; www.forbes.com. さらに詳しい情報は次を参照のこと。Anita Elberse, Alberto Ballve, and Gustavo Herrero, "Club Atletico Boca Juniors," Harvard Business School Case 508-056.

(35) "Soccer: Real Madrid Agrees to Sell TV Rights for? 1.1 billion," *International Herald Tribune*, November 20, 2006.

(36) "S. America Soccer Relies on Player Sales for Profit, Study Says," *Bloomberg*, December 22, 2006. これは、デロイト・アンド・トウシュが実施した所有権に関する調査結果について述べた記事である。

(37) "Not the New Maradona, but the New Redondo," *Guardian*, November 29, 2006.

(38) Neil Swidey, "What Does It Take to Become a Disney Star?," Boston Globe, May 27, 2012.

(39) John Jurgensen, "The Lessons of Lady Gaga," *Wall Street Journal*, February 5, 2010.

(40) 推定移籍金は、www.transfermarket.de より。

(41) FC Barcelona and Real Madrid's annual reports; Deloitte's "Football Money League," February 2012.
(42) Jimmy Burns, "Who's the Greatest of Them All? Barcelona!," *Newsweek*, June 13, 2011.
(43) "A Different Perspective: More Than a Club, but Also More Than a Business," *Pictet Report*, Winter 2012; ESADE, "Carles Folguera, Director of Barcelona FC's La Masia," December 20, 2011.
(44) Alana Fisher, "Lionel Messi Joins Facebook, Reaches 6.7 Million Fans, Gains 40,000 Interactions in a Few Hours," *Brand New Directions*, April 7, 2011.
(45) "A Different Perspective: More Than a Club, but Also More Than a Business," *Pictet Report*, Winter 2012; ESADE, "Carles Folguera, Director of Barcelona FC's La Masia," December 20, 2011.
(46) ESADE, "Carles Folguera, Director of Barcelona FC's La Masia," December 20, 2011.
(47) "A Different Perspective: More Than a Club, but Also More Than a Business," *Pictet Report*, Winter 2012.
(48) 本段落に示した推定移籍金は、www.transfermarket.deから入手したデータをまとめて、2011年7月の平均為替レートで換算した。
(49) "200 Best-Paying Teams in the World," *ESPN The Magazine*, May 2, 2011.
(50) "A Different Perspective: More Than a Club, but Also More Than a Business," *Pictet Report*, Winter 2012.
(51) "Faus: 'We've Reduced the Debt, but the Situation Is Delicate,'" www.fcbarcelona.com, September 14, 2011.
(52) "The World's Most Valuable Soccer Teams," *Forbes*, April 18, 2012; "The World's 50 Most Valuable Sports Teams," *Forbes*, July 16, 2012.
(53) 次を参照のこと。John A. Quelch, José Luis Nueno, and Carin-Isabel Knoop, "Real Madrid Club de Fútbol in 2007: Beyond the Galácticos," Harvard Business School Case 508-060.
(54) このセクションは次に基づく。Anita Elberse and Tom Dye, "Sir Alex Ferguson: Managing Manchester United," Harvard Business School Case 513-051. ファーガソンはヨーロッパで最多の優勝経験をもつ監督である。
(55) この期間の移籍金については、www.transferleague.co.ukの2001-2002のシーズンから2010-2011年までのシーズンを対象にしたデータの分析に基づく。これによると、マンチェスター・ユナイテッドが支払った移籍金は、若手に投資することで知られるアーセナルよりも少ない。

(56) イギリスでは、監督の30パーセントが1年未満で、50パーセント以上が2年未満で辞任する。ほかのヨーロッパ諸国の監督の在任期間はさらに短い。

●第4章　スーパースターは自らの力をどのように行使するか

(1) このセクションは次に基づく。Anita Elberse and Peter Stone, "Metro-Goldwyn-Mayer (MGM) and Tom Cruise," Harvard Business School Case 508-057.

(2) "Mission Improbable: Tom Cruise as Mogul," *New York Times*, March 4, 2007.

(3) "Sumner Redstone Gives Tom Cruise His Walking Papers," *Wall Street Journal*, August 23, 2006.

(4) Edward Jay Epstein, *The Big Picture: The New Logic of Money and Power in Hollywood* (New York: Random House, 2005).

(5) 同上。

(6) Anita Elberse, "The Power of Stars: Do Star Actors Drive the Success of Motion Pictures?," *Journal of Marketing* 71, no. 4 (October 2007): 102-20. 当然だが、違いを把握したいからといって、製作費1億ドルをかけて、あるスターが出演する映画とそのスターが出演しない映画の2つのバージョンを製作するように、研究者がスタジオのトップに対して要請することなどできない。スターの力を把握したいなら、研究者は頭を働かせなくてはならない。著者の場合、配役の決定がネットの人工市場のトレーダーに与える影響を検証した。映画の興行収入と、ニューヨーク証券取引所に上場している映画スタジオの「実際の」株式を扱うトレーダーの動きを予測することが目的だった。現実的ではないと思われるかもしれないが、このような「事象研究」は調査ツールとして一般的である。トレーダーは全体的に、どのような配役が発表されたとしても、財政的影響の予測に長けていることがわかる(たとえば、次が参考になる。James Surowiecki, *The Wisdom of Crowds* [New York: Anchor Books, 2005]. [『「みんなの意見」は案外正しい』、小高尚子訳、角川書店、2009年].予測市場など著者の初期の研究について取り上げられている)。

(7) たとえば、スターと映画の採算性の関係について、S. エイブラハム・ラビッドはかつて「スターは経済地代(レント)を獲得する」、つまり自らが付加した価値を獲得すると結論づけた。S. Abraham Ravid, "Information, Blockbusters, and Stars: A Study of the Film Industry," *Journal of Business* 72 (October 1999): 463-92. スターが実は「地代(レント)」――普通の俳優をその役柄に据えた場合の映画の収益に対して、見込まれる収益の超過――をすべて獲得するならば、収益よりも株主の価値を最大限にすることを狙うスタジオにとっては、並みの人材もスターも同じように価値がある。詳細は次を参照のこと。Richard E. Caves, "Contracts Between Art and Commerce," *Journal of Economic Perspectives* 17 (Spring 2003): 73-83. 「スーパースターの呪い」という表現は、この分野を研究し

た、Arthur De Vany and W. David Walls, "Motion Picture Profit, the Stable Paretian Hypothesis, and the Curse of the Superstar," *Journal of Economic Dynamics and Control* 28 (March 2004): 1035–57から拝借した。

(8) imdb.comとboxofficemojo.comのデータを用いてこの分析を行った。詳細は次を参照のこと。Anita Elberse and Peter Stone, "Metro-Goldwyn-Mayer (MGM) and Tom Cruise," Harvard Business School Case 508–057.

(9) "Mission: Rescue Operation," *New York Times*, November 3, 2006; "Mission Improbable: Tom Cruise as Mogul," *New York Times*, March 4, 2007.

(10) "UA Started with Artists in Lead Role," *Hollywood Reporter*, November 3, 2006.

(11) このセクションは以下に基づく。Anita Elberse and Margarita Golod, "Maria Sharapova: Marketing a Champion (A)," Harvard Business School Case 507–065; Anita Elberse and Margarita Golod, "Maria Sharapova: Marketing a Champion (B)," Harvard Business School Supplement 507–066.

(12) "The International 20," *Sports Illustrated*, July 27, 2006.

(13) 同上。

(14) 見積額は『フォーブス』誌より。 これについてマックス・アイゼンバッドは、「どのように見積もっているのかまったくわからない。いつも数百万ドルは少ないし、来る年も来る年も同じ金額を掲載している」と述べた。

(15) このデータは、ウェブクローラーを用いて、ESPN FC (soccernet.espn.go.com) のイングランド・プレミアリーグについてのサイトから入手した。選手の年齢は月を四捨五入して年単位に丸めてある。左のグラフは、試合でプレイを開始した年齢の分布を示す。右のグラフはこの期間内の全ゴールを対象にして、各ゴールを決めた選手の年齢分布を示しているが、オウンゴールは除く。

(16) グランドスラム大会決勝進出選手のデータは、各競技会の運営するウェブサイトなどのさまざまな情報源から、選手の年齢は男子プロテニス協会(ATP)と女子テニス協会(WTA)のウェブサイトから、情報を収集した。選手年齢は、決勝戦の日から起算して年に丸めてある。

(17) このデータはboxofficemojo.comより入手した。年齢は年単位で丸めてある。

(18) Robert H. Frank and Philip J. Cook, *The Winner-Take-All Society* (New York: Free Press, 1995)(『ウィナー・テイク・オール——「ひとり勝ち」社会の到来』、香西泰監訳、日本経済新聞社、1998年).

(19) あらましについては次を参照のこと。Anita Elberse and Peter Stone, "Metro-Goldwyn-Mayer (MGM) and Tom Cruise," Harvard Business School Case 508–057.

(20) Richard E. Caves, *Creative Industries: Contracts Between Art and Commerce* (Cam-

bridge, Mass.: Harvard University Press, 2000).
(21) Rebecca Winters Keegan, "The Legend of Will Smith," *Time*, November 29, 2007を参照されたい。
(22) 次も参照のこと。Bharat N. Anand and Kate Attea, "International Management Group (IMG)," Harvard Business School Case 702-409.
(23) Anita Elberse and Jeroen Verleun, "The Economic Value of Celebrity Endorsements," *Journal of Advertising Research* 52, no. 2 (June 2012): 149-65.
(24) Peter Bogdanovich, "SNL's Killer Contract," *New York Observer*, August 16, 1999.
(25) Matthew Belloni, "'Modern Family' Cast Sues 20th TV as Contract Renegotiation Turns Ugly (Exclusive)," *Hollywood Reporter*, July 24, 2012.
(26) Zack O'Malley Greenburg, "50 Cent's Next Move: Get Rich, or Feed the Poor Trying," *Forbes*, September 20, 2011.
(27) Danielle Rossingh, "Sharapova Said to Renew Nike Contract for 8 Years, $70 Million," *Bloomberg*, January 11, 2010.

●第5章　デジタル技術はブロックバスターの優位に終焉をもたらすか

(1) このセクションの一部は次に基づく。Anita Elberse and Sunil Gupta, "YouTube: Time to Charge Users?," Harvard Business School Case 510-053. この話題は、"Best Inventions 2006," *Time*, December 2006と、"The 10 Biggest Tech Failures of Last Decade," *Time*, May 14, 2009でも取り上げられている。また、このセクションは次の記事も大いに活用した。John Seabrook, "Streaming Dreams: You Tube Turns Pro," *New Yorker*, January 16, 2012.
(2) Ellen Lee, "YouTube Video's Boom 'a Social Phenomenon,'" *San Francisco Chronicle*, October 10, 2006.
(3) 広告支援型の動画は、"YouTube Videos Pull in Real Money," *New York Times*, December 11, 2008では、わずか3パーセントしかないとされ、"Web Video: Friend or Foe . . . and to Whom?," Bernstein Research, October 2009では、10パーセントとされた。
(4) John Seabrook, "Streaming Dreams: YouTube Turns Pro," *New Yorker*, January 16, 2012に、1日15分と見積もる記述がある。ほかにも、6分から24分までの時間を示す統計もある。次も参照されたい。"Web Video: Friend or Foe . . . and to Whom?," Bernstein Research, October 2009.
(5) "Google in-Depth Part 2: YouTube? the Super Bowl of Online," Piper Jaffray Company Note, June 2, 2008.
(6) John Seabrook, "Streaming Dreams: YouTube Turns Pro," *New Yorker*, January 16,

2012.

(7) 同上。

(8) 同上。

(9) この点について包括的に論じた、Anita Elberse, “Should You Invest in the Long Tail?,” *Harvard Business Review* 86, nos. 7–8 (July–August 2008): 88–96を参照されたい。

(10) YouTube, “Press Statistics,” accessed December 18, 2012.

(11) Chris Anderson, *The Long Tail: Why the Future of Business Is Selling Less of More* (New York: Hyperion, 2006) (『ロングテール——「売れない商品」を宝の山に変える新戦略』篠森ゆりこ訳、早川書房、2006年).

(12) 同上。

(13) 同上。

(14) 本書は、ニールセン・カンパニーの著作権情報、©2011、2012の使用許可を得ている。ニールセン・サウンドスキャンは、北米のレコード音楽販売に関するデータの主要な情報源である。同社のデータは大手レーベルもインディペンデント・レーベルも対象する。レーベルと契約していないアーティストについても、商品が適切に登録され、UPCバーコードのような識別子が設定されているならば、対象になる。

(15) 出典は次の通り。 Nielsen SoundScan®, 2011.

(16) 出典は次の通り。 Nielsen SoundScan®, 2011.

(17) この観点と一致するように、販売が極度に集中するのは、「最新」商品と「カタログ」に載る商品の販売である。後者は、1年半かそれ以前のタイトルが多い。

(18) 音楽業界のアンバンドリングに関する著者のリサーチから、インディペンデント系レーベルに所属し、あまり実績のないアーティストが、アルバムのアンバンドリングによってとくに打撃を受けていることが判明している。テールではそのような曲が大きな比率を占めている。詳細は次を参照のこと。Anita Elberse, “Bye-Bye Bundles: The Unbundling of Music in Digital Channels,” *Journal of Marketing* 74, no. 3 (May 2010): 107–23.

(19) Anita Elberse, “Should You Invest in the Long Tail?,” *Harvard Business Review* 86, nos. 7–8 (July–August 2008): 88–96で、リサーチ内容が詳しく検討されている。ビデオ販売のロングテールの傾向に関する学術研究としては次を参照のこと。Anita Elberse and Felix Oberholzer-Gee, "Superstars and Underdogs: An Examination of the Long Tail Phenomenon in Video Sales,” *Marketing Science Institute* 4 (2007): 49–72. レンタルビデオに関する最近の研究としては、次を参照のこと。Anita Elberse and David Schweidel, “Popularity Profiles: How Customers' Use of a Long-Tail Assortment Relates to Their Retention,” Working Paper, Harvard Business School, January 2011.

(20) William N. McPhee, *Formal Theories of Mass Behavior* (New York: Free Press of

Glencoe, 1963).
(21) アプスファイアー社の「アプスファイアー・ブログ」で発表された、次のデータによる。Appsfire team, "100k Apps, Announced Today (Only) by Apple. Not a Word on the VERY Long Tail," blog.appsfire.com, November 4, 2009.
(22) James Manyika, "Google's View on the Future of Business: An Interview with CEO Eric Schmidt," *McKinsey Quarterly*, September 2008.
(23) 同上。
(24) Peter Kafka, "Changing Channels: YouTube Will Pull the Plug on at Least 60 Percent of Its Programming Deals," *All Things Digital*, November 11, 2012.
(25) Advertising Age, "YouTube Original Channels Tracker," adage.com/youtube/most-popular-channels. 2013年2月4日のランキングに基づく。
(26) Nancy Hass, "And the Award for the Next HBO Goes to . . . ," *GQ*, February 2013.
(27) Andrew Wallenstein, "Netflix Series Spending Revealed," *Variety*, March 8, 2013.
(28) "NBC Universal and News Corp. Announce Deal with Internet Leaders AOL, MSN, MySpace, and Yahoo! to Create a Premium Online Video Site with Unprecedented Reach," press release, March 22, 2009.
(29) "Free, Legal and Online: Why Hulu Is the New Way to Watch TV," *Wired*, September 22, 2008; "NBC CEO Jeff Zucker: Hulu Will Start Breaking Even 'Soon,'" *All Things Digital*, May 28, 2009.
(30) "Old Media Strikes Back," *Newsweek*, March 2, 2009.
(31) Michael Arrington, "Dear Clown Co.: Name This Thing Fast Before It's Too Late," *TechCrunch*, March 23, 2007.
(32) "Hulu: Five Burning Questions," *Entertainment Weekly*, March 21, 2008.
(33) Michael Arrington, "Happy Birthday Hulu. I'm Glad You Guys Didn't Suck," *TechCrunch*, October 29, 2008.
(34) 以下を参照のこと。Sudip Bhattacharjee, Ram D. Gopal, Kaveepan Lertwachara, and James R. Marsden, "Stochastic Dynamics of Music Album Lifecycles: An Analysis of the New Market Landscape," *International Journal of Human-Computer Studies* 65, no. 1 (2007): 85–93; Sudip Bhattacharjee, Ram D. Gopal, Kaveepan Lertwachara, James R. Marsden, and Rahul Telang, "The Effect of Digital Sharing Technologies on Music Markets: A Survival Analysis of Albums on Ranking Charts," *Management Science* 53, no. 9 (2007): 1359–74.
(35) 以下を参照のこと。Felix Oberholzer- Gee and Koleman S. Strumpf, "The Effect of File Sharing on Record Sales: An Empirical Analysis," *Journal of Political Economy*

115, no. 1 (2007): 1–42.

(36) 彼らの主な収入源には、自局の広告枠の販売、第三者に当たる「加盟」局に設けられた全国向けのスポットCMの販売、まれに、ケーブルテレビ会社や加盟局から支払われるライセンス料の3つがある。

(37) 近年、放送網とケーブルテレビ放送網の境界が不鮮明になっている。大手放送網は現在、ESPNほど高額ではないにしろ、ケーブルテレビ会社から月額手数料を徴収している。

(38) 2009年、フールーの平均CPMは、40ドルから50ドルと言われている。

(39) コンテンツ所有者は、フールーで上げた広告収入の最大70パーセントを、配信パートナーは最大10パーセントまでを受け取れる。つまり、均衡を生み出すためにはフールーのCPMはさらに高くなくてはならないということだ。

(40) 2009年、CPMは15ドルから25ドルと見積もられ、1000人の視聴者につき1時間あたり1200ドルを超える額を生み出すと見積もられる。

(41) 残りの3割は衛星放送会社が占める。Standard & Poor's, "Broadcasting, Cable & Satellite Industry Survey," July 30, 2009.

(42) "Some Online Shows Could Go Subscription-Only," *New York Times*, March 29, 2009.

(43) これは2008年のデータである。フールーは動画配信の5パーセントを占め、オンライン動画広告収入7億ドルのおよそ4分の1を得た。著者はこのデータを、ニールセンのビデオセンサス、eマーケターなどのさまざまな情報源から入手した。詳細については次を参照のこと。Anita Elberse and Sunil Gupta, "Hulu: An Evil Plot to Destroy the World?," Harvard Business School Case 510-005.

(44) Jason Kilar, "A Big 2012," Hulu blog, December 17, 2012.

●第6章　ブロックバスター戦略は広告手法を変える

(1) このセクションは次に基づく。Anita Elberse and Kwame Owusu- Kesse, "Droga5: Launching Jay-Z's Decoded," Harvard Business School Case 513-032.

(2) Michiko Kakutani, "Jay-Z Deconstructs Himself," *New York Times*, November 22, 2010.

(3) データはニールセン・ブックスキャンより入手した。

(4) Forbes Staff, "The Forbes 400: America's Billionaires in the Making," *Forbes*, September 24, 2010.

(5) さまざまな記事からジェイ・Zのビジネスに対する興味がうかがい知れる。Jeff Leeds, "In Rapper's Deal, a New Model for Music Business," *New York Times*, April 3, 2008; Stuart Elliot, "A New Venture for Jay-Z, on Madison Avenue," *New York Times*, Feb-

ruary 8, 2008; Daniel Gross, "Jay-Z's $450 Million Business Empire," Yahoo!, March 25, 2011; Mike Snyder, "Jay-Z and Eminem Spin a Musical Game Out of 'DJ Hero,'" *USA Today*, May 31, 2009.

(6) このセクションは以下に基づく。Anita Elberse and Michael Christensen, "Lady Gaga (A)," Harvard Business School Case 512-016; Anita Elberse and Michael Christensen, "Lady Gaga (B)," Harvard Business School Case 512-017.

(7) Jasmine France, "Heartbeats by Lady Gaga Headphones from Monster—Editor's Review," CNET.com, December 18, 2009.

(8) "Lady Gaga Named Creative Director for Specialty Line of Polaroid Imaging Products," Polaroid press release, January 5, 2010.

(9) デュラセルとのパートナーシップが、この方針から逸脱しているのかどうかはよくわからない。2012年、ジェイ・Zはデュラセルのテレビコマーシャルに出演したが、典型的なCM／広告契約を思わせるものだった。

(10) Procter & Gamble, "Procter & Gamble Entertainment: History," www.proctergambleproductions.com.

(11) "Lexus Bankrolls Extra Episode of Food Network's 'Restaurant Impossible,'" Advertising Age, December 7, 2012.

(12) マイクロソフトの内部文書より。

(13) 同上。

(14) Gabriel Beltrone, "Agency of the Year: Droga5's Delicious World," *AdWeek*, December 10, 2012.

(15) Miguel Helft, "Zynga Does a Deal with Lady Gaga," *New York Times*, May 10, 2011.

●終章　エンタメ業界の戦略は他のビジネスでも通用するのか

(1) このセクションの一部は次に基づく。Anita Elberse, Ryan Barlow, and Sheldon Wong, "Marquee: The Business of Nightlife," Harvard Business School Case 509-019.

(2) 確かなデータを入手することは難しいが、マンハッタンで合法のナイトクラブ120店の寿命は、一般的におよそ1年半とみなされている。2006年に『フォーブス』誌の記事「ナイトライフのビジネス」で「世界各国のホットなクラブ」として取り上げられた、アメリカのナイトクラブ10店のうち3店(マイアミのアミカ、ニューヨークのクロバー、ラスベガスのアイス)が2008年までに閉店した。詳しい情報は以下を参照のこと。"Flaming Out Never Felt So Good," *Forbes*, August 22, 2006; "The Science of a Sizzling Club," *Forbes*, August 22, 2006.

(3) "Club Stays Hot at Ripe Old Age of 2," *New York Times*, November 3, 2005.

(4) "The Short, Drunken Life of Club Row," *New York Magazine*, February 11, 2007.

(5) Nightclub & Bar, "Nightclub & Bar Top 100 2012," www.nightclub.com による。

(6) DJ Mag, "DJ Top 100: The Full 2012 Results," www.djmag.com/top-100-djs のランキングによる。

(7) Ben Sisario, "Electronic Dance Concerts Turn Up Volume, Tempting Investors," *New York Times*, April 4, 2012.

(8) Zack O'Malley Greenburg, "The World's Highest-Paid DJs, 2012," *Forbes*, August 2, 2012.

(9) 実際に、グラン・アケッツのネクスト(シカゴが拠点)のようなレストランは、予約する際、オンラインでチケットを事前購入するという仕組みを採用しており、エンターテインメント業界から手がかりを得たと思われる。

(10) ウォルター・アイザックソンはジョブズの伝記で、1990年代半ばにジョブズがアップルに復帰し、製品を絞る方針を導入したときのことを記している。「何をしないか決めることは、何をするのか決めることとおなじくらい重要だ」とジョブズは述べたという。当時アップルには、マッキントッシュだけでも10種類以上の製品があった。ジョブズはその70パーセントを廃止して、デスクトップとポータブルの分野で消費者用とプロ用の製品に絞ることを従業員に要請した。出典は、Walter Isaacson, *Steve Jobs* (New York: Simon & Schuster, 2011)(『スティーブ・ジョブズ I・II』井口耕二訳、講談社、2011年)より。

(11) Marisa Guthrie, "How 'Victoria's Secret Fashion Show' Turns $12 Million into $5 Billion in One Hour," *Hollywood Reporter*, November 28, 2011.

(12) Yvonne Villarreal, "Victoria's Secret Helps Lead CBS to Victory," *Los Angeles Times*, December 5, 2012.

(13) Marisa Guthrie, "How 'Victoria's Secret Fashion Show' Turns $12 Million Into $5 Billion in One Hour," *Hollywood Reporter*, November 28, 2011.

(14) John Jurgensen, "The New Producers," *Wall Street Journal*, December 21, 2012.

(15) 2013年初めに、アーレンツは『ハーバード・ビジネス・レビュー』誌の記事で、「現在、わが社の事業の60パーセントはアパレルで、その半分以上がコート類である」と述べた。今後も主力商品に的を絞ることが、同社の業績向上を目指す自らの戦略にとって欠かせない要素だとして、「主要な新規構想は、すべてトレンチコートを中心に据える」とも述べた。出典は、Angela Ahrendts, "Burberry's CEO on Turning an Aging British Icon into a Global Luxury Brand," *Harvard Business Review*, January–February 2013より。

(16) この段落のアンジェラ・アーレンツの発言はすべて、次に基づく。Angela Ahrendts, Q&A at the Harvard Business School, November 28, 2012.

(17) Nancy Hass, "Earning Her Stripes," *Wall Street Journal*, September 9, 2010.